삶生의 정도正道

삶生의
정도正道

초판 1쇄 발행 2011년 1월 10일 **초판 40쇄 발행** 2024년 11월 22일

지은이 윤석철
펴낸이 최순영

출판2 본부장 박태근
경제경영 팀장 류혜정

펴낸곳 ㈜위즈덤하우스 **출판등록** 2000년 5월 23일 제13-1071호
주소 서울특별시 마포구 양화로 19 합정오피스빌딩 17층
전화 02) 2179-5600 **홈페이지** www.wisdomhouse.co.kr

ⓒ 윤석철, 2011

ISBN 978-89-6086-423-8 03320

* 이 책의 전부 또는 일부 내용을 재사용하려면 반드시 사전에 저작권자와
  ㈜위즈덤하우스의 동의를 받아야 합니다.
* 인쇄·제작 및 유통상의 파본 도서는 구입하신 서점에서 바꿔드립니다.
* 책값은 뒤표지에 있습니다.

삶의 정도

윤석철 교수 제4의 10년 주기 작作

| 윤석철 지음 |

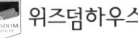
위즈덤하우스

| 서문 |

삶의 간결화를 위한 노력

　'사람은 나이가 들면 나잇값을 해야 한다'는 말이 있다. 요즘 필자는 인생의 후배들에게 삶에 도움이 될 만한 말을 해주어야겠다는 의무감을 느낀다. 후배들에게 해주고 싶은 첫 마디는 '복잡함(complexity)'을 떠나 '간결함(simplicity)'을 추구하라는 부탁이다.

　세상이 복잡해지면서 사람들의 머릿속 생각이 복잡해지고, 욕망과 가치관이 복잡해진다. 기업도 조직이 복잡해지면서 경영 이념과 목표가 혼란에 빠지고, 의사결정의 기준도 모호해진다. 기업이 시장에 내놓는 제품의 내용이 복잡해지면서 그 사용에 필요한 에너지 소모와 고장 날 확률도 높아진다. 문자(letters)의 역사를 보면, 6천 자가 넘는 쐐기문자와 상형문자들의 복잡한 체계가 (한글처럼) 20 내지 30 개의 글자로 간결화하면서 문명개화의 가속화가 시작되었다. 숫자도 마찬가지이다. 10개의 숫자를 사용하는 십진법 대신 2개의 숫자만을 사용하는 이진법의 간결성 덕분에 디지털 컴퓨터가 탄생했다.

　'0'과 '1'이라는 2개의 숫자만으로 모든 숫자를 다 표현할 수 있는 이진법의 위력에서 영감(inspiration)을 얻은 필자는 (이진법처럼) 2개의 요소(elements)만으로 삶의 복잡한 세계를 분석하고, 삶에 필요한 모든 의사결정을 내릴 수 있는 방법론을 연구했다.

필자는 '수단매체'와 '목적함수'라는 2개의 개념으로 인간 삶의 세계를 분석하며, 이것으로 삶에 필요한 모든 의사 결정이 가능하다고 판단한다. 목적함수란 인간 삶의 질(quality)을 높이기 위한 노력의 방향이며, 수단매체란 목적함수를 달성하기 위해서 필요한 수단(means)적 도구(medium)이다. 간결화의 예를 들어보자. 2010년 8월 칠레 산호세(San Jose) 광산이 붕괴했을 때, 칠레 정부는 매몰된 광부들을 크리스마스에나 구출할 수 있을 것 같다고 했고, 이것은 광부들에게 너무나 긴 시간이었다. 그래서 '구출 시간 최소화'를 목적함수로 하였고, 목적함수 달성을 위한 수단매체로서 드릴(drill) 공법만이 아닌 망치(hammer) 공법이 채택되었다. 그 결과 구출 시간이 두 달 이상 단축되었고 매몰 광부 모두가 구출되었다. 코스트 절감 같은 복잡한 문제는 제거되고, '단순화'된 목적함수와 그에 필요한 수단매체라는 이진법적 구조로 문제가 간결화되면서 인명 구조가 성공한 것이다. 이것이 간결화의 위력이다.

　스웨덴 한림원은 헤밍웨이(E. Hemingway)에게 1954년도 노벨 문학상을 수여할 때, 《노인과 바다》에서 느낄 수 있는 '간결한 문체'를 만들어낸 공로를 치하했다. 그 후 헤밍웨이는 간결화의 비결을 묻는 질문에서 "필요한 말은 빼지 않고, 불필요한 것은 넣지 않아야 한다"고 답했다.

　인간의 일생은 일(work)의 일생이다. 일을 잘하기 위해서는 지식과 지혜가 필요하지만, 현대 경영학의 이론들은 너무 복잡하여 배우기 어렵다. 필자는 '필요한 것은 빼지 않고 불필요한 것은 넣지 않기' 위해 노력하면서 '수단매체'와 '목적함수'라는 두 개념으로 인간 삶의 정도(正道)를 탐구하여 이 책에 발표한다.

2010년 12월

윤석철

| 차례 |

서문 삶의 간결화를 위한 노력 ▶▶4

1부 수단매체의 세계

/ 1장 / 인간의 한계, 어떻게 극복할 것인가? ▶▶15
　　　가난에서 시작된 나라 사랑 ▶▶16
　　　라인 강의 기적 ▶▶17
　　　수단매체의 정의 ▶▶18
　　　아르키메데스의 수단매체-지렛대 ▶▶19
　　　인간 능력의 한계 ▶▶20
　　　인간 판단력의 허점 ▶▶23
　　　수단매체의 발전 ▶▶25
　　　물질적 수단매체 ▶▶26
　　　정신적 수단매체-지식과 지혜 ▶▶27
　　　사회적 수단매체 ▶▶30
　　　사회적 수단매체를 완성하는 3가지 요소 ▶▶32

/ 2장 / 수단매체의 한계가 인간의 한계 ▶▶35
　　　수단매체의 원조, 언어 ▶▶36
　　　언어철학의 탄생 ▶▶37

수학을 통한 언어 한계의 확장 ▸▸39
인간은 모국어를 사용할 때 가장 창의적 ▸▸40
'사랑하는 것'과 '좋아하는 것'의 차이 ▸▸41
라과디아 판사의 언어 능력 ▸▸43
수단매체의 한계가 인간의 한계 결정 ▸▸45
물질적 수단매체에 의한 한계 ▸▸46
정신적 수단매체에 의한 한계-지식의 한계 ▸▸47
정신적 수단매체에 의한 한계-지혜의 한계 ▸▸48
사회적 수단매체에 의한 한계 ▸▸50
국력의 한계와 톨스토이의 좌절 ▸▸54

/ 3장 / 수단매체의 고도화 ▸▸59

제1의 필요조건- '별을 동경하는 불나방'의 열정 ▸▸60
제2의 필요조건-투자하고 인내하며 기다리는 능력 ▸▸64
제3의 필요조건-자연 탐구 ▸▸70
결합의 신비 ▸▸75

/ 4장 / 수단매체의 원천은 자연이다 ▸▸79

도구 개발에서 탄생한 기술과 과학 ▸▸80
서로 상반되는 가치를 탐하지 말라 ▸▸82
수단매체는 자연에서 온다 ▸▸83
중력의 세계 ▸▸85
전자기력의 세계 ▸▸87
핵력의 세계 ▸▸93

2부 목적함수의 세계

/ 5장 / 인간의 소망, 목적함수의 세계 ▸▸99
- 목적함수 부재(不在)로 인한 불행 ▸▸100
- 목적함수는 선택과 포기의 결과 ▸▸101
- 목적함수가 인생의 성패를 좌우한다 ▸▸102
- 자연도 목적함수를 가진다 ▸▸116
- 가장 자연적인 것이 가장 경제적이다 ▸▸119

/ 6장 / 코스트 최소화 목적함수 ▸▸121
- 문제 – '아사달 생수 회사'의 코스트 최소화 ▸▸122
- 문제 해결에 필요한 패러다임 ▸▸123
- 패러다임 1 – 최소 코스트를 최대한 활용하자 ▸▸124
- 데카르트의 가르침 ▸▸126
- 패러다임 전환 ▸▸130
- 패러다임 2 – 기회 손실 코스트 개념의 도입 ▸▸133
- 패러다임 3 – 모든 대안에 균등한 기회를 주는 시도 ▸▸137

/ 7장 / 이익 최대화 목적함수 비판 ▸▸145
- 예제 – 걸씨 집안의 수입 최대화 ▸▸146
- 자원 배분의 정의 ▸▸149
- 그림자 코스트 ▸▸154

그림자 코스트에서 연원하는 부조리 ▸▸157
생존경쟁, 어떻게 할 것인가? ▸▸159
'너 살고 나 살기' 모형의 실천적 방법론은 무엇인가? ▸▸162
'너 살고 나 살기'의 기본은 '주고받음' ▸▸163

/ 8장 / **이익 최대화 목적함수의 대안, 생존부등식** ▸▸167
'주고받음'의 관계 창조를 위한 필요조건 ▸▸169
생존부등식의 탄생 ▸▸172
생존부등식의 우측 부등호만 이해한 포드 1세 ▸▸173
인간 이해가 부족했던 엔지니어링의 천재 ▸▸175
테니슨 시의 '나력' ▸▸181
'(V−P)>0'는 노자의 허(虛) 개념과 일치 ▸▸183
이익 최대화 목적함수와 생존부등식의 차이, 견제와 균형 ▸▸185
생존부등식은 인생과 기업의 기본 ▸▸186

3부 수단매체와 목적함수의 결합

/ 9장 / 생존부등식을 만족시키기 위한 수단매체 1_감수성 ▸▸189

필요 아픔 정서, 감수성 ▸▸189

국가 정치 행정 차원의 감수성 ▸▸194

박정희 대통령의 감수성 ▸▸195

기업 경영 차원의 감수성 ▸▸197

가정 차원의 감수성 ▸▸198

인간은 풍부한 감수성을 가지고 있나? ▸▸199

감수성의 지각 ▸▸200

왜 백남준은 죽을 때까지 돈 걱정을 했을까? ▸▸202

감수성을 키우기 위한 노력 ▸▸203

/ 10장 / 생존부등식을 만족시키기 위한 수단매체 2_상상력 ▸▸209

육면체 수박을 만들어낸, 상상력 ▸▸210

신제품 개발의 프로세스 ▸▸211

감수성 다음 주자, 상상력 ▸▸211

상상력의 유형 ▸▸212

상상력은 외부 세계의 대상과 연관되어 있다 ▸▸220

상상력, 어디에서 올까?-경험과 데이터의 축적 및 정리 ▸▸221

상상력, 어디에서 올까?-열정과 몰두 ▸▸222

상상력, 어디에서 올까?-자유로운 조직 분위기 ▸▸225

/ 11장 / 생존부등식을 만족시키기 위한 수단매체3_탐색시행 ▸▸229

한국 선대 어머니들의 실험정신 ▸▸230
상상력의 오류와 실험의 중요성 ▸▸231
상상력이 아닌 근거에 의한 치료 ▸▸233
실험의 유형 ▸▸234
존재를 증명하는 실험 ▸▸236
진실과 거짓을 판별하기 위한 실험 ▸▸237
기술적 경제적 타당성을 높이기 위한 실험, 탐색시행 ▸▸240
노력의 3요소 ▸▸249

/ 12장 / 삶의 정도(正道) ▸▸251

관자의 지혜 ▸▸251
관자의 목적함수와 수단매체-이진법적 세계관 ▸▸253
파울 하이제의 '매의 이론' ▸▸254
생존을 위한 매의 노력 ▸▸256
공중전에서 적기를 요격하는 방법 ▸▸258
브라키스토 크로운 문제 ▸▸259
수학적 해를 검증하기 위한 실험 ▸▸261
왜 사이클로이드 곡선일 때 최단시간이 걸릴까? ▸▸262
우회축적 전략 ▸▸263
우회축적의 절차와 필요조건 ▸▸266
우회축적은 '축적 후 발산'의 지혜 ▸▸267

글을 마치며 약속은 인간을 구속하지만, 약속을 할 수 없을 때 삶은 슬퍼진다 ▸▸272
부록 ▸▸276

1부

수단매체의 세계

Intro

인간의 능력은 유한(有限)하고 불완전하며, 인간 능력의 한계를 확장하기 위한 '수단적 도구'를 '수단매체'라고 정의한다. 달리 표현하면, 수단매체란 '그것 없이는 불가능한 일을 가능하게 하거나 낮은 생산성을 높여줄 수 있는 도구'를 의미한다. 1장의 핵심은 인간의 눈에 보이는 물질적 수단매체뿐 아니라, 지식과 지혜 같은 정신적 지적(知的) 수단매체, 그리고 신뢰와 인간적 매력 같은 사회적 수단매체 등도 대등하게 중요하다는 사실을 보여주는 데 있다. 1장에서의 논의는 2장에서 '수단매체의 한계가 인간의 한계'라는 인식으로 이어진다.

1장

인간의 한계, 어떻게 극복할 것인가?

'아리랑 고개'가 이별의 슬픔을 노래했다면, '보릿고개'는 가난의 아픔을 상징했다. 이별 중에는 내일 만남을 기약할 수 있는 것도 있지만, 하루하루 나아질 기미가 보이지 않는 가난은 내일을 기약하기 어려웠다. 여름 내내 온 가족이 매달려 농사를 짓고 가을에 수확을 거두어봤자, 근근이 겨울을 먹고 나면 봄이 오기도 전에 식량은 동이 났다. 그래서 초여름 보리가 익을 때까지는 끼니를 잇기 어려웠으니, 이 고비를 사람들은 '보릿고개'라 불렀다.

그렇게 가난하던 시절, 충남 공주군 탄천면 어느 집에 손님이 오셨다. 이 집의 지존(至尊)이신 할아버지를 찾아온 손님이었다. 저녁식사를 올려야 할 시간이 되자 이 집 며느리는 옆집에 가서 쌀 한 줌을 꿔왔다. 다섯 살 난 손자는 밥 익는 냄새에 이끌려 부엌에 들어와서는 밥이 되기를 기다렸다. 그러나 꿔온 쌀은 할아버지와 손님 단 두 분만의 분량이었기에,

며느리는 어린 아들에게 손님이 밥을 남기면 그것을 먹게 해주겠다고 달래며 할아버지 방에 상을 올렸다.

가난에서 시작된 나라 사랑

아이는 할아버지 방의 툇마루에 앉아 문틈으로 밥상을 들여다보며 손님이 밥을 남기길 기다렸다. 하지만 시간이 흐르고 마침내 손님이 밥그릇을 모두 비우자 아이는 "모두 다 먹어버렸어!" 하고 엉엉 울면서 툇마루를 내려왔다. 깜짝 놀란 할머니가 황급히 우는 아이를 업고 집 밖으로 나오면서 내일 아침에는 꼭 밥을 먹게 해주겠다며 달랬다.

이튿날 아침, 할머니는 손자를 업고 동네에서 밥을 먹고살 만한 어느 집을 찾아가서는 아무 말 없이 그 집 마당을 쓸어주었다. 눈치를 챈 이 집 안주인은 열 식구 밥에서 조금씩 덜어내어 밥 한 그릇을 만들었다. '십시일반(十匙一飯)'이라는 말이 그대로 실현된 것이다.[1] 할머니는 손자에게 밥을 먹인 뒤, 친구 사이인 이 집 안주인에게 엊저녁 할아버지 방 앞에서 손자가 울게 된 이야기를 털어놓았다.

이때 옆방에서 놀고 있던 이 집의 일곱 살짜리 소년이 두 할머니 사이의 이야기를 들었다. 그 시절에는 문이 창호지로 되어 있어서 어지간한 소리는 저절로 다 들렸다. 그 후 소년은 자기 집에서도 어머니와 여자 형제들은 웃어른이나 남자들이 남긴 밥으로 끼니를 때운다는 사실을 알았

---

[1] 열 십(十), 숟가락 시(匙), 한 일(一), 밥 반(飯). 밥 열 숟가락이 한 그릇이 된다는 뜻으로, 여러 사람이 조금씩 힘을 합하면 한 사람을 돕기 쉬움을 이르는 말.

다. 그리고 식사 때마다 아버지가 밥을 국에 말아서 반쯤 남겨놓는 이유도 알았다. 그래야 어머니가 식사를 할 수 있기 때문이었다.

이런 가난의 아픔을 알게 된 소년의 마음속에는 슬픔의 정서가 깃들어갔다. 이 정서는 소년이 그 나이에 좋아할 만한 모든 놀이를 접어버리고 오로지 공부에만 매달리는 습관을 만들어냈다. 어려서 공부를 열심히 하면 커서 가난을 물리칠 능력이 생길지 모른다는 생각에서였다.

라인 강의 기적

세월이 흘러 소년이 고등학생이 되었을 때(1955년)도 보릿고개 가난은 계속되었고, 그 무렵 우리나라의 신문과 라디오에서는 '라인 강의 기적'이라는 말이 자주 등장했다.[2] 이는 제2차 세계대전의 패전국 서독(West Germany)이 초토(焦土)를 딛고 경제 대국으로 떠오르고 있다는 소식이었다. 당시 우리나라 여러 병원에서 사용하던 주사약 중에는 서독에서 수입한 것이 많았는데, 이들 병원에서 쓰고 버린 약병 하나를 주워 본 소년은 놀라지 않을 수 없었다. 우리나라에서 만든 약병과는 비교가 안 될 만큼 정교하고 예뻤기 때문이다. 당시 우리나라에서 만든 약병의 경우(예, 1950년대 부채표 활명수의 약병) 유리 속에 기포(공기방울)들이 여기저기 보였고, 거푸집(mold)의 틈 사이로 흘러나와 굳어버린 유리 날(刃)에 손을 베일 수도 있었다. 이런 차이를 보면서 소년의 결심은 굳어져갔다.

[2] 1950년대 한국에는 아직 텔레비전이 없었다.

빌헬름 마이어푀르스터의 《알트 하이델베르크》 표지

소년은 '독일로 유학을 가야 한다. 독일을 배워서 우리나라의 발전 모델로 삼아야 한다'는 결심을 단단히 하고 독일어를 공부하기 시작했다. 1950년대 후반 우리나라의 고등학교에서는 제2외국어로 독일어를 가르쳤다. 그러나 학교 수업만으로는 부족하다고 판단한 소년은 대전 시내 서점에 나와 있는 독일어 책을 모두 사서 공부했다. 그때 읽은 책 중에 빌헬름 마이어푀르스터(Wilhelm Meyer-Förster)의 단편소설 《알트 하이델베르크(Alt Heidelberg)》는 소년의 마음을 독일 유학에 대한 갈망으로 설레게 했다. 매일 저녁마다 노을(落照)이 잘 보이는 언덕에 올라 서쪽 하늘을 보면서, 소년은 상쾌한 아침을 맞고 있을 하이델베르크 대학을 상상했다. 이는 비가 오는 날도 예외 없는 일과였다. 소년은 주제넘게도 어린 나이에 자신의 호를 '조서현(照西峴)'이라 지었다. '저녁노을을 비추는 언덕'이라는 뜻이다. 결국 그는 대학 진학을 독어독문학과로 했고, 세월이 흘러 이 책을 쓰고 있다.

수단매체의 정의

독어독문과에 입학한 조서현은 독일 국민이 라인 강의 기적을 가능하게 한 힘이 어디서 나오는지를 탐구하기 시작했다. 제1차, 제2차 세계대전으로 인해 초토화된 나라를 20년 만에 다시 경제 대국으로 부활시킨 독일 국민의 힘의 원천을 알고 싶어 하던 조서현은 '미텔바(mittelbar)'라는 단어에서 답의 실마리를 찾기 시작했다. 미텔바는 어간 '미텔(Mittel)'에

형용사 어미 '바(bar)'를 붙인 단어이다. 독한(German-Korean) 사전에는 '간접적'이라는 뜻으로 풀이되어 있다.

미텔은 한국어로 '수단매체(手段媒體)'라고 번역할 수 있다. 수단매체란 인간이 어떤 일을 하고자 할 때 그 일의 실현 가

아르키메데스의 사고(思考) 실험

능성(feasibility) 혹은 생산성(productivity)을 높이기 위해서 도입하는 수단적 매개체를 의미한다. 어부들은 맨손으로, 즉 직접적인 방법으로 고기를 잡기가 어렵기 때문에 낚싯대나 어망 같은 수단적 매개체를 사용하여 간접적인 방법으로 고기를 잡는다. 이때 낚싯대나 어망이 수단매체인 것이다.

아르키메데스의 수단매체 – 지렛대

그리스 시대의 위대한 천재 아르키메데스(Archimedes)는 지렛대(lever) 원리를 발견한 뒤, "나에게 충분히 긴 지렛대와 지렛목을 놓을 자리만 준다면 지구라도 움직일 수 있을 것 같다"고 말했다. 이 말은 그의 실험 가능성 여부를 떠나서 지렛대의 능력을 상징적으로 표현하기 위한 '사고 실험(experiment in thoughts)' 차원의 진실이다. 사고 실험이란 현실적으로는 해보기 어렵더라도 사고(생각) 차원에서 해볼 수 있는 실험을 의미한다. 아인슈타인(A. Einstein)도 상대성 이론을 설명하기 위해서 사고 실험

을 많이 했다. 아르키메데스가 말한 지렛대는 그것(지렛대) 없이는 불가능한 일을 가능하게 만들어주거나 생산성을 높여줄 수 있는 도구이므로 수단매체의 정의를 그대로 충족시킨다. 따라서 지렛대는 가장 전형적인 수단매체의 하나라고 할 수 있을 것이다.

인간 능력의 한계

인간의 능력은 무한하다고 말하는 사람이 많다. 그러나 생각해보면 인간의 능력은 유한하다. 예를 들어 인간의 청각 능력을 보자. 인간이 귀로 들을 수 있는 소리는 진동수 20 정도[3]에서 2만 정도 사이에 존재하는 음파이다. 진동수가 낮을수록 저음이 되고 높을수록 고음이 된다. 우리 주변에는 인간의 가청(可聽) 영역을 벗어나 있는 소위 초음파(超音波)가 폭넓게 존재하는데, 인간이 듣지 못하는 이 영역의 소리도 들을 수 있는 동물이 많다. 이런 동물들을 극히 일부만 열거해보면 다음의 〈표1〉과 같다.[4]

박쥐는 인간이 들을 수 없는 초음파를 내면서 그것이 물체에 반사되어 오는 메아리를 듣기 때문에 어두운 밤에도 안전하게 날 수 있다고 한다. 표에는 안 나왔지만, 두꺼비의 가청 능력과 관련하여 2008년 5월 세계 언론에 보도된 놀라운 소식이 있다. 중국 사천성(四川省)에서 대지진이 일어나기 사흘 전(2008년 5월 9일), 지진의 진원지 문천(汶川) 인근에서 약 10만

[3] '정도'라는 표현을 사용한 이유는 사람에 따라 약간의 차이가 있기 때문이다.
[4] 참조: RR Fay. 1988. Hearing in Vertebrates : a Psychophysics Databook. Hill-Fay Associates, Winnetka IL. USA.

동물	가청 진동수(Hz)
개	67~4만 5천
쥐	200~7만 6천
박쥐	2천~11만
돌고래	1천~12만 3천

표1 동물이 들을 수 있는 음의 진동수

마리의 두꺼비가 떼 지어 이동했다는 보도이다. 이에 대해 지진 전문가들은 다음과 같은 설명을 했다. 지하 깊숙한 진앙지로부터 시작된 지각 변동이 문천 인근까지 오는 데는 약 사흘이 걸렸을 것이고, 그때 발생한 초음파를 두꺼비들이 듣고 피신한 듯하다는 설명이다. 인간이 듣지 못하는 초음파를 두꺼비들은 들었다는 말이다.

다음에는 인간의 시각 능력을 보자. 하늘에 떠 있는 무지개를 향해 영국의 시인 윌리엄 워즈워스는 "무지개 볼 때마다 내 가슴이 뛰는구나…(My heart leaps up when I behold a rainbow in the sky…)" 하고 읊었다. 그러나 무지개 속에 존재하는 몇 가지 색이 인간이 볼 수 있는 빛의 전부라는 사실은 우리를 슬프게 한다. 소리의 본질이 진동하는 음파인 것처럼 빛의 본질

중국 사천성에 대지진이 일어나기 며칠 전, 인근에서 약 10만 마리 두꺼비가 대이동하였다.

은 진동하는 '전자파(electromagnetic waves)'이다.[5] 이 세상의 모든 물질은 원자(atom)라는 알맹이로 되어 있고, 원자의 주변에는 전자(electron)라는 작은 입자가 돌고 있다. 그런데 이 전자가 진동하면 거기서 '전자파'라는 파동이 나온다. 전자파를 진동수에 따라 나열해보면 다음과 같다.

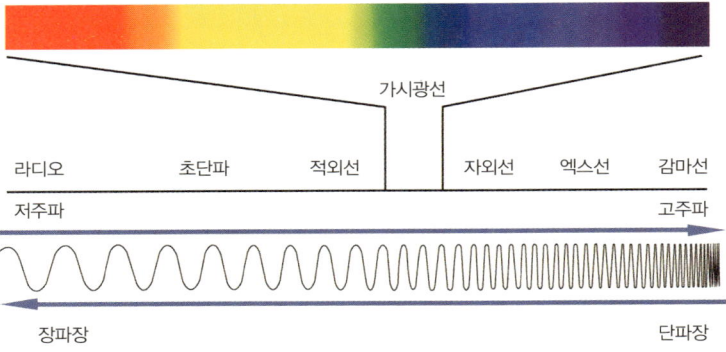

——— 가시광선을 포함한 전자파의 스펙트럼

    음파의 진동수가 적으면 저음, 많으면 고음이 되듯이 가시광선의 진동수가 적으면 빨간색, 많으면 보라색이 된다. 위의 그림에서 빨간색 가시광선 좌측에 있는 적외선(infrared), 보라색 우측에 있는 자외선(ultraviolet), 그리고 자외선 우측에 있는 엑스선(x-rays) 등은 인간이 육안으로 보지 못하는 빛들이다. 인간이 눈으로 볼 수 있는 가시광선 영역의 크기는 앞의 스펙트럼에 나타나 있는 빛 전체의 5퍼센트 정도에 불과하다. 그러니 누군가가 "나는 눈이 좋으므로 주위에 존재하는 모든 빛을 볼 수 있다"고 장담한다면, 그는 환상 속에 살고 있는 셈이다.

5   매초 4×10^{14}번 진동하면 빨간색이 되고, 7×10^{14}번 진동하면 보라색이 된다.

인간 판단력의 허점

인간이 사실(the fact)을 인식하는 판단력에도 문제가 있다. 우리나라 제주도에 있는 속칭 '신비의 도로'를 예로 들어 설명해보자. 신비의 도로는 제주시 외곽 '1100 도로' 입구의 약 200미터 구간을 말한다. 1981년 어느 택시 기사가 이곳에 잠시 세워놓은 자신의 택시가 오르막으로 보이는 방향으로 저절로 움직이는 모습을 확인했다. 이 사실이 입소문을 타고 퍼지면서 많은 사람이 찾아와 차를 세우고 기어(gear)를 중립 위치에 놓으니, 차가 정말 오르막으로 보이는 방향으로 서서히 올라가는 경험을 했다. 이후 이 길은 관광 명소가 되었고, '도깨비 도로' 혹은 '신비의 도로'라는 명칭을 얻었다.

그러나 이는 인간의 판단력에 혼란이 생긴 결과일 뿐, '신비' 혹은 '도깨비'와 관련이 없다. 차를 운전하는 사람이 5도 경사의 내리막길을 가다가 3도의 기울기로 '꺾이는 지점'을 바라보면서 그 이후의 도로를 오르

─── 제주도에 있는 신비의 도로

1장 인간의 한계, 어떻게 극복할 것인가?

막길로 판단하는 과오가 빚어내는 것이 신비의 도로이다. 5도의 내리막길 위에서 3도로 꺾인 구간 이후를 바라보면, 이 구간은 2도(5도-3도)의 오르막으로 보일 수 있다.

하지만 아래 '신비의 도로 개념도'에서처럼 횡단면 각도에서 넓은 전체 영역을 보면, 그 길은 오르막이 아닌 내리막임을 알 수 있다. 실제로 이 구간에서 공을 굴리거나 주전자의 물을 부어보면, 공이나 물이 움직이는 방향은 중립 기어상의 자동차가 움직이는 방향과 일치한다. 이렇게 인간의 판단력은 검증을 거치지 않으면 과오를 범할 수 있다. 이런 과오를 면하기 위해서는 좁은 범위만 보지 말고 그것을 일부분으로 포함하는 넓은 범위를 봐야 한다.

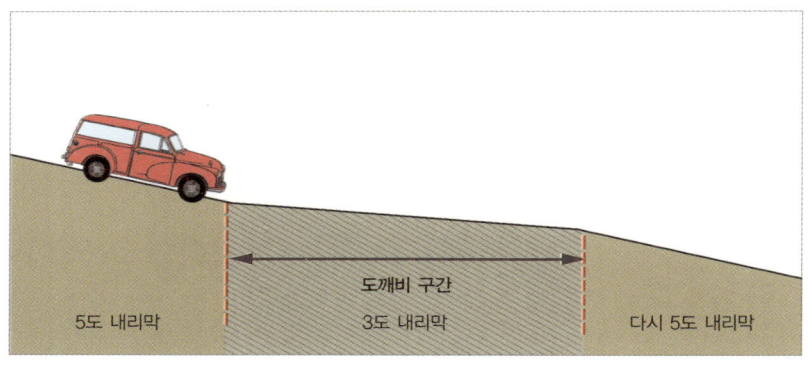

―― 신비의 도로 개념도

옛날 사람들이 해가 뜨고 지는 것만 보고 지구가 우주의 중심인 줄 알고 천동설을 주장한 것도 같은 맥락이다. 관찰 범위를 밤하늘 별들의 움직임까지 확장한 후에야 지구가 태양 주위를 돈다는 진실을 발견하게 된 것이다. 넓게 보지 못하는 인간은 계속 과오를 범하게 마련일 것이다.

인간한계 극복 위한 수단매체

인간은 바이러스나 병균처럼 아주 작은 것을 볼 수 없고, 자기 시야를 벗어나는 아주 큰 것도 볼 수 없다. 인간은 달릴 수 있는 속도, 들어 올릴 수 있는 무게, 맹수들과 싸울 수 있는 근육의 힘에도 한계가 있다. 태초의 인간들은 수렵과 채취, 어로 등 일을 시작하면서 이런 한계를 절감했을 것이며, 이런 한계를 극복하기 위한 도구(tools)를 개발하기 시작했을 것이다. 이런 도구를 만드는 데 필요한 재료의 역사가 석기, 청동기, 철기 등 인류 문화사의 시대 구분이 되었다.

도구의 수준이 처음에는 물질적(physical) 차원이었지만, 지식과 지혜 같은 정신적(mental) 차원, 그리고 신뢰성과 인간적 매력 같은 사회적(social) 차원으로까지 발전하면서 그에 대한 용어는 '도구'라는 표현을 넘어 '수단매체'라는 표현으로 격상되어야 할 것 같다.

국민소득이 높은 선진국과 그렇지 못한 후진국, 경쟁력이 있는 우량기업과 그렇지 못한 부실기업, 풍족하게 잘사는 사람과 가난으로 고생하는 사람 등 양극화 현상은 어디서 오는가? 오늘보다 더 나은 미래를 창조하기 위해 노력해야 한다면 그 노력은 구체적으로 어떤 것이 되어야 하는가? 이런 질문에 대답하려면 인간 능력의 한계를 극복해줄 수 있는 수단매체를 생각해야 할 것이다.

시대와 환경의 변화에 따라 인간은 자기가 사용하는 수단매체를 그에 맞게 개선해 나가야 한다. 그렇게 하지 못하는 개인이나 조직은 세월의 흐름, 환경의 변화 속에서 쇠락하지 않을 수 없다. 이것이 역사 속 흥망성쇠의 법칙이다. 따라서 수단매체에 관한 탐구는 인간 삶의 질을 향상시키기 위해, 그리고 생존경쟁 속에서 살아남기 위해 아무리 세월이 흘러도 계속되어야 할 영원한 과제로 남을 것이다. 수단매체를 탐구하기 위한 첫 단계로 그 유형을 정리해보자.

물질적 수단매체

인간은 일(work)을 해야 살 수 있는 존재이므로 일은 인생에서 매우 중요한 의미를 갖는다. 따라서 사람들은 어떤 일에 임할 때, 그 일을 잘할 수 있는 방법을 생각할 것이다. 농사를 짓기 위해 밭을 가는 일이라면 호미나 삽 같은 도구를 생각할 것이고, 경제적 여유가 있는 사람이라면 소가 끄는 쟁기나 동력(動力, power)을 사용하는 경운기처럼 고도화(高度化)된 기계를 생각할 것이다. 이때 호미나 삽, 소(畜力), 쟁기, 경운기, 에너지(기름) 등은 모두 물질로 되어 있는 물질적 수단매체이다.

———— 농업용 수단매체(도구)의 고도화(호미 → 쟁기 → 경운기)

수단매체가 고도화할수록 인간의 삶(life)과 일의 방식은 그만큼 '간접적(mittelbar)'이 된다고 말할 수 있다. 지능이 발달한 일부 유인원들은 껍질이 단단한 열매를 먹기 위해 돌(자연석)을 사용한다고 한다. 이때 돌이

유인원에게는 수단매체이며, 그들 삶의 방식은 돌을 사용하는 만큼 간접적이 된다.

수단매체를 전혀 사용하지 않는 동물

무명실을 뽑는 수단매체인 물레(왼쪽)와 방적기(오른쪽)

들은 '직접적'인 삶을 산다고 말할 수 있다. 인간은 돌을 수단매체로 사용하던 석기 시대로부터 지속적으로 물질적 수단매체를 고도화시켜왔다. 특히 18세기 중반 영국에서 수단매체의 혁명적 고도화를 이룩했는데, 이 사건을 '산업혁명'이라 부른다. 위의 사진에서 왼쪽은 인도의 성현 간디(M. Gandhi)가 수단매체로서 물레를 사용하여 무명(cotton)에서 실을 뽑는 모습이고 오른쪽 사진은 산업혁명 때 개발된 실 뽑는 기계, 즉 방적기(spinning machines)이다.

물레와 방적기 같은 수단매체로 인한 생산성의 차이가 두 나라의 경제력 차이를 만들어냈고, 이 경제력 차이가 군사력 차이로 이어졌다. 그 역사적 결과는 어떠했는가? 영국은 인도를 300년간 식민지로 지배했다.

정신적 수단매체 — 지식과 지혜

세상에는 인간의 눈으로는 보지 못하고 손으로 만져지지도 않지만 인간이 하는 일의 실현 가능성과 생산성을 크게 높여줄 수 있는 수단매체가 많이 존재한다. 인간이 개발한 지식과 지혜 등이 그 예이며, 이런 유형을 물질적 수단매체에 대비하여 정신적 수단매체라고 부르자.

정신적 수단매체로서 지식-파나마 운하 케이스

태평양과 대서양을 잇는 파나마 운하의 굴착이 시작된 1880년에 심각한 문제가 발생했다. 열대성 전염병 말라리아가 퍼지면서 건설 인력이 수없이 죽어갔다. 그러나 당시는 말라리아를 옮기는 매개체(disease vector)에 관한 '지식(knowledge)'이 없었다. 사람들은 개미가 말라리아를 옮길 것이라고 막연히 생각하여 개미에게 물리지 않기 위한 방법을 강구했다. 특히 취침 시에 개미에 물리지 않도록 침대의 네 다리 밑을 물그릇 속에 담가놓았다. 개미는 수영을 못한다는 사실에서 힌트를 얻은 것 같다. 그러나 나중에 알게 된 사실이지만, 침대 다리 밑 물그릇 아이디어는 물속에 알을 낳는 모기의 번식만 도왔다. 건설 기간 10년(1880~1889년) 동안 무려 2만 2천 명이 사망했는데, 그중 3분의 2 이상이 모기가 전염시키는 전염병 때문이었다. 공사가 10분의 1도 진척되지 않은 상태에서 이처럼 인력 손실이 크고 건설 자금까지 동이 나자, 프랑스 건설팀은 공사를 포기하고 철수했다.

프랑스 팀이 철수한 뒤 1889년 영국의 의사 로스 경(Sir Ronald Ross)에 의해 말라리아를 옮기는 매개체는 개미가 아니라 모기라는 지식이 탄생했고, 로스 경은 이 공로로 1902년 노벨 의학상을 수상했다. 미국 정부는 군사적 필요에 따라 1904년 파나마 운하 공사를 떠맡았다.[6] 미국 팀은 우선 파나마 지역에서 모기를 박멸하기 위한 방법을 강구했다. 모기는 물속에 알을 낳아 번식한다는 지식까지 알게 된 미국 팀은 파나마 지역의 모든 물웅덩이에 기름을 뿌려 기름의 표면장력으로써 수면을 기름 막(thin film)으로 덮었다. 물속의 모기 애벌레들은 산소 부족으로 모두 죽었

---

[6] 이때 미국은 프랑스 팀이 남겨놓은 건설 장비를 4천만 달러에 인수했다.

고, 말라리아는 퇴치되었다.

말라리아 퇴치에 이어 미국 팀은 파나마 지역의 지형적 특성을 고려하여 해수면 높이의 운하를 포기하고, 갑문(locks)을 여닫는 방식으로 수면의 높이를 통제하는 개념의 운하를 건설했다. 이것이 오늘의 파나마 운하이다. 모기가 말라리아의 전염 매개체라는 지식과 지형적 특성을 고려한 설계 아이디어가 지적 수단매체가 되어 파나마 운하를 탄생시킨 것이다.

갑문식으로 건설된 파나마 운하

정신적 수단매체로서 지혜-알렉산더

플루타르코스(Plutarch, ?46~?120)의 《영웅전》에 다음과 같은 이야기가 나온다. 알렉산더(Alexander, 기원전 356~323) 장군이 동방 원정 중 페르시아 사막에서 있었던 일이다. 열사의 사막에서 모두가 갈증으로 목말라 있을 때, 장군의 휘하 참모 한 사람이 멀리 오아시스를 찾아가 물을 구해 왔다. 알렉산더 장군이 물을 받아 마시려 하자 장군 앞에 도열해 있던 장병들이 모두 부러운 눈으로 장군을 바라보았다. 이에 알렉산더는 마시려던 물을 그냥 땅에 버리면서 "나 혼자 물을 마실 수 없다. 더 진군하여 오아시스가 나오면 모두 같이 물을 마시자" 하며 진군을 독려했다. 리더십은 이처럼 자기희생적(self-sacrificing) 지혜(wisdom)를 수단매체로 하여 성장한다. 그래서 리더십은 지식이라기보다는 지혜라고 봐야 할 것 같다.

─── 아리스토텔레스에게서 교육 받는 알렉산더

지식과 지혜의 차이

여기서 질문이 하나 떠오른다. 당시 20대 후반의 젊은 알렉산더가 이런 리더십의 지혜를 어떻게 터득했을까? 스스로의 노력과 수양으로 습득한 것인가 아니면 교육의 결과인가? 알렉산더가 어린 시절 당시 인문사회학의 대가 아리스토텔레스(Aristotle)를 가정교사로 모시고 4년 동안 공부했다는 이야기가 플루타르코스《영웅전》에 나오며, 이렇게 교육을 받는 모습이 그림으로 남아 있다.

이와는 반대로 위대한 위인들 중에는 제도적 차원의 교육을 못 받은 사람도 많다. 우리나라 현대그룹의 창업자 정주영 회장은 별다른 교육을 받지 않고도 위대한 업적을 이룩한 세계적 인물이다. 특정 분야의 전문가들이 발견, 발명해낸 학문적 지식은 제도적 교육을 필요로 할 것이다. 그러나 지혜는 이러한 교육 없이도 스스로의 노력으로 터득할 수 있는 것 같다. 지식과 지혜 중에 어느 것이 인간에게 더 중요할까? 이 질문에 답하기 불가능할 만큼 지혜와 지식의 중요성은 난형난제(難兄難弟)일 것이다.

사회적 수단매체

인간은 혼자서는 살아가지 못한다. 로빈슨 크루소(Robinson Crusoe)는 소설 속에나 존재할 뿐, 실제 세계에서는 존재할 수 없다. 인간은 공동체(community) 혹은 조직을 만들어 그 속에서 살아갈 수밖에 없는 사회적 동물이기 때문이다. 가정, 직장, 국가, 국제 사회 같은 조직들이 모두 공동체이다. 인간이 이러한 공동체 사회 속에서 잘 적응하고 협동하며 원만하게 살아가기 위해서도 수단매체가 필요하다. 이런 유형을 '사회적 수단매체'라 부르면서, 다음 케이스를 통해서 그 의미를 살펴보자.

Case ▶ 국제 사회의 신뢰와 지지를 수단매체로 선택한 브란트 수상

1970년 12월 7일, 빌리 브란트(Willy Brandt) 서독 수상이 폴란드를 방문할 때, 사회적 수단매체를 중요시하는 독일 국민의 철학이 구체적으로 나타났다. 수상이 폴란드에서 제2차 세계대전 때 독일 나치스 정권에 희생당한 유태인들의 추모비 앞에서 화환을 바치며 무릎을 꿇은 것이다. 한 나라의 국가 원수가 남의 나라에 가서 스스로 무릎을 꿇었다는 것은 세계사적 사건이다. 이 사건은 서독 내에서도 즉시 찬반양론을 불러일으켰다. 서독의 유력 언론지인 《슈피겔(Der Spiegel)》이 당시 실시한 여론 조사에서 서독 국민의 48퍼센트는 브란트 수상이 무릎 꿇은 일을 "너무했다"고 지적했으며, 41퍼센트는 "적절했다", 그리고 나머지 11퍼센트는 "모르겠다"고 답했다.[7] 그러나 2년의 세월이 흐르면서

― 나치스 희생자 추모비 앞에서 무릎을 꿇고 있는 브란트 서독 수상[8]

---

[7] Digitized edition of "DER SPIEGEL 51/1970"(German)
[8] Kniefall in Warschau (German) (from the willy-brandt.org website)

서독 국민 대다수가 브란트 수상의 생각에 동조하게 되었고, 1972년 선거에서 브란트 수상은 압도적 대승을 거뒀다.

'무릎 꿇음(Kniefall)'으로 상징되는 브란트 수상의 외교 정책은 국제 사회로부터 신뢰와 지지를 얻는 데 성공했다. 신뢰와 지지, 이는 브란트 수상의 외교 정책을 수월하게 해줄 수 있는 수단매체였을 것이다. 이 매체를 형성하기 위해서는 과거 독일의 나치스 정권이 저지른 과오에 대해 진지한 회개(repentance)가 필요했고, 이 회개를 전 세계에 보여주기 위해서 브란트 수상은 무릎을 꿇었을 것이다.

미국에서 발간되는 국제 주간지 《타임(Time)》은 브란트 수상을 1970년의 표지 인물로 선정했고, 스웨덴 노벨상 심사위원회는 유럽의 동서문제 해빙에 기여한 공로로 브란트 수상에게 1971년도 노벨 평화상을 수여했다. 국제 사회에서 살아가기 위한 수단매체를 창조하기 위해 무릎 꿇음을 선택한 브란트 수상의 용기와 지혜를 세계 여론이 칭송한 것이다. 폴란드는 이 사건을 후대에 전하기 위해 기념비를 만들어 현장에 세웠다.

―― 기념비

사회적 수단매체를 구성하는 3가지 요소

기업과 같은 직장이나 국가나 국제기구 같은 거대 조직만이 사회인 것은 아니다. 부부 두 사람이 모이면 가정(household)이 되고, 가정은 가장 작은 사회라 할 수 있다. 가정을 건강하게 유지하기 위해서 필요한 기본적인 '사회적 도구'는 신뢰이다. 부부 사이에 신뢰가 무너지면 그 가정은 흔들리기 시작하기 때문이다. 사회의 구성원 사이에 신뢰가 유지되기 위해서는 투명성(transparency)이 필요하다. 투명성을 거부하는 사람은 신뢰할 수 없기 때문이다. 따라서 투명성은 건강한 사회를 만들기 위한 필요조건의 하나이다. 건강한 사회를 유지하기 위해서 필요한 것이 더 있다. 자기희생(self-sacrifice)을 받아들일 수 있는 자질이 그것이다. 자기보다 약한 위치에 있는 자를 보호하고, 가지지 못한 자를 위해 자기가 가진 것을 양보 혹은 희생할 수 있는 이런 자질을 자기희생(self-sacrifice)이라고 부르자. 이것은 사회의 지도자가 될 사람에게 특히 필요한 자질이다. 이렇게 볼 때 신뢰성, 투명성, 자기희생 능력 이 3가지 개념은 한 사회가 건강하게 단결(solidarity)하기 위해 가장 필요한 사회적 수단매체가 된다.

Intro

철학자 비트겐슈타인(Ludwig Wittgenstein, 1889~1951)은 "내 언어의 한계가 내 세계의 한계"라고 말했다. 이번 장에서는 이 말의 의미를 물적 수단매체는 물론, 지적(知的), 사회적 수단매체로까지 확장한다. 17세기 천재 과학자 갈릴레오는 그가 가진 물적 수단매체, 즉 망원경의 한계에 의해 천재성을 제약당했다. 퀴리 부인은 방사능에 관한 지식의 한계에 의해 생명을 단축당했다. 결국 인간은 그가 가진 수단매체의 고도화에 의해 자신의 한계를 확장할 수밖에 없다는 결론이 나온다. 이런 결론은 이후 3장에서 '수단매체의 고도화'를 위한 필요조건으로 이어진다.

2장 수단매체의 한계가 인간의 한계

　수렵과 채취로 살아가던 초창기의 인간들은 협동의 필요성을 절실히 느꼈을 것이다. 혼자 힘으로는 토끼 한 마리도 잡기가 어렵지만, 여럿이 힘을 합치면 노루나 들소 같은 큰 짐승도 잡을 수 있다는 사실을 경험을 통해서 알았을 테니 말이다. 그런데 협동을 잘하기 위해서는 개인의 생각과 지혜 그리고 전략을 토론하고 공유하기 위한 수단매체로서 언어가 필요했을 것이다. 이런 필요에서 자연스럽게 언어가 발달하기 시작했을 것이며, 언어는 인간이 개발한 모든 수단매체의 원조로 자리하게 되었을 것이다. 이런 연유에서 수단매체의 일반적 체계를 탐구하기 위한 기초 작업으로 언어가 가지는 '수단매체'로서의 성격을 살펴보자.

수단매체의 원조, 언어

비트겐슈타인 탄생 100주년 기념 우표

독어독문학과에서 언어학 강의를 듣던 조서현은 '파리통 철학자'로 통하는 비트겐슈타인을 탐구하기 시작했다. 그의 의문은 '왜 하필 파리통인가?'로 시작되었다. 그는 비트겐슈타인에 관한 서적을 살피던 중 그 이유를 알게 되었다.

파리통의 원리는 다음과 같다. 파리통 밑에 파리가 좋아하는 음식을 놓아두면 파리들이 기어 들어와 즐긴다. 식사를 끝낸 파리들은 파리통 위로 날아 올라가다가 유리에 몇 번 부딪혀 결국 물에 빠져 죽게 만든 것이 파리통의 원리다. 이렇게 잡힌 파리들을 쏟아버리기 위해 상단에 있는 구멍을 한국에서는 종이 혹은 천으로 막았고, 포도주 문화가 발달했던 유럽에서는 코르크(cork)로 막았다. 이 점을 제외하면 파리를 잡기 위해 인간이 생각해낸 지혜는 동서양 사이에 별 차이가 없었던 것 같다.

파리를 잡기 위한 수단매체, 파리통

언어철학의 탄생

소년 비트겐슈타인은 파리통 속의 파리들을 관찰하면서, 처음 날아들어간 길이 밑에 있는데도 그 길을 찾지 못하고 위로만 날아오르려다가 결국 죽고 마는 파리들을 어리석다고 생각했다. 그러던 어느 날, 교회에서 "전지전능하신 절대자"를 외치시는 목사님 설교를 듣고는 '인간의 눈에 비친 파리통 속 파리들의 어리석음은 전지전능하신 절대자의 눈에 비친 인간의 어리석음과 무엇이 다를까?' 하는 생각에 이르렀다.

파리의 한계, 그리고 인간의 한계를 결정하는 것이 무엇일지를 생각하던 비트겐슈타인은 1917년 오스트리아군에 입대하여 제1차 세계대전에 참전했다. 총알이 빗발치는 참호 속에서도 파리의 한계와 인간의 한계에 관한 사색을 계속하던 비트겐슈타인은 1918년 연합군의 포로가 되어 이탈리아 몬테카시노(Monte Cassino) 수용소에 수감되었다. 그는 수용소에서 자신의 철학적 사색을 원고로 옮기고자 수용소 당국에 공책과 연필을 요청했다. 수용소는 이를 허락했고[9], 1919년 종전이 되자 그는 비엔나에 돌아와 그 원고를 책으로 출간했다. 이 책이 불후의 명저 《논리철학 논고 (Tractatus Logico-Philosophicus)》이다.[10]

그 후 비트겐슈타인은 어린 시절부터 파리통 속 파리를 관찰하며 얻은

---

[9] 당시 영국의 철학자 버트런드 러셀(Bertrand Russell)은 비트겐슈타인의 재주를 소중히 여겨 서방연합군으로 참전하고 있던 친구 몽고메리(Montgomery) 장군에게 그를 잘 보호해줄 것을 부탁했다고 전해진다.

[10] 독일어 원본 제목은 'Logisch-Philosophische Abhandlung'이었으나, 영어 번역본은 (G. E. Moore에 의해) 라틴어 명칭 'Tractatus Logico-Philosophicus'로 결정됨.

영감을 사색과 탐구로 이어가면서, "나의 언어의 한계가 나의 세계의 한계다"[11]라는 표현으로 자신의 언어철학을 전개해 나갔다. 이 표현에서 '나'는 '모든 인간'을 지칭하므로 결국 '모든 사람은 자신이 사용하는 언어의 한계에 의해 자신의 세계가 한정된다'는 의미가 성립한다.

비트겐슈타인의 이 말을 토끼와 거북이의 경주를 예로 들어 설명해보자. 토끼가 거북이보다 5배 빠르다고 가정하자. 바꿔 말하면, '거북이의 속도는 토끼 속도의 5분의 1'이라고 가정하는 것이다. 이렇게 속도 차이가 있기 때문에 이들을 경주시킬 때 동일 선상에서 출발시키지 않고, 아래 그림에서와 같이 거북이를 토끼보다 100미터 앞에서 출발시킨다고 가정하자.

———— 거북이가 토끼보다 100미터 앞에서 출발한다고 가정한 경주

출발 신호가 떨어지고 토끼가 거북이의 출발점, 즉 100미터 지점까지 달려왔을 때 거북이는 토끼가 달려온 거리의 5분의 1, 즉 20미터만큼 전진하여 120미터 지점에 와 있을 것이다. 토끼가 다시 120미터 지점에 따

---

[11] 독일어 원문은 "Die Grenzen meiner Sprache bedeuten die Grenzen meiner Welt." 영어 원문은 "The limits of my language mean the limits of my world."

라오면 거북이는 또 토끼가 달려온 거리 20미터의 5분의 1, 즉 4미터만큼 앞으로 나아가 124미터 지점에 가 있을 것이다.

이처럼 토끼가 거북이의 자리까지 따라오면 거북이는 토끼가 따라온 거리의 5분의 1만큼을 계속 더 앞으로 나가 있게 되며, 이런 과정은 한없이 계속될 수 있다. 따라서 토끼는 영원히 거북이를 따라잡지 못한다는 결론이 나올 수 있다. 그러나 이와 같은 경주를 실제로 시켜보면 (그리고 동화 속에서처럼 토끼가 낮잠을 자지 않는다고 가정하면) 토끼는 반드시 거북이를 추월하게 된다.

'제논의 역설(Zenon's paradox)'로 통하는 이 이야기는 그 본질이 역설이 아니라, 인간의 일상 언어가 가지고 있는 설명 능력의 한계에 관한 것이다. 다음에서 설명할 수학의 힘을 빌리지 않으면, 인간의 일상 언어는 그 한계로 인하여 토끼와 거북이의 경주를 해결할 수 없다.

수학을 통한 언어 한계의 확장

토끼와 거북이의 경주 문제를 우리는 중학교 수준의 수학, 즉 무한등비급수를 활용하면 깨끗이 해결할 수 있다. 이 책 〈부록〉 편에 수록되어 있는 것과 같이 토끼는 125미터 지점에서 거북이를 추월한다는 결론이 얻어진다(〈부록〉 편에서 '부록1' 참조). 인간이 일상에서 사용하는 언어의 한계 밖에 있던 문제를 중학교 수준의 기초 수학으로 해결한 것이다.

수학은 기호(symbols)를 사용한 논리(logic)의 체계(system)이므로 그 본질이 언어와 같다. 따라서 중학교에서 배운 무한등비급수를 구사할 수 있다는 것은 자기 언어의 한계를 그만큼 확장할 수 있다는 의미가 된다.

이처럼 인간의 한계는 지적 수단매체의 개발(예, 수학)에 의해서도 확장이 가능하다. 실제로 미분과 적분학의 발전으로 인하여 인간은 그 이전에 언어로 해결하지 못했던 많은 문제를 소위 수학적 차원의 언어 확장을 통해 해결할 수 있게 되었다. 따라서 "내 언어의 한계가 내 세계의 한계"라는 비트겐슈타인의 말은 '내 언어의 한계를 확장하면 내 세계의 한계를 확장할 수 있다'는 의미로 해석되어야 한다. 또한 언어의 한계는 언어 본연의 한계뿐 아니라 언어를 사용하는 사람의 언어 구사 능력, 즉 어려서부터 능숙하게 사용해온 모국어인가 서툴게 배운 외국어인가 등에 의해서도 한계가 지어진다. 이는 언어학자들에 의해서 인정된 바이다.

인간은 모국어를 사용할 때 가장 창의적

'언어의 통일성과 다양성(Unity and Diversity of Languages)'이라는 주제로 개최되었던 제18차 세계언어학자대회(The 18th International Congress of Linguists)에서 "인간은 모국어를 사용할 때 가장 창의적으로 사고할 수 있고, 그렇기 때문에 소수민족의 언어는 보존돼야 한다"는 주장이 제기되었다. 영국 옥스퍼드 대학 로메인(Suzanne Romaine) 교수는 '국제화하는 세계 속에서 언어의 권리, 인간의 발전, 언어의 다양성'이라는 주제의 논문 발표에서 "오늘날 세계화를 논의하면서 언어의 다양성이 중요하게 부각되지 않고 있는 것은 유감"이라고 지적했다. 세계 언어의 유지는 인간이 발휘할 수 있는 창의력의 보호 및 문화 보존을 위한 보다 큰 정책의 한 부분이며, 한 지역의 경제적 문화적 복리를 증진하는 정책의 일환으로 언어의 다양성도 중요시되어야 한다는 것이 로메인 교수의 주장이다.

인간은 누구나 자신이 태어나고 자란 모국어 속에서 가장 넓고 깊은 문화적 정서적 심리적 감각의 세계를 보유할 것이며, 따라서 모국어를 사용할 때 인간이 가장 창의적으로 사고할 수 있다는 이 주장은 학회에 참석했던 모든 언어학자의 공감을 얻었다. 이 주장을 달리 표현하면 언어에 의해 인간의 창의성이 제약된다는 말이 되고, 내 창의성의 한계는 내 세계의 한계를 규정할 것이므로, 제18차 세계언어학자대회의 결론은 "내 언어의 한계가 내 세계의 한계"라는 비트겐슈타인의 주장과 궤를 같이한다고 생각한다.

'사랑하는 것'과 '좋아하는 것'의 차이

유니버설(Universal) 사가 제작한 〈쉐난도(Shenandoah)〉라는 영화에서는 '사랑한다(love)'는 말과 '좋아한다(like)'는 말이 엄격히 구별되고 있어서 인상적이다. 미국에서 남북전쟁이 일어나기 직전, 버지니아 주의 쉐난도 계곡에서 살고 있는 앤더슨 씨에게 샘이라는 청년이 찾아와 딸 제니와 결혼하고 싶으니 허락해 달라고 청한다. 앤더슨 씨가 "왜 제니와 결혼하려 하는가?" 하고 청년에게 묻자, 청년은 "제니를 사랑하기 때문입니다"라고 대답한다. 그러자 앤더슨 씨는 "그것은 충분한 이유가 못 돼" 하고 단호하게 대답한다. 당황해하는 청년에게 앤더슨 씨는 "사랑하는 것과 좋아하는 것은 다르지(There is some difference between loving and liking)" 하며 인생을 가르친다. "어떤 여자를 좋아하지도 않으면서 사랑하게 되면 그와 하룻밤을 지내는 일도 지겹고 싸늘하게 느껴지는 거야…. 그런 밤을 보내고 나면 이튿날 아침엔 경멸만 남지"[12] 하면서 '사랑한다'보다는

'사랑하는 것'과 '좋아하는 것'은 다르다고 말하는 영화 〈쉐난도〉

'좋아한다'는 사실이 더 중요하다고 설명한다.

인생을 달관한 노령의 나이에 사위가 될 사람에게 들려준 앤더슨 씨의 설명은 무슨 의미일까? 생각해 보면, 젊은 남녀 사이에는 자연의 섭리에 의해 사랑이 싹튼다. 전기의 플러스극(+)과 마이너스극(-) 사이, 자석의 남극(S)과 북극(N) 사이에 인력이 작용하듯, 젊은 남녀 사이에 사랑이 작용하는 것은 자연의 섭리인 것이다. 그래서 젊은 남녀들은 외모만 보고도 서로 사랑을 느끼게 되어 열렬히 구애하다가 결혼에 이른다.

그러나 인간에게는 내면세계가 있으며 마음씨, 취미와 정서 그리고 더 나아가 인격, 도덕성, 가치관 같은 내면세계의 변수들이 세월이 흐르면서 표출되기 시작한다. 그리고 이런 변수들은 상대방을 좋아하거나 싫어할 수 있는 요소로 작용한다. 그래서 상대방을 좋아하지는 않지만 결혼했으니까 계속 살게 되는 경우도 생긴다. 도덕적으로는 좋은 일이지만, 개인의 행복 차원에서는 불행한 일이 될 것이다. 그래서인지 1924년도 노벨 문학상 수상 작가 앙드레 지드(André Gide)는 "사랑을 받는 것(etre aimé, 영어: be loved)보다 좋아함을 받는 것(etre préféré, 영어: be liked)이 더 중요하다"고 말했다.

그런데 우리말에 '사랑받는다'는 표현은 있지만 '좋아함을 받는다'는 표현은 없다. 이는 수동태(受動態, passive voice)가 빈약한 한국어의 한계로

12 "When you love a woman without liking her, a night can be long and cold…. Contempt comes up with the sun."

볼 수 있다. 언어의 발달은 그 언어를 사용하는 사람들이 만들어내는 문화의 함수일 것이다. 이렇게 볼 때 한국인은 '사랑받는 것'에는 관심이 많지만, '좋아함을 받는 것'의 중요성은 인식하지 못하고 있다는 주장이 가능하다. 상대방에게서 '좋아함'을 받으려면 나의 교양 수준을 높이고 인격을 도야하며, 높은 도덕성과 고결한 가치관으로 자신의 인간적 매력을 높여야 한다.

'사랑받기'에는 자연의 섭리(앞에서 설명한 +극과 -극, N극과 S극 사이에 작용하는 힘)에 의한 도움이 따르지만, '좋아함 받기'에는 자연의 섭리에 따른 도움이 없고 오직 인간 개인의 노력이 필요할 따름이다.

상대방이 좋아지지 않고 오히려 계속 싫어지면 상대방을 떠날 수도 있을 것이다. 우리는 배신 행위를 나쁘다고 말한다. 그러나 배신을 당한 사람에게도 일정 부분 책임이 있다. 상대방이 나를 계속 좋아할 수 있게 만들기 위한 노력, 즉 자신의 인간적 매력을 키우지 못한 것은 자기 책임이기 때문이다. OECD 국가 중 한국의 이혼율과 자살률이 유독 높은 이유도 이런 맥락에서 해석해야 할 것 같다.

라과디아 판사의 언어 능력

미국에서 한 노인이 빵을 훔쳐 먹다가 잡혀서 치안판사 앞에 끌려와 재판을 받게 되었다. 판사가 "나이도 있는 분이 염치 없이 빵이나 훔쳐 먹습니까?" 하고 한마디 던지자, 노인이 눈물을 글썽이며 "사흘을 굶었습니다. 그렇다 보니 아무것도 안 보였습니다" 하고 대답했다. 판사는 이 말을 듣고 한참을 생각하더니, "빵을 훔친 절도 행위는 벌금 10달러에 해당됩니다"라고 방망이를 '땅! 땅! 땅!' 내리쳤다. 그런데 판사가 지갑에서 10달러를 꺼내더니, "그 벌금은 내가 내겠습니다. 그동안 내가 좋은 음식을 너무 많이 먹은 죄에 대한 나 스스로의 벌금입니다" 하면서 벌금을 대신 내주었다. 판사는 이어 "이 노인은 재판장을 나가면 또다시 빵을 훔치게 되어 있습니다. 그러니 여기 모인 방청객 중에서도 그동안 좋은 음식 드신 분은 조금씩이라도 돈을 기부해주십시오"라고 말했다. 이에 감동을 받은 방청객들은 호주머니를 털어 모금에 동참했고, 모금액이 1920년대 당시 돈으로 47달러가 되었다.

만약 판사가 '좋은 음식을 많이 먹은 죄'라는 언어 대신에 '불우 이웃' 혹은 '가난한 노인 돕기' 같은 표현을 썼다면 노인의 가슴에 상처를 주었을 것이고, 방청석으로부터 감동과 공감을 얻지도 못했을 것이다. 호의도 좋지만 중요한 것은 상대방의 마음을 상하게 하는 상황을 회피하는 데 있다. 이 판사의 이름이 바로 라과디아(Fiorello H. LaGuardia)이며, 훗날 뉴욕 시장을 3번이나 연임(1934~1945년)하게 된다. 뉴욕 시민들은 뉴욕 주 퀸즈(Queens)에 있는 공항에 그의 이름을 붙여 그를 기리고 있다.

여기서 우리 한국 지도자들의 언어 수준을 반성해보자. 2008년 이명

―― 뉴욕 시장 재직 시의 라과디아(왼쪽)와 라과디아 공항 전경(오른쪽)

박 대통령이 취임하면서 임명한 일부 지도자들은 북한 문제와 관련해서 북한이 어떤 군사적 움직임을 보일 경우 "우리가 먼저 선제공격하겠다", "북한의 국민소득을 3천 달러까지 올려주겠다", "북한 측에서 요청하지 않는 한 식량 지원을 않겠다"는 등 오만한 언어를 많이 사용했다. 이런 발언 이후 상당 기간 동안 이명박 정부의 대북관계는 악화일로를 걸으며 고전을 면치 못했다. 일부 지도자들의 언어의 한계가 대북 정치력의 한계를 만들어낸 것이다.

수단매체의 한계가 인간의 한계 결정

언어는 인간의 삶에서 가장 기본적인 수단매체이므로, 언어에 대해서 성립하는 진리는 다른 수단매체에 대해서도 성립할 수 있을 것이다. 따라서 "내 언어의 한계가 내 세계의 한계"라는 비트겐슈타인의 말은 '내 수단매체의 한계가 내 세계의 한계'라는 표현으로 확장될 수 있을 것이다.

정의(justice)보다는 전쟁용 수단매체, 즉 총칼의 힘이 난무하던 시절에는 군사력의 한계가 국력의 한계임을 인류는 역사적으로 경험했다. 우리는 이런 경험을 개인 차원에서 하고 있다. 예를 들면, 컴퓨터 특히 개인용 컴퓨터가 나오기 시작했을 때 가격이 꽤 비쌌다. 대학 교수가 한 달치 월급을 털어서 286버전을 사면 곧이어 386, 펜티엄(Pentium) 등으로 업그레이드된 버전이 나왔다. 일찍 286버전을 사서 사용하던 사람은 그보다 뒤에 상위급 버전을 산 사람과의 경쟁에서 밀릴 수밖에 없었다. '인간의 한계는 수단매체의 한계'라는 진리를 깨닫게 하는 상황이었다. 이런 깨달음을 물질적, 지적, 사회적 수단매체로 나누어 살펴보자.

물질적 수단매체에 의한 한계

갈릴레오(Galileo, 1564~1642)는 1609년 자신이 만든 망원경으로 토성을 관찰하고는 토성을 '귀 달린 별'이라고 묘사했다. 당시 망원경의 빈약한 성능으로 인하여 토성을 휘감고 있는 고리(環, rings)가 선명하게 보이지 않고, 토성 좌우에 귀처럼 붙어 있는 것으로 보였기 때문일 것이다. 인류 역사상 가장 뛰어난 천재 중 한 사람인 갈릴레오였지만, 자신이 사용한 망원경의 한계로 인하여 이런 과오를 범한 것이다.

—— 1610년 갈릴레오 망원경에 잡힌 '귀 달린' 행성(왼쪽)과 오늘날의 성능 좋은 망원경에 잡힌 토성(오른쪽)

갈릴레오 사후 천체 관측용 수단매체(망원경)는 발전을 거듭했고, 마침내 인류는 1997년 10월 토성 탐사를 위한 우주선 카시니-호이헨스(Cassini-Huygens) 호를 토성으로 보냈다. 이 우주선은 약 7년의 우주여행 끝에 2004년 7월 토성 궤도에 진입했고, 미 항공우주국(NASA)은 카시니-호이헨스 호에서 찍어 지구로 전송해온 토성의 고리 사진을 공개했다.

옆의 사진은 토성 주위를 도는 역할을 맡은 궤도선(카시니)에서 분리되어 정보 수집 역할을 맡은 탐사선(호이헨스)이 토성의 위성 타이탄(Titan)에 착륙하여 토성 고리를 촬영한 것이다. 미 항공우주국은 사진 속 직사각형 안에 작은 별처럼 보이는 흰 점이 지구라고 밝히고 있다. 400여 년 전 갈릴

인공위성 카시니-호이헨스 호가 촬영한 토성 궤도. 멀리 보이는 네모 속 작은 점이 지구 (2007년 1월 16일 미 항공우주국이 공개한 사진).

레오가 빈약한 망원경으로 토성을 관찰할 때 그의 눈에 비친 '귀 달린 별'의 모습과 비교해보면 격세지감이 느껴진다.

정신적 수단매체에 의한 한계 – 지식의 한계

파리 소르본(Sorbonne) 대학 물리학 교수 베크렐(A. H. Becquerel, 1852~1908)은 1896년 우라늄 광석으로부터 사람의 눈에는 보이지 않지만 사진 필름을 감광시키는 빛이 나온다는 사실을 발견하고 '베크렐 광선(Becquerel Rays)'이라 명명했다. 당시 베크렐 교수와 같은 대학 같은 건물에서 연구하고 있던 폴란드 출신의 퀴리 부인과 그의 남편은 베크렐 광선의 정체를 연구하다가 우라늄 외에 폴로늄(polonium), 라듐(radium) 등 다른 원소에서도 베크렐 광선이 방출된다는 사실을 탈견했다. 그리고 이런 성격의 광선을 총칭하여 '방사능(radioactivity)'이라고 명명했다.

이 발견으로 베크렐과 퀴리 부부 세 사람은 1903년 노벨 물리학상을 공동 수상했다. 하지만 이 방사능이 알파, 베타, 감마 3가지 구성 요소로

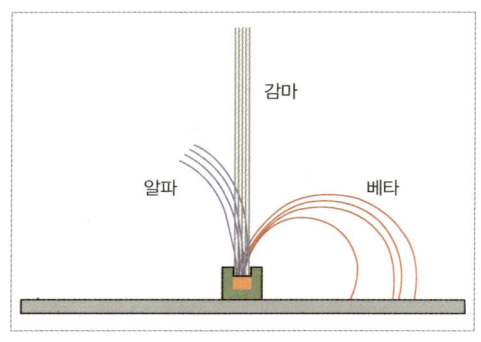
──── 방사성 물질(주황색)에서 나오는 방사능

되어 있는 에너지라는 사실 외에 당시로서는 더 이상 알려진 내용이 없었다. 다시 말하면 당시의 과학 지식 수준에서는 방사성 물질에서 나오는 에너지와 인간의 육체가 필요로 하는 에너지를 구별할 수 있는 지적 수단매체가 없었다. 이런 상황에서라면 '인간의 육체는 에너지를 필요로 하므로 방사능에서 나오는 에너지를 몸에 받으면 건강에 좋을 것'이라는 막연한 믿음이 가능했을 것이다. 그래서 퀴리 부인도 상의(上衣) 왼쪽 앞주머니에 소량의 라듐을 넣고 다녔다고 한다.

훗날 방사능은 인체의 세포를 파괴하는 무서운 힘을 가지고 있다는 사실이 밝혀졌고, 이 방사능을 이용하여 암세포를 죽이는 치료법까지 나왔다. 세월이 흐르면서 방사능은 암을 유발한다는 사실이 밝혀졌고, 퀴리 부인은 1934년 암으로 사망했다. 방사능 연구로 노벨상까지 받은 그가 방사능에 관한 지적 수단매체(지식)의 한계로 인하여 자신의 생명을 단축시킨 것이다.

정신적 수단매체에 의한 한계 – 지혜의 한계

생존을 위협하는 수준의 가난이 존재하는 시대에는 경제적 최선을 위한 선택이 중요하다. 그러나 오늘날처럼 먹고사는 문제가 해결된 풍요의 시대에는 최선의 선택보다 최악의 상황을 회피할 수 있는 선택이 더 중요할 수도 있다.[13] 이런 선택의 문제는 지식이라기보다는 지혜 차원의 문제라고 할 수 있다. 그런데 최근 동유럽에서 이런 문제와 관련된 불상사가 발생했다. 2010년 4월 10일, 레흐 카친스키(Lech Aleksander Kaczynski) 폴란드 대통령 부부 등 96명을 태운 항공기가 러시아 스몰렌스크 공항 근처에서 추락한 사고가 그것이다. 사고 당시 공항 주변에는 가시거리가 200~500미터밖에 안 될 정도로 짙은 안개가 끼어 있었다. 공항 당국의 발표에 따르면, 다른 인근 공

"인생은 문제 풀이(problem solving)의 연속이며, 최선의 선택보다 최악의 회피가 더 중요하다"고 말한 철학자 칼 포퍼

항으로 회항하라는 관제탑의 지시를 무시하고 사고 항공기가 악천후 속에 착륙을 강행한 것이 사고의 원인이다. 러시아 검찰은 "비행 기록에 대한 조사를 벌인 결과 항공기에 기술적 결함은 없었다"고 밝힌 것으로 AP통신은 보도했다. 레흐 바웬사 전 폴란드 대통령은 이 사고와 관련하여 다음과 같이 논평했다.

"정부 지도자가 탄 항공기의 조종사는 회항 등을 결정하기에 앞서 지도자에게 의견을 구한다. 조종사는 그 의견을 따르기도 하고, 그에 반하는 결정을 내릴 수도 있다. 이번 사고는 누군가가 회항하지 말고 착륙하라고 지시를 한 것 같다. 이런 지시를 내릴 사람은 최고 권력자밖에 없을 것이다."

카친스키 대통령은 2008년 8월 그루지야 수도 트빌리시 공항에 내릴 때도 안전상의 이유로 인근 다른 공항으로의 회항을 권유받은 적이 있다

---

[13] 철학자 칼 포퍼는 "최선의 선택보다 최악의 회피가 더 중요하다"고 말했다.

고 외신은 전했다. 그때도 조종사는 회항 권유를 카친스키 대통령에게 전달했지만, 대통령은 직접 조종실까지 들어가 착륙을 지시했다. 하지만 조종사는 이를 거부하고 인근 아제르바이잔의 바쿠에 내림으로써 위험을 피했다.

여기서도 "최선의 선택보다 최악의 회피가 중요하다"는 칼 포퍼 교수의 말이 생각난다. 카친스키 대통령이 관제탑 회항 권유를 무시하고 착륙을 요구했다면, 이는 지식이 아닌 다른 차원의 세계에 속할 것이다. 정신적 혹은 지적 수단매체의 세계는 그 범위가 넓다. 카친스키 같은 훌륭한 지식인도 지식을 초월하는 다른 영역에서는 치명적인 실수를 범하는 것 같다.

사회적 수단매체에 의한 한계

한국 정부는 세계 30위권 수준에 있는 한국의 국가 브랜드 순위를 15위까지 끌어올리기로 하고, 이를 위해 한류(韓流)의 확산, 한국어 보급 확대, 태권도 명품화 등 10대 과제를 추진하기로 했다. 그러나 국가 브랜드 순위를 높이기 위해서 가장 필요한 수단매체는 그 국가에 대해서 세계인들이 느끼는 신뢰(trust)의 수준일 것이다. 다시 말해서 한국이라는 국가에 대한 신뢰는 한국 정부와 기업, 국민은 물론 그들이 세계 시장에 내놓는 제품과 서비스에 대한 신뢰의 총합에 의해 결정되는 것이다. 거짓말하는 사람들, 믿을 수 없는 제품들이 존재하는 한 아무리 한류를 확산하고 태권도를 보급해도 국가 브랜드의 상승은 한계에 부딪힐 수밖에 없다. 한국 코트라(KOTRA)와 산업정책연구원이 OECD 24개국의 경제인 4,260명을 대상으로 조사하여 발표한 보고서에 따르면, 100달러짜리 한국 상품이 미국 혹은 독일 브랜드일 경우 150달러는 받을 수 있다고 한다. 이는 지난 60년 동안 한국 제품이 스스로 만들어낸 수단매체의 한계인 것이다.

다행히 최근 한국에서도 신뢰성과 청렴성을 경영의 기본 이념으로 삼는 기업이 늘고 있다. 예를 들면, 자연 건강식품을 주요 업종으로 하고 있는 P사는 인삼 제품을 취급하지 않고 있다. 인삼 제품은 한국을 대표하는 건강식품인데, 건강식품을 주 업종으로 하고 있는 회사가 인삼 제품을 취급하지 않는다는 점은 이례적이다. 그러나 여기어는 그럴 만한 이유가 있다. 땅속에서 서식하는 굼벵이(매미의 애벌레)는 인삼을 좋아한다고 한다. 인삼은 생육 기간이 5~6년이나 되기 때문에 그 기간 동안 굼벵이에 의한 피해를 막으려면 최소한의 농약 사용이 불가피하고, 따라서 인삼에서는 비록 소량이라도 농약 성분이 검출된다고 한다. 그래서 '자연 사랑 인간 사랑'을 기업 이념으로 추구하는 P사는 자사 제품에서는 농약이 검출되지 않는다는 소비자의 신뢰에 상처를 주지 않기 위해 아예 인삼 제품의 취급을 포기했다. 한국의 인삼 제품이 세계 시장에서 호황을 구가하고 있는 것을 보면서도 기업이 추구하는 신뢰를 지키기 위해 경제적 이익을 희생하는 어려운 길을 택한 것이다.

신뢰 축적으로 탄생한 로이드 선급협회

1692년에 영국인 에드워드 로이드(Edward Lloyd)는 런던의 부둣가에서 커피숍을 열었다. 장소가 항구인 만큼 해운업에 종사하는 사람들이 주된 고객이었다. 해운업자들은 커피를 마시며 바다에서 습관이 된 큰 목소리로 이야기를 나눴기에 로이드 씨는 커피를 대접하면서 이들의 대화 내용을 알 수 있었다. 그는 커피만 서비스할 것이 아니라 고객들이 필요로 하

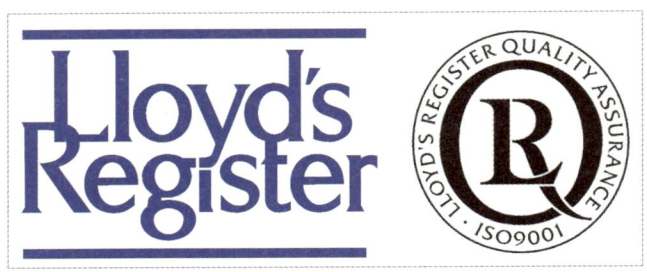

─── 사회적 자본과 신뢰의 축적으로 세계적 인증회사가 된 '로이드 선급협회'의 회사 로고와 그 인증 마크

는 정보를 제공해주면 좋겠다는 생각에서 고객들로부터 들은 이야기, 즉 선박의 매매 계획과 화물의 적하 스케줄 등에 관련된 정보를 정리하여 커피숍 벽 게시판에 올리기 시작했다. 로이드 커피숍에서 제공하는 정보가 신뢰성을 가지게 되자 실제로 이에 의해 많은 거래가 성사되었고, 세월이 흐르면서 로이드 커피숍은 해사(海事, marine affairs) 관련 정보의 센터가 되었다.

1760년에 고객들의 발의로 커피숍 이름을 사용한 협회가 결성됐고, 1764년에는 런던을 드나드는 주요 선박과 관련된 믿을 만한 정보를 제공하는 《로이드 선명록(Lloyd's Register)》이 발간되었다. 1834년에는 협회의 신용과 책임하에 세계 각국 선박의 국제적 안전 규정 부응 여부를 기존 선박은 물론 신규로 건조된 선박에 대해서도 검사하여 보증하기 시작했다. 순수한 사회적 자본(social capital)과 신뢰의 축적이 로이드를 오늘날 세계 4대 선급협회로 만든 것이다.

신뢰는 축적의 산물

신뢰는 그것을 축적하기 위한 노력 없이 자연 발생적으로 생성되지는 않는 것 같다. 1960년대 한국의 유학생이 미국에서 생활하며 실제로 경험한 이야기를 들어보자.

1960년대 한국의 1인당 국민소득이 100달러 미만이던 시절, 미국에 유학 가서 공부하던 K씨는 한국에서 대학을 졸업하고 미국에서는 석사과정부터 시작했다. 그가 석사학위 논문을 통과하고 졸업식을 앞두자, 여기저기 신용카드(credit card) 회사로부터 카드를 발급해주겠으니 신청하라는 우편물이 날아들었다. 미국의 대학에서 주는 장학금으로 근근이 살아가는 생활에 돈 쓸 일이라고는 식료품 사는 일 정도가 전부이고, 신용카드는 연회비 등 비용이 나가기 때문에 K씨는 그 제의를 묵살해버렸다.

석사학위 후에도 공부를 계속한 K씨는 박사학위를 받고 대학에 조교수로 취직하였다. 그리고 생활 형편이 나아지자 이제 신용카드를 신청하고 싶었다. 그런데 석사학위 졸업 때는 그렇게 많이 날아오던 신용카드 판촉 우편물이 박사학위 졸업 때는 한 장도 안 왔다. 기다리다 못해 K씨는 신용카드 회사에 신청서를 보내 달라는 편지를 썼고, 며칠 뒤 신청서를 받았다. 신청서에는 그동안 신용카드를 사용한 실적 그리고 은행과의 신용 거래 실적 등을 기입하는 칸이 있었다.

1960년대 한국에는 신용카드라는 제도가 없었고, K씨는 신용카드를 가져본 적도 없으며, 은행 거래 실적은 저축예금 통장부에 없었다. 가난한 학생 형편에 저축예금에는 이자가 붙지만, 당좌(當座) 거래(checking account)에는 이자가 없고 비용만 나가기 때문이다. 박사학위 소지자인데 설마 기각당하겠나 싶어서 신용 실적을 묻는 칸들은 모두 빈칸으로 남겨둔 채 신청서를 우편으로 보냈다. 며칠 뒤 회답이 왔는데, "귀하는 신용 거래 실적이 없어서 카드를 발급해줄 수 없다"는 내용이었다.

'신용 거래는 외상 거래와 같으며, 외상 거래는 선비답지 못하다'고 믿었던 고지식한 생각, 그래서 미국에 와서도 외상 거래 한 번 해본 적이 없는 '깨끗한(?)' 과거가 오히려 '수치스러운' 과거가 되고 만 것이다. K씨의 이야기가 주는 메시지는 분명하다. '신뢰' 같은 사회적 수단매체는 저절로 형성되지 않는다. 사회적 수단매체는 그것을 축적하기 위한 적극적인 노력의 산물인 것이다.

국력의 한계와 톨스토이의 좌절

전쟁용 수단매체(예, 대포와 총)의 한계가 그 나라 국력의 한계를 만들어 낸다. 이 사실을 통렬하게 느낀 위인 중에 톨스토이(Leo Tolstoy, 1828~1910)가 있다. 그는 1855년에 조국 러시아의 장교로 크리미아 전쟁(Crimean War, 1853~1856)[14]에 참전했다. 크리미아 전쟁은 러시아가 영국과 프랑스를 주축으로 하는 연합군과 싸운 전쟁이다. 당시 영국과 프랑스는 이미 100여 년에 걸친 산업혁명을 마치고, 그 결과로 얻은 경제 및 기술 발전에 의한 신식 대포와 소총을 가지고 나왔다. 이들의 사정(射程) 거리는 러시아 군이 사용하는 구식 대포와 소총에 비해 3배 이상의 성능을 가지고 있었다. 러시아 군은 지리적으로 유리한 위치에 있었지만, 수단매체의 수준에서 영불 연합군의 상대가 되지 못했다. 연전연패하는 조국 러시아의 한계를 온몸으로 느끼고 돌아온 톨스토이는 그 후 러시아가 '잘사는 법'을 연구하기 위해 죽는 날까지 집요하게 생각하고 고민하는 사상가(思想家)가 된다.

[14] 크리미아 전쟁(혹은 '크림 전쟁' 이라고도 함)은 영국 간호사 나이팅게일(Florence Nightingale)이 종군하여 전시 간호의 역사를 연 전쟁이기도 하다.

당시 러시아는 일부 극소수의 황족과 귀족들만이 넓은 농토를 점유하며 많은 농노(農奴)를 거느리고 있었다. 당시 농노들은 인권이 없었으며 노예 신분으로 매매의 대상이 되었고, 인간 이하의 처참한 삶을 살고 있었다. 톨스토이는 강의와 저술을 통하여 러시아가 후진국에서 탈피하여 서구 선진국과 같은 산업 국가로 발전하려면 귀족들이 농토를 산업용지로 내어놓고, 농노들을 해방시켜 산업 역군이 되게 해야 한다고 주장했다.

러시아 상류층도 톨스토이의 생각이 옳다는 데는 동의했으나, 자신이 소유한 농토와 농노들을 내놓는 데는 동의하지 않았다. 오랜 사색과 고뇌를 거듭하던 톨스토이는 말년에 이르러 자기가 소유했던 농토를 농노들에게 배분하였고 농노들을 해방시켰다. 햄릿(Hamlet)처럼 방황하고 돈키호테(Don Quixote)처럼 행동한 톨스토이의 결단에 의해 톨스토이 가족은 하루아침에 가산을 상실했다.

이에 대하여 톨스토이의 부인 소피야 베르스 여사의 반발은 당연하고 자연스러운 것이었다. 성자의 반열에 오른 톨스토이였지만 부인의 반발을 참지 못하여 1910년 10월 28일 가출을 감행했고, 가출 후 20여 일 만

────── 크리미아 전쟁에서 신식 대포의 위력을 선보이고 있는 영불 연합군(왼쪽)과 구식 무기로 대응하고 있는 러시아 보병들(오른쪽)

2장 수단매체의 한계가 인간의 한계

──── 82세 가출 당시의 톨스토이 모습

에 러시아 서부의 한적한 간이 기차역 아스타포보의 역장 관사에서 객사했다. 그러나 위대한 사상가의 죽음은 단순한 '객사' 이상의 것이 되었으니, 러시아를 비롯한 세계 여러 나라 언론이 '80대 대문호의 가출'이라는 희대의 사건을 톱뉴스로 보도했고, 그가 임종을 거둔 아스타포보 역장 관사 밖은 톨스토이를 보기 위해 모여든 인파로 붐볐다.

톨스토이의 임종 소식을 듣고 한걸음에 달려온 부인 소피야 베르스 여사는 결혼 직후부터 27년 동안 16차례 임신을 했고, 13명의 아이를 낳았으며, 악필로 유명한 톨스토이의 원고를 일일이 깔끔하게 정서해준 훌륭한 조력자였다. 그런 그가 (사실인지 여부는 모르지만) '악처'였다는 소문 때문에 문상객들의 고의적 방해로 남편 곁에 가지도 못했다니 기가 막힌 일이다.

톨스토이가 죽고 불과 7년 뒤인 1917년, 러시아에는 사회주의 혁명이 일어났다. 러시아 황실과 귀족들은 재산을 강제로 몰수당했고, 그들이 소유하고 있던 농노들은 스스로 해방되어 혁명의 주체 세력으로 군림했다. 그러나 혁명이 성공한 지 90년이 넘어 오늘에 이르도록 러시아는 여전히 산업혁명을 성공시킨 서유럽 나라들만큼 잘사는 나라가 되지 못하고 있다. 왜 그럴까? 이 질문에 대한 답은 간단하다. 산업혁명은 산업용 토지, 생산 설비, 설비를 돌릴 에너지 등 산업용 수단매체의 수준을 높이는 혁명이었다. 그러나 사회주의 혁명은 수단매체의 수준은 그대로 둔 상태에서 수단매체의 주인들만 바꾸는 혁명이었기 때문이다.

250여 년의 역사가 흐른 오늘날 산업용 수단매체의 혁명이 인간을 잘 살게 만들었다는 사실을 부정할 사람은 없다. 따라서 톨스토이가 고민한 '잘사는 법' 역시 산업용 수단매체의 고도화를 통해서나 가능할 뿐이었다. 수단매체를 고도화하기 위해서는 몇 가지 필요조건이 만족되어야 하지만, 당시의 러시아 사회는 그것을 만족시킬 수 없었다.

Intro

1960년대 초의 우리나라처럼 국민소득 100달러 이하로 가난했던 나라들 중에서 오늘날 2만 달러 수준의 경제 발전을 이룩한 나라는 대한민국 하나뿐이라고 한다. 무엇이 이런 결과를 만들어냈을까? 경제 발전에 필요한 수단매체를 고도화 시킬 수 있었기 때문이다. 한국 국민은 별을 동경하는 불나방의 열정, 내일을 위해 오늘 허리띠를 동여매는 인내와 기다림, 그리고 과학과 기술 개발이라는 필요조건을 모두 만족시켰다. 이번 장에서는 한국이 수단매체 고도화를 위한 3대 필요조건을 만족시킨 과정을 살펴본다. 이들 3대 조건 중 과학과 기술 개발 능력은 조금 이색적으로 들릴 것이다. 과학과 기술 개발이 경제 발전에 연계되는 이유는 4장에서 다룬다.

3장 수단매체의 고도화

톨스토이의 소설 《안나 카레니나(Anna Karenina)》는 "행복한 가정의 모습들은 대개 서로 비슷하다. 그러나 불행한 집의 경우는 그 모습이 각양각색이다"라는 서두로 시작한다. 생각해보면, 행복한 가정에는 대개 공통점이 있다. 가족 간에 사랑이 있고, 먹고살 만한 경제력이 있으며, 장래 희망이 있다. 이들 중 앞의 두 가지는 부모 세대의 노력에 의해, 그리고 마지막 항목은 자녀 세대의 노력에 의해 결정된다.

이와 같이 행복에 이르는 길은 노력에 의해서만 가능하기에 '좁은 문'이라 할 수 있다. 그러나 불행에 이르는 길은 노력과 무관하게 각양각색의 이유로 인하여 '넓은 문'인 것 같다.

인간은 한때의 유혹에 빠지거나 자신의 나태 또는 부주의로 인하여, 남의 질투나 모함에 의해서, 단순히 운이 나빠서 등 다양한 이유로 불행에 빠져들기 쉽다. 행복처럼 정형화된 공통점이 있는 경우 그 공통점을

'필요조건'이라고 부르면서, 이런 의미의 필요조건을 수단매체의 고도화에서 찾아보자.

제1의 필요조건 – '별을 동경하는 불나방'의 열정

— 영국의 낭만주의 시인 쉘리

영국의 시인 쉘리(Percy B. Shelley, 1792~1822)는 "별을 동경하는 불나방(The desire of the moth for the star)"을 예찬하면서 낭만주의(romanticism) 시대의 문을 열었다. 낭만주의란 이성보다 감성을, 그리고 규범보다 욕망을 중시하는 문학과 예술의 사조이다.

한국의 낭만주의 작가 나도향(羅稻香, 1902~1927)은 대감댁에 시집온 새색시를 연모하는 '벙어리 삼룡이'를 미화했다. "오르지 못할 나무는 쳐다보지도 말라"는 속담은 이성을 중시하는 고전주의(classicalism)적 관념이다. 미물에 불과한 불나방이 주제넘게 하늘의 별을 동경하는 낭만, 그리고 1920년대 한국 사회(아직 '인권'에 관한 개념조차 없던 시절)에서 벙어리이며 머슴인 삼룡이가 대감댁에 시집온 색시를 연모하는 열정도 고전주의적 이성으로는 가소로운 일이었다. 그러나 이성과 규범보다 감성과 욕망이 예찬되는 낭만주의 정서 속에서는 불나방이 별을 동경할 수 있고, 벙어리 삼룡이가 대감댁 새색시를 연모할 수 있다.

Case ▶ 1970년대 현대건설, 별을 동경하는 불나방이 되다

한국의 현대그룹이 오늘날 세계를 선도하는 조선(造船)회사가 된 원동력은 별을 동경하는 불나방의 열정에서 비롯되었다. 이런 열정이 없었다면 현대는 건설회사로 머물고 말았을지 모른다. 1960년대 당시 작은 건설회사였던 현대건설은 그간 터득한 건설 경력을 가지고 좀 더 부가가치 높은 선박 건조 사업에 뛰어들고 싶었다. 그래서 1970년 3월 1일, 사내에 조선사업부를 설치하고 조선소 건설에 필요한 외자(外資)를 얻기 위해 사업 계획서를 만들었다. 이 계획서에는 그동안 현대가 플랜트(plant) 건설에서 쌓은 경력을 가지고 선박을 건조할 수 있다는 자신감이 담겨 있었다. 하지만 당시 한국 경제는 아직 외환 빈곤 속에 있었으므로 해외에서 외자를 조달해야만 조선소를 건설할 수 있었다. 그래서 심혈을 기울여 만든 사업 계획서를 가지고 일본, 미국 등의 금융기관을 방문했으나 조선 분야에 경험이 없다는 이유로 상담조차 거절당했다.

그러다가 멀리 영국의 바클레이즈 은행(Barclays Bank PLC)까지 찾아가 문을 두드렸다. 바클레이즈에서는 영국 기업의 해외투자 및 수출보험 기구인 ECGD(Export Credit Guarantee Department)의 승인을 받아오면 상담에 응하겠다고 했다. 이에 현대는 ECGD를 찾아갔으나 그들은 현대가 선박 건조에 경험이 없다는 이유로 난색을 표했다. 이에 현대건설의 정주영 회장은 주머니에서 한국의 500원짜리 지폐를 꺼내 거북선 그림을 보여주며 다음과 같이 설명했다. "한국의 화폐에 나와 있는 이 배는 거북선이라고 불리는데, 1590년대에 한국에서 만든 철갑선(iron-clad warship)이다. 영국 해군성에 가서 세계 군함의 역사를 찾아보면 아마 나와 있을

———— 1970년대 사용되던 500원권 한국 지폐

것이다" 하고 말하면서 한국의 선박 건조 역사를 설명했다.

ECGD는 영국 해군성에 조회를 해본 결과 정 회장의 주장이 사실임을 확인했다. 그러나 ECGD는 "한국 국민이 선박을 건조할 능력이 있다고 인정하겠다. 그러나 아직 선박 건조 경험이 없는 당신 회사가 처음으로 만든 배를 누가 사주겠는가? 그러니 당신들이 만든 배를 사주겠다는 선주를 찾아서 구매 계약서를 받아와라" 하고 요구했다. 이에 현대건설은 그리스의 리바노스(Libanos) 해운회사를 찾아가 천신만고 끝에 25만 9천 톤급의 유조선 두 척을 3,095만 달러에 수주하는 데 성공했고, 그 계약서를 ECGD에 제출했다. 이로써 현대건설은 ECGD의 승인과 바클레이즈 은행의 차관을 얻어 울산에 조선소 도크(dock)를 건립하는 동시에 유조선 두 척을 성공적으로 건조하여 1974년 6월 28일 리바노스 선주에게 인도했다.

이 일화를 요약하면 이렇다. 조선소를 건설할 허허벌판을 찍어놓은 사진과 사업 계획서만 가지고 ① 배를 미리 사줄 선주를 설득하여 유조선 두 척을 수주하고, ② 그 수주 계약서로 영국 수출보험공사 ECGD의 승인을 얻고, ③ 이 승인으로 바클레이즈 은행의 차관을 얻어, ④ 조선소 도크를 건설하면서 동시에 유조선 두 척을 건조하여 납기 내에 선주에게 인도한 것이다.

이런 기적을 가능하게 만든 제1차적 필요조건은 별을 동경하는 불나방의 열정 바로 그것이었다. 조선업은 현대건설이 더욱 부가가치 높은 사업 분야로 진출하기 위한 수단매체였다. '우리가 어떻게 배를 만들겠어! 송충이는 솔잎이나 먹어야지!' 하고 생각했다면 그것은 고전주의적 냉철한 이성(reason)이다. 이런 이성이 필요할 때도 있겠지만, 더 나은 미래를 창조하기 위해서 필요한 수단매체의 고도화는 별을 동경하는 불나방, 대감댁 새색시를 동경하는 벙어리 삼룡이 같은 낭만주의적 열정을 필요로 한다.

불나방의 열정으로 불가능에 도전

　현대조선은 초창기에 비교적 건조하기 쉬운 유조선으로 사업을 시작했다. 그러나 유조선은 건조하기 쉬운 만큼 부가가치 창출이 적을 수밖에 없었다. 현대조선은 사명(社名)을 현대중공업으로 바꾸고 부가가치 창출이 좀 더 큰 선박 건조를 동경하기 시작했다. 이런 동경에서 LNG(Liquefied Natural Gas) 수송선의 건조를 위한 도전이 시작되었다. LNG는 지하에서 캐내는 천연가스의 용적을 600분의 1로 압축하여 영하 163도의 액체로 만들어놓은 상태이기 때문에, 고도의 폭발 가능성과 인화성을 지닌다. 당시 현대중공업의 기술 수준에서 LNG 수송선을 설계하고 건조하는 일은 또다시 별을 동경하는 불나방 격이었다. 현대중공업은 1980년대 초부터 10여 년에 걸친 칠전팔기의 노력 끝에 LNG 수송선을 자력으로 설계하고 건조하는 기술을 습득했다. 그래서 1994년 6월 10일 '현대 Utopia(유토피아)'라는 이름의 첫 LNG 수송선을 성공적으로 진수시켰다.

　별을 동경하는 불나방은 삼성전자의 역사 속에도 존재했다. 삼성전자에게 1983년 9월 12일은 '암울한 날'로 기록되어 있다. 그날은 기흥에 있는 삼성반도체의 첫 생산라인을 기공하는 날이었다. 당시 선진국과 10년 이상 기술 격차가 나는 반도체 산업에 뛰어든다는 것은 삼성그룹 전체를 위기에 빠뜨릴 수도 있다는 생각 때문에 이병철 회장을 제외한 임직원 모두가 암울해하고 있었다. 반도체 산업은 제품 개발과 생산 시설에 수백, 수천억 원을 투자하고 나면 불과 2~3년 만에 생산한 제품과 시설이 이미 구식이 되어버린다. 그래서 1983년 당시 삼성의 재무 능력과 기술 수준에서 이렇게 위험한 분야에 뛰어든다는 것은 불속으로 뛰어드는 불나방처럼 자멸을 자초하는 일이라는 것이 모두의 생각이었다. 그러나 반도체를 동경하던 그 불나방 역시 삼성을 세계 정상 기업의 반열에 올려놓았고, 한국 경제를 세계 10위권으로 끌어올리는 데 일익을 담당했다.

제2의 필요조건-투자하고 인내하며 기다리는 능력

수단매체의 고도화를 위한 제2의 필요조건은 '인내하며 기다릴 수 있는 능력'이다. 기다림은 '소극적' 기다림과 '적극적' 기다림으로 나눌 수 있다. 소극적 기다림이란 더 나은 미래를 위해 단순히 시간의 흐름(the flow of time)만을 기다리는 경우를 말하고, 적극적 기다림이란 미래를 위해 적극적으로 투자하고 노력하면서 그 결실을 기다리는 경우에 해당한다.

소극적 성격의 기다림

노르웨이의 극작가 헨릭 입센(Henrik Ibsen)은 전설적 방랑인 페르귄트(Peer Gynt)를 모델로 동명의 희곡을 썼고, 음악가 그리그(Edvard Grieg)는 1875년 이 희곡에 삽입곡(incidental music)을 작곡하여 발표했다. 삽입곡 중 나오는 〈솔베이지의 노래(Solveig's Song)〉는 그 속에 흐르는 애절한 정서로 인하여 전 세계 음악인들의 끊임없는 사랑을 받아오고 있다. 젊은 부인 솔베이지를 집에 두고 페르귄트는 황금을 찾아 머나먼 곳으로 떠나 일생 동안 방랑을 했고, 솔베이지는 평생 페르귄트를 기다렸다. 솔베이지가 남편을 기다리며 부르던 노래가 바로 〈솔베이지의 노래〉이다. 노르웨이에 솔베이지 같은 '기다림의 능력'을 가진 여성이 얼마나 되는지는 모르겠으나, 한국 여인들의 '기다림의 능력' 역시 둘째가라면 서러울 정도다. 실제로 현재까지도 한국에 이어지고 있는 이야기 하나를 들어보자.

전라북도 전주시 교동에 있는 전주성심여고의 정문 옆에는 민가 한 채가 학교 담에 걸쳐서 반 이상 교내로 진입해 있다. 1960년대에 전주성심여고에서 부지를 넓히기 위해 좋은 가격에 집을 팔라고 요청했지만, 이

———— 전주성심여고 정문 옆 학교 담에 붙어 있는 민가

집 여주인은 끝내 팔지 않았다. 이 집에서 함께 살다가 1950년 한국전쟁 때 북한 공산군에게 끌려간 남편을 기다리기 위해서였다. 남편을 기다리는 세월이 수십 년을 넘기면서 신문사 기자들이 찾아가 인터뷰를 청하면, "남편이 이 집 위치를 알고 있으니 계속 여기서 기다리고 싶다"고 말했다. '망부석 할머니'로 소문난 이 기다림은 60년을 넘겼다.

노르웨이의 솔베이지나 한국의 전주시 교동 할머니의 기다림은 눈물겹도록 거룩하고 아름답지만, 이는 어떤 적극적 노력 없이 세월의 흐름만을 기다리는 소극적 성격의 기다림으로 볼 수 있다. 이에 반해 적극적 성격의 기다림이란 기다리는 대상의 도래(到來)를 확실하게 하고 촉진하기 위해 투자와 노력을 하면서 기다리는 경우를 말한다.

적극적 성격의 기다림

2009년 12월, 한국은 400억 달러(47조 원) 규모의 아랍에미리트(UAE) 원자력발전소 건설을 수주하여 세계를 놀라게 했다. 이때 원자력 강국인 프랑스가 한국에 수주를 뺏기자 《르 피가로(Le Figaro)》는 '한국은 세계 원전 시장의 새로운 호랑이'라는 제목의 특집 기사를 실었다. 아레바(Areva), 프랑스전력공사(EDF), 토털(TOTAL) 등 최고 기업들로 컨소시엄을

구성한 프랑스가 한국을 얕잡아본 것이 패인이라고 지적했다. 한국 측 컨소시엄에 참여한 두산이 원자로 용기를 직접 생산하는 데 비해, 프랑스의 아레바는 원자로 용기를 일본의 JVC로부터 공급받고 있다고 비교했다. 이 밖에도 한국은 원전 건설 기간을 프랑스보다 10개월이나 줄일 수 있다는 점을 분석했다. 《르 피가로》는 이 특집 기사에서 세계의 다양한 원전 건설 경쟁국을 소개한 뒤, "이제는 세계 시장에서 한국을 주목해야 한다"고 결론 내렸다. 그러나 《르 피가로》는 한국이 원자력 기술을 배우고 축적하며 오늘에 이르기까지 투자하고 기다린 과거의 과정은 모르고 있었다.

한국의 초대 대통령 이승만 박사는 1956년에 미국과 원자력 협정을 맺고, 원자력을 사용하는 발전된 미래를 구상하고 있었다. 1956년이라면 한국의 1인당 국민소득이 41달러 정도로서, 한국 국민의 대다수가 미국의 잉여 농산물 원조를 받아 끼니를 때우던 시절이었다. 이런 상황에서 이승만 대통령은 문교부에 원자력과를 만들었고, 1959년에는 당시 한국으로서는 상상하기 어려울 만큼 큰돈인 35만 달러를 들여서 교육용 원자로를 들여왔다. 외환 기근으로 단돈 10달러를 쓸 때도 대통령의 결재를 받는 시절이던 1956년 4월에 한국의 젊은 물리학자들이 국비 원자력 연구요원으로 미국 아르곤 국립연구소에 파견되었다.[15] 아르곤

— 이승만 대통령이 원자력연구소의 기공식에서 시삽하는 모습

---

[15] 《물리학회 50년사》에 따르면 윤세원, 김희규 박사 등이 당시 유학길에 올랐다.

연구소의 1인당 학비는 10개월 연수 기간 동안 6천 달러로 비쌌다. 당시 어느 장관이 "이렇게 원자력에 투자하면 언제 원자력 발전이 가능해집니까?" 하고 물었을 때, 이승만 대통령은 "내가 듣기로는 20년 뒤쯤으로 알고 있소"라고 대답했다고 한다.

자신의 생애를 초월하는 기다림

1956년에 보낸 1기 유학생 이후 4년 동안 8차에 걸쳐 150여 명이 미국 유학을 마치고 귀국했다. 이들이 1959년 한국원자력원과 원자력연구소를 세웠고, 그해 7월에는 원자력연구소 내에 연구용 원자로 '트리거 마크 II(Trigger Mark II)' 건설을 이끌며 한국의 원자력 시대를 열었다. 이 대통령은 직접 원자력연구소 건설 부지를 제안하고 공사 현장을 수시로 둘러보며 연구자들을 격려했다.

이승만 대통령은 1875년 출생이므로 이때 이미 80세를 넘긴 나이였다. 그럼에도 그는 자신의 생애를 초월한 20년 뒤의 한국을 위해 지적 수단매체를 구축하기 위한 적극적 기다림을 펼친 것이다. 이승만 대통령은 1965년 90세로 생을 마감했다. 그러나 그가 육성한 원자력 인력들은 그의 사후 한국형 원자로 모델까지 개발하며 한국을 세계 원자력 경쟁의 선두 계열에 서게 하였다.

보릿고개 시절에 이승만 대통령이 식량 수입에 쓸 수 있는 돈을 원자력 교육에 투자한 것이 잘한 일이냐를 묻는 문제는 토론의 여지를 남긴다. 일반적으로 적극적 기다림은 내일(future)을 위해 오늘을 희생하는 투자와 인내를 필요로 하기 때문에 이에 대한 반대 여론이 있을 수 있다.

드골 대통령, 왜 국장(國葬)을 거부했나?

먼 장래를 위한 지도자의 비전과 정책을 국민이 따라주지 않아서 좌절한 경우도 많다. 그 전형적인 예 중 하나가 프랑스 드골(C. de Gaulle, 1890~1970) 대통령의 경우이다. 제2차 세계대전 때 프랑스가 독일에 항복하자 당시 드골 장군은 영국으로 건너가서 프랑스 망명 정부(the Free French Forces)를 조직하고 독일에 항거했다. 종전이 되자 그는 개선장군으로 귀국하여 1945년 임시정부의 대통령이 되었고, '위대한 프랑스' 건설을 위해 필요한 강력한 권한을 대통령에게 부여하는 헌법을 만들려고 하였으나 국민의 반대에 부딪혀 1946년 사임했다. 드골이 고향에 돌아와 10여 년 동안 은퇴해 지내고 있던 1958년, 프랑스는 알제리(Algeria)의 봉기 문제를 해결할 만한 강력한 지도자를 필요로 하였고, 이에 프랑스의 국민 여론은 드골을 다시 찾았다.

드골은 1959년 대통령에 취임하여 알제리 문제를 해결했고, 이어서 대통령에게 강력한 권한을 허용하는 헌법 개정을 추진하기 시작했다. 역사적으로 볼 때 프랑스는 독일과 숙적 관계에 있었고, 두 나라가 전쟁을 하게 되면 프랑스가 패하기 일쑤였다. 이런 역사적 통한이 드골로 하여금 '위대한 프랑스' 건설을 위한 강력한 권력을 원하게 했던 것 같다. 그런데 방법론적으로 볼 때 위대한 내일을 건설하는 일은 오늘의 허리띠를 조이며 내일을 기다리는 투자를 필요로 한다. 그러나 프랑스 국민들, 특히 젊은 학생들과 노동자층은 드골 대통령이 추구하는 '내일을 위한 오늘의 희생' 정책에 반기를 들었다. 이 일은 1968년 5월의 거국적인 데모와 파업으로 번져갔고, 드골은 이 문제를 국민 투표에 부쳤다. 그러나 투표 결과는 드골의 패배로 끝났고, 그는 1969년 4월 28일 "매일 치즈를 바꿔 먹는 국민을 통치하는 일은 불가능하다"라는 말을 남기며 대통령직

——— 드골 대통령의 관을 장갑차가 운구하고 있는 장면

에서 물러났다.

치즈는 빵이나 밥처럼 살기 위해 먹어야 하는 주식이 아니라, 맛과 향을 즐기기 위해 포도주와 함께 먹는 사치성 부식(副食)이다. 프랑스에는 치즈의 종류만도 360가지가 넘는다고 한다. 매일 치즈를 바꿔 먹을 만큼 오늘의 삶이 중요한 프랑스 국민에게 내일을 위해 오늘 허리띠를 동여매 달라는 정치 철학은 통하지 않는다는 실망의 표현이었다. 이런 실망과 좌절은 드골의 유언에 그대로 나타난다. 그는 유언을 통하여 장례는 국장이 아닌 육군 대령의 장례로 할 것이며, 장례식에는 대통령과 장관 등 고위 인사의 참석을 거절하고, 무덤 비문에는 '프랑스 대통령'이라는 문구를 넣지 말고 이름과 생존 연도만 넣도록 요구했다. 부인 이본느(Yvonne) 여사는 남편의 유언을 충실히 이행했다. 드골의 장례는 인구 678명의 시골 꼴롱베(Colombey-Les-Deux-Eglise)에서 육군 대령에 준하는 예우로 거행되었으며, 드골의 관은 화려한 리무진이 아닌 육군 장갑차에 의해 운구되었고, 대통령을 위시한 정부 요인들의 참석도 허용되지 않았다.

이본느 여사는 드골의 유언에 따라 전직 대통령의 연금이 아닌 육군 대령의 연금을 받고 살았으며, 파리 제7구역의 어느 수도원이 운영하는 양로원에서 궁핍한 여생을 마쳤다. 이본느 여사 사후에 프랑스 정부는 '프랑스 대통령'의 문구를 넣은 드골의 묘비를 헌정(獻呈)했다.

제3의 필요조건 – 자연 탐구

수단매체의 고도화를 위한 제3의 필요조건은 자연 탐구이다. 산업혁명도 그 근원을 따져보면 자연 탐구에서 왔다. 증기기관(steam engines)이 아니었으면 산업혁명은 완성될 수 없었다. 산업혁명에 동력을 공급한 증기기관의 출발은 1643년 이탈리아 토리첼리(Torricelli, 1608~1647)의 대기압

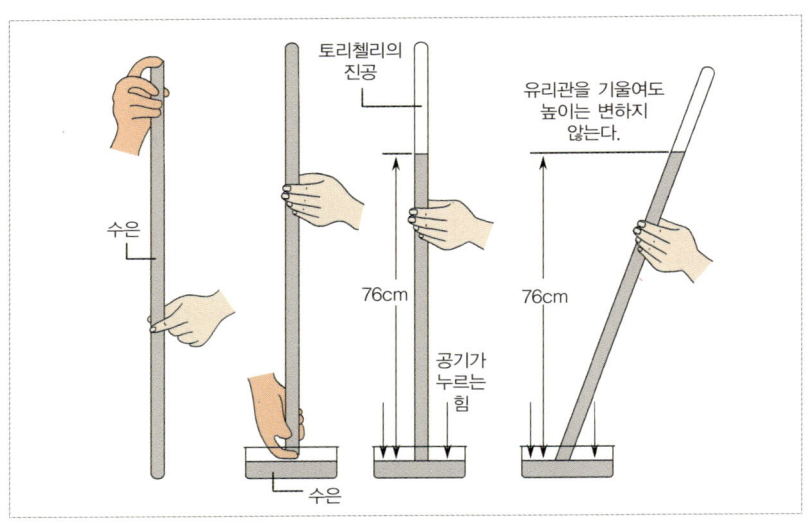

─── 증기기관의 출발점이 된 토리첼리의 실험

실험에서 시작되었다. 이것은 앞의 그림과 같이 한쪽 끝이 막혀 있는 1미터 정도 길이의 유리관에 수은을 채운 뒤, 그 열린 쪽을 수은 그릇 속에 담그고 세워보는 실험이다.

실험을 통해 토리첼리는 막혀 있는 위쪽에 빈 공간이 생기면서 수은이 내려오기 시작하더니 76센티미터 높이에서 멈추고 더 이상 내려오지 않는다는 것을 알게 되었다. 유리관 위에 생긴 빈 공간은 진공으로 이 진공이 수은을 끌어당기기 때문에 수은이 더 이상 내려오지 않는 것이다. 진공의 힘과 대기압(atmospheric pressure)의 힘이 균형을 이른 것이다. 물의 비중(比重, specific mass)을 1로 정할 때 수은의 비중은 13.6이므로, 물은 수은보다 13.6배만큼 가볍다는 말이 된다. 따라서 토리첼리 실험을 길이 11미터쯤 되는 유리관에 수은 대신 물을 넣고 한다면 대기압은 1033.6센티미터(76cm×13.6), 즉 10.34미터 높이까지 물을 밀어올릴 수 있다. 실제로 인간이 대기압을 사용하여 펌프로 물을 끌어올릴 수 있는 높이의 한계는 10.34미터이다.

마그데부르크의 실험

17세기 중반, 토리첼리의 실험으로 진공의 힘과 대기압의 힘이 일치한다는 사실이 알려졌지만, 일반인들에게 대기압의 존재와 그 크기를 설명하는 것은 어려운 과제였다. 기압은 눈에 보이지도 않고, 사람들이 그것을 구체적으로 느끼기도 힘들기 때문이다. 그래서 대기압의 존재를 증명해 보이고, 그것이 강력한 힘을 가진다는 사실을 보여주기 위한 실험이 필요했다. 이러한 실험 중 하나가 마그데부르크(Magdeburg)의 반구(半球, hemispheres)이다. 이 실험은 독일 마그데부르크 시에서 1654년에 과학자 게리케(Otto von Guericke, 1602~1686)가 시도했다. 그는 구리로 된 직경 50센

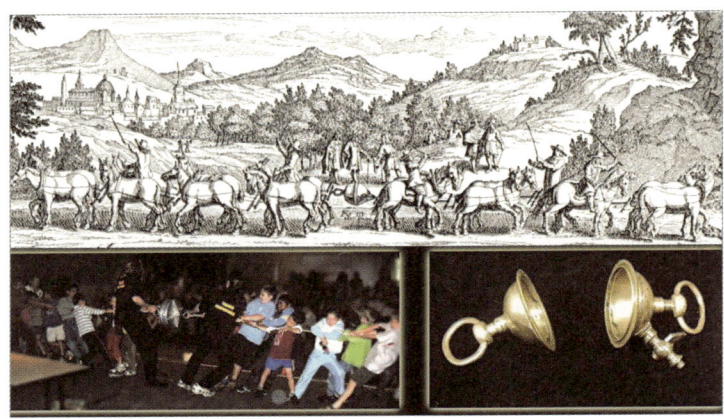

───── 게리케 실험을 기념하는 벽 부조(위)와 실험 재현 모습(아래). 놋쇠로 만든 직경 50cm 정도의 반구를 붙이고 진공으로 만들면 말 16마리가 끌어야 겨우 떨어진다.

티미터(약 20인치) 크기의 반구 한 쌍을 위 그림의 아래 오른쪽과 같이 만들어 서로 붙여 밀봉한 뒤, 공기 펌프로 구 속의 공기를 빼내고 속을 진공으로 만들었다. 그러고는 양쪽에서 말들의 힘을 이용해 두 반구를 떼어내는 실험을 했다.

처음에 양쪽에서 말 한 마리씩으로 시작하여 반구가 떨어지지 않으면 말의 수를 계속 늘리는 방식으로 실험을 진행했다. 그 결과 마지막으로 말의 수를 8마리씩, 즉 양쪽 합쳐서 16마리로 해서 끌게 했을 때 드디어 반구가 떨어졌다. 반구가 떨어질 때 대포를 발사하는 정도의 큰 폭음이 들렸는데, 이는 진공 속으로 공기가 갑자기 빨려 들어가는 소리였다. 이 실험을 지켜본 사람들은 대기압의 존재와 그것이 발휘하는 힘의 위력을 확실히 알게 되었다.

이 실험에서 쓰였던 반구들은 오늘날 뮌헨에 있는 독일박물관(Deutsches Museum in Munchen)에 보관되어 있다. 이 실험이 세상에 알려지면서 게리케는 페르디난트 3세(Ferdinand Ⅲ)의 초청을 받아 반구를 더 크게 만들었고, 말 24마리가 끌 때 비로소 반구가 떨어지는 실험도 했다. 1643년 토리첼리에 이어 1654년 게리케의 실험을 통하여 진공의 힘, 즉 대기압의 힘이 인식되면서 대기압을 이용하여 동력을 얻으려는 시도가 과학자들 사이에 불붙었다.

증기기관의 탄생

1712년에 영국의 과학자 토머스 뉴코멘(Thomas Newcomen, 1664~ 1729)은 증기기관 속에서 만들어지는 진공의 힘으로 광산 갱도의 물을 퍼내는 데 성공했다. 뉴코멘 증기기관의 작동 원리는 아래의 개념도(왼쪽)에 나타난 것처럼 보일러에서 물을 끓여 수증기(붉은색 표시)의 힘으로 피스톤을 밀어올린 뒤, 보일러와 피스톤 사이에 있는 밸브를 (사람이 손으로) 잠그고, 냉각수통(왼쪽 상단에 있는 푸른색)에서 내려오는 파이프 밸브를 (사람이 손으로) 열어 찬물을 피스톤 속에 분사시키는 원리였다.

이렇게 찬물로 피스톤 속의 수증기를 응축시켜서 만들어지는 진공의 힘으로 피스톤이 내려오면 그에 연결된 펌프(왼쪽 회색 직사각형)가 지하수

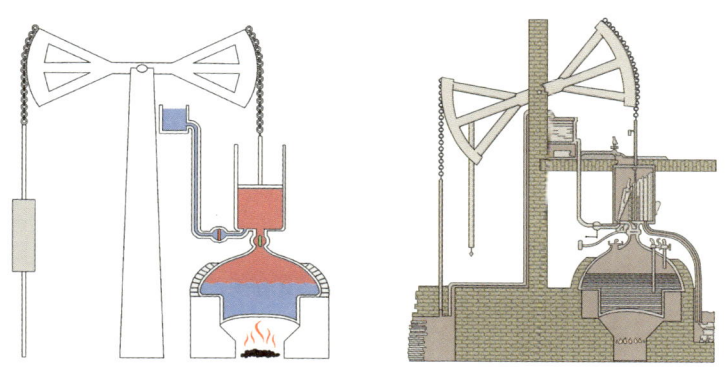

———— 물을 퍼 올리는 뉴코멘 증기기관의 개념도(왼쪽)와 실제(오른쪽)

를 끌어올렸다. 이 엔진은 '대기압 엔진(atmospheric engine)'이라고 불러야 마땅하다. 진공의 힘이란 결국 대기압의 힘이기 때문이다.

와트의 뉴코멘 엔진 개선

뉴코멘 엔진이 나온 지 46년의 세월이 흐른 뒤, 1758년 제임스 와트(James Watt, 1736~1819)는 뉴코멘 엔진을 개선하는 작업에 들어갔다. 뉴코멘 엔진의 경우는 뜨거워진 실린더에 찬물을 분사시켜서 진공을 만들어 사용한 뒤 다시 뜨거운 수증기를 실린더 속에 채우는 과정을 되풀이하기 때문에 80퍼센트 정도의 열이 낭비된다. 이 낭비를 줄이기 위해 와트는 실린더 속 수증기를 파이프로 연결해놓은 별도의 용기 속에서 응축시킴으로써 실린더는 뜨거운 온도를 계속 유지할 수 있게 했다. 와트는 1765년 이 아이디어로 실험을 해본 결과, 뉴코멘 모델보다 약 80퍼센트의 석탄이 절약된다는 점을 발견했다. 와트는 이 아이디어로 특허를 받았고, 일약 사회 저명인사가 되었다. 그러나 이런 열효율의 향상에도 불구하고 와트의 엔진 역시 본질적으로 대기압 엔진이었다.

대기압 엔진의 한계 확장

대기압 엔진은 물을 10미터 정도 끌어올리는 한계를 가질 수밖에 없었고 이 한계를 확장하는 데 또다시 40여 년의 세월이 흘러야 했다. 그러다가 1799년에 트레비딕(Richard Trevithick)과 머독(William Murdoch) 등 엔지니어의 노력으로 (수증기의 응축에 의한 대기압의 힘이 아니라) 피스톤 양쪽으로 고압의 수증기를 번갈아 주입하여 피스톤을 왕복 운동시키는 수증기 엔진이 개발되었다.

그동안 이런 고압의 수증기 엔진을 만들 수 없었던 이유는 수증기의

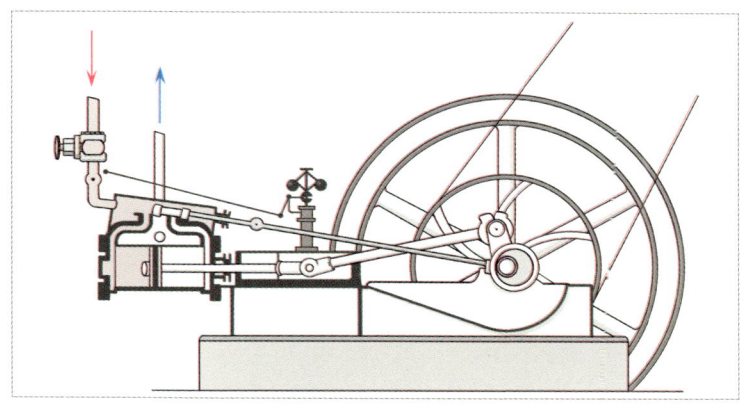
―― 진공이 필요 없이 수증기 힘만 이용한 증기기관

높은 압력에서도 폭발하지 않을 보일러를 제작할 기술이 없었고, 피스톤 속에 들어온 높은 압력의 수증기가 피스톤과 실린더의 내벽 사이로 새어 나가지 않도록 할 수 있는 정밀 절삭 기술이 없었기 때문이다. 1799년경에 이르러 이런 기술적 문제가 해결되면서 위의 그림과 같이 진공이 필요 없는 정식 수증기 엔진 개발이 가능해졌다.

결합의 신비

열정과 기다림과 탐구하는 능력, 이들 3자가 '결합'하여 인류문명의 발전을 가져왔다는 것이 3장의 결론이다. 여기서 '결합'의 신비를 인간의 육체 속에서 살펴보자.

인간의 육체가 어떤 물질(원소)로 조성(造成)되어 있는지는 오늘날 잘 밝혀져 있다. 체중 70Kg인 사람을 기준으로 인체를 구성하고 있는 물질을

인간 육체의 물질적 구성		
구성 원소	중량기준 구성 비율 (%)	체중 70Kg 기준 원소의 중량 (g)
산소	65.0	45,500
탄소	18.0	12,600
수소	10.0	7,000
질소	3.0	2,100
칼슘	1.5	1,050
인	1.0	700
유황	0.25	175
칼륨	0.2	140
나트륨	0.15	105
염소	0.15	105
마그네슘	0.05	35
철	0.006	4
구리	0.0002	0.1
망간	0.00003	0.02
요오드	0.00004	0.03

표1 인간의 육체를 구성하는 주요 원소들[16]

원소별로 분석한 결과가 〈표1〉과 같다.

〈표1〉에 의하면 인간의 육체를 만들기 위해 자연계에 존재하는 92개의 원소 중에서 불과 10여 개만이 사용되었음을 알 수 있다. 여기서 우리가 주목해야 할 것은 '결합의 신비'이다. 불과 10여 개의 원소들이 결합하여

[16] 참조: University of Texas, San Antonio Campus, Physiology Department

인간의 육체가 만들어졌다는 사실은 과학으로 설명할 수 없는 신비의 결과다. 벙어리 삼룡이 같은 낭만적 열정, 미래를 위해 투자하며 기다리는 인내력, 그리고 자연과학을 탐구하며 기술을 개발하는 능력[17] 이들 3요소가 결합하여 한국의 경제 발전이 이룩된 것도 결합의 신비이다.

---

[17] OECD 기구 내의 PISA(Program for International Students Assessment)는 한국 중고교 학생들의 읽기, 수학과 과학 능력 등을 세계 정상 수준으로 평가하고 있다.

Intro

태초의 인류는 삶에 필요한 모든 도구(수단매체)를 자연에서 얻기 위해 노력했을 것이며, 이런 노력이 자연에 관한 탐구로 이어졌을 것이다. 이번 장에서는 인간이 자연을 탐구하면서 자연의 법칙을 발견하고, 자연의 법칙(지식)을 삶의 질 향상에 활용하기 위해 노력하면서 기술을 개발한 과정을 살펴본다. 여기서 놀라운 점은 자연법칙의 탐구와 기술 개발을 위한 노력의 과정에서 인간은 삶에 필요한 지혜를 깨닫게 되었다는 사실이다. 인간이 수단매체를 찾는 노력의 과정과 깨달은 지혜 사이의 관계 탐구는 5장에서 수단매체와 목적함수 사이의 관계로 이어진다.

4장 수단매체의 원천은 자연이다

　초창기의 인류는 맨손으로 먹을 것을 구하는 과정에서 도구의 필요성을 느끼게 되었을 것이다. 도구의 소재는 자연 속에 흔하게 존재하는 돌에서 시작되었고, 돌을 사용했던 이 시기를 우리는 석기 시대라고 부른다. 그러나 돌은 쉽게 깨지고 마모되기 때문에 인류는 돌보다 더 단단하고 오래 견딜 수 있는 소재를 찾기 위해 노력했을 것이다. 그 결과 인류는 금속성 소재에 착안하면서 지구 표면에 흔히 존재하며 비교적 낮은 온도에서 용융하는 천연 구리를 도구의 소재로 쓰기 시작했을 것이다. 고고학에서 밝힌 바에 따르면, 1만여 년 전부터 중동 지방에서 구리가 사용되었다. 그렇지만 구리는 재질이 연해서 그것으로 도구를 만들어봤자 쉽게 휘어지거나 날이 무뎌지기 때문에 도구의 소재로는 한계가 있었다. 그래서 구리를 좀 더 단단한 소재로 만들기 위한 노력이 이어졌을 것이다.

　구리는 끓는 온도가 낮기(약 800℃) 때문에 쉽게 용융될 수 있었고, 이때 주위에 존재하는 다른 금속을 조금씩 넣고 같이 끓여보는 실험이 시도되었을 것이다. 그러다가 누군가에 의해 구리에 주석(tin)을 조금 넣고 용융시켰더니 순수 구리보다 2배 이상 단단해진다는 사실을 발견하였을 것이다. 이렇게 탄생한 합금(合金, alloy) 소재를 고고학자들은 청동(靑銅, bronze)이라고 부른다. 이런 발견이 기원전 3천 년을 전후하여 지구상의 여러 지역에서 시차를 두고 나타나면서 청동기 시대(bronze age)가 열린 것이다. 오늘날 우리가 경도(硬度, hardness)를 비커스(Vickers)[18] 단위로 표현하면, 순수 구리의 경도를 100비커스로 놓을 때 청동은 260비커스, 즉 구리의 2.6배가 된다.

도구 개발에서 탄생한 기술과 과학

청동을 만들어내는 과정에서 인간은 최소 2개의 미지수를 해결했다. 첫째, 구리에 무엇을 섞을 것인가? 둘째, 그것을 얼마나 섞을 것인가? 이 두 미지수에 대한 답을 암시하는 지식이나 이론이 존재하지 않는 상황에서 그들은 무수히 많은 탐색적 실험(searching experiment)을 반복했을 것이다. 석기 시대에도 돌을 연마하기 위해 기술적 노력이 필요했겠지만, 그것은 자연 속에 이미 존재하는 돌을 가공하는 수준에 불과했을 것이다.

---

[18] The Vickers hardness test was developed in 1924 by Smith and Sandland at Vickers Ltd as an alternative to the Brinell method to measure the hardness of materials. (출처 : R.L. Smith & G.E. Sandland, "An Accurate Method of Determining the Hardness of Metals, with Particular Reference to Those of a High Degree of Hardness", Proceedings of the Institution of Mechanical Engineers, Vol. I, 1922, p 623~641).

그러나 청동은 돌이나 구리처럼 자연 속에는 존재하지 않는 소재이다. 청동은 인간이 만들어낸 신소재인 것이다. 이런 의미에서 청동은 인간이 최초로(5천 년 전) 개발한 기술이라고 봐야 한다. 역사를 보면, 청동을 개발한 부족들은 아직 석기 시대에 살고 있는 다른 부족들을 누르고 선진국이 되었다.

청동의 단단함에 만족하지 못한 인류는 청동보다 더 강한 소재인 철(iron)에 관심을 가지기 시작했다. 하늘에서 지구로 떨어지는 운석 중에는 철을 다량 함유한 것이 많았고, 인간은 청동기 시대에도 이것을 두들겨서 도구로 만들어 쓴 흔적이 있다. 그러나 자연계에 여섯 번째로 많이 존재하는 원소인 철을 포함하고 있는 철광석으로부터 인간이 철을 제련하는 일은 쉽지 않았다. 철의 용융점인 섭씨 1,500도의 온도를 낼 수 없었기 때문에 청동기 개발 후 약 1,500년을 더 기다려야 했다. 역사가들의 말에 따르면, 용광로 속의 온도를 섭씨 1,500도까지 올릴 수 있는 풀무(bellow)가 개발되면서 코카서스(Caucasus) 지방에서 기원전 1,500년경 철의 제련이 시작되었다. 철광석이 용광로에서 녹아 흘러내리는 쇳물을 '선철(銑鐵, 무쇠, pig iron)'이라고 부르는데, 선철은 단단하지만 유연성이 없어서 충격을 받으면 깨진다.

선철을 거푸집에 부어서 가마솥 같은 주물 제품을 만들어 쓸 수 있다. 주물 이외의 다른 용도로 사용하려면 철이 얇게 펴지거나 길게 늘어날 수 있는 성질, 즉 유연성(flexibility)을 가져야 한다. 인간은 많은 실험을 통해 선철 속의 탄소 함유량을 낮출수록 철의 유연성이 높아진다는 사실을 발견했다. 탄소를 3.5~4.5퍼센트 정도 포함하고 있는 선철 속의 탄소를 1.72퍼센트 이하로 낮추면 철을 압연(壓延)할 수 있는 유연성을 가지게 된다. 이렇게 가공이 가능해진 철을 우리는 강철(steel)이라고 부른다. 탄소 함유량을 0.5퍼센트까지 낮추면 철을 두들겨서 성형할 수 있는 단조(鍛造, forging) 제품도 만들 수 있다. 탄소 함유량에 따라 이렇게 철의 성격이 변한다는 사실은 자연의 존재 양식(the way nature exists)이며, 이 발견으로 알게 된 지식을 '과학(science)'이라고 부른다.

서로 상반되는 가치를 탐하지 말라

구리나 철 모두 순수한 상태로 혼자 존재할 때는 유용한 소재가 될 수 없지만, 구리가 주석과 결합하고 철이 탄소와 결합하면 구리나 철 모두 더욱 유용한 소재가 될 수 있다. 많은 세월이 흐르면서 인간의 노력은 탄소강에 크롬(Cr)과 니켈(Ni)을 결합하여 녹슬지 않는 강철을 만들었고, 탄소강에 몰리브덴(Mo)과 텅스텐(W)을 결합하여 높은 강도와 내열성을 가지는 절삭 공구용 고속도강(high speed steel)도 만들었다.

이러한 성공은 모두 결합(combination)의 신비에서 기원한다. 인간도 자연에서 왔으며 자연의 섭리 속에서 살고 있다. 따라서 인간도 순수 구리나 순수 철처럼 혼자 독불장군으로 존재하지 않고 다른 누구와 결합할 때 강하고 유용한 존재가 될 수 있다는 암시는 자연에서 배울 만한 지혜일 것이다. 이처럼 인간은 자연을 탐구하면서 물질적 수단매체로서 도구를 개발할 뿐 아니라, 정신적 수단매체로서 지식과 지혜를 얻고 있다.

철기 문명을 대표하는 강철의 개발 과정에서 인간은 또 하나의 지혜를 배우게 되었으니, '상반되는 가치를 모두 가질 수 없다'는 자연의 교훈이 그것이다. 인간은 철의 탄소 함유량을 낮추어 충격에도 깨지지 않는 유연성 높은 강철을 얻었다. 그러나 유연성을 얻은 만큼 단단함을 포기해야 했다. 무쇠는 단단하긴 하지만 대신 유연성이 없기 때문에 충격을 받으면 깨진다. 그러나 무쇠의 탄소 함유량을 낮추어 만든 강철에 충격을 가하면 깨지지 않는 대신 움푹 패이거나 휘어진다. 유연성을 얻은 대신 단단함을 잃었기 때문이다. 단단함과 유연함, 즉 상반되는 두 가치 사이에서 하나를 얻으면 그만큼 다른 것을 포기하라는 교훈이다. 예를 들면, 국민으로부터 존경을 받아야 하는 지도자의 자리에 오를 사람은 부정한 돈을 욕심 내지 말아야 한다. 현대 사회의 가치관 혼란은 상반되는 가치 모두를 가지려는 인간의 무모함에 그 근원이 있다.

수단매체는 자연에서 온다

'라인 강의 기적'을 공부하려고 독어독문과를 선택했다가 독일어 '미텔바'에서 수단매체의 중요성을 깨달은 조서현은 한국의 보릿고개 가난도 수단매체의 개발로 풀어가야 한다고 믿었다.[19] 인간 삶의 질을 도약시킨 산업혁명은 생산용 수단매체의 혁명이었고, 원자탄은 전쟁용 수단매체, 그리고 컴퓨터는 계산용 수단매체라는 사실이 그의 믿음을 뒷받침해 주었다. 그런데 이런 물적 수단매체를 개발하려면 그에 앞서서 자연과학이라는 지적 수단매체가 선행해야 한다는 사실을 깨닫고[20] 그는 다시 고민에 빠진다. 산업혁명을 견인한 증기기관이 무(無)에서 나온 것이 아니라 토리첼리, 게리케, 뉴턴 같은 과학자들이 개발한 지적 수단매체(지식)

[19] 뒷날 보릿고개는 실제로 1970년대에 '통일벼'라는 이름의 수단매체 개발로 해결되었다.
[20] '3장 수단매체'의 고도화 참조.

에서 나왔기 때문이다. 인류의 역사를 보면 과학 기술(지식의 힘)이 경제력(돈의 힘)을 낳았고, 경제력이 군사력(총칼의 힘)을 낳았다는 깨달음 속에 조서현은 자연과학을 공부하기 위해 물리학(Physics)으로 전과를 결심한다.

물리학과에 와보니 이곳은 딴 세상 같았다. 독어독문과에서 공부하던 언어와 문학은 인간이 만들어낸, 인간의 창조물이었다. 그러나 물리학과에서 공부하는 자연은 인간이 아닌 신 혹은 조물주의 창조물이다. 이렇게 신비로운 자연의 세계를 공부하면서 조서현은 다시 놀라운 사실을 발견한다. 자연 속에서 일어나는 현상들이 겉으로는 복잡다기해 보이지만, 그 속을 파고들어가면 이들 모든 현상이 3가지 힘의 지배 속에 있다는 사실이었다. 그리고 인간의 삶에 필요한 물적 지적 수단매체가 모두 이 3가지의 힘으로 구성된 자연의 법질서 속에서 나온다는 사실이 무척 놀라웠다. 인간 사회를 다스리는 법은 인간이 만든 것이므로 인간의 마음에 안 들면 인간이 바꿀 수도 있다. 그러나 3가지의 힘이 다스리는 자연계의 법질서는 아주 간결하고 영원불변하다. 자연을 지배하는 3가지 힘에 대해 좀 더 구체적으로 살펴보자.

물리학자들은 우주를 포함하여 대자연을 통제하는 기본적인 힘으로 물질(mass) 세계를 지배하는 중력(gravitational force), 음양(陰陽)의 세계를 지배하는 전자기력(electromagnetic force), 원자핵(nucleus)의 세계를 지배하는 핵력(nuclear force)을 들고 있다. 처음에는 핵력이 '강한 핵력(strong interaction)'과 '약한 핵력(weak interaction)' 둘로 구성되어 있다고 생각했다. 그러나 약한 핵력은 그 본질이 전자기력의 일종이라는 사실이 밝혀졌기 때문에 자연의 기본적인 힘을 넷이 아닌 셋으로 봐야 한다.[21] 그러면 이들 3가지 기본적인 힘에 관한 지식, 즉 정신적 수단매체의 발전과 그것이 물질적 수단매체의 개발로 이어지는 과정을 살펴보자.

중력의 세계

　질량을 가지는 모든 물질 사이에는 서로 끌어당기는 힘이 작용한다. 물리학자들은 이 힘을 '중력'이라고 부른다. 지구와 태양 사이에 작용하는 중력 때문에 지구는 태양을 떠나 우주 속 미아가 되지 않고, 1년에 한 바퀴씩 태양 주위를 공전한다. 그러면 1년이라는 세월을 만들어내기 위해 지구는 얼마나 빨리 달려야 하는가? 이 질문에 대한 답은 초등학교 수학으로 해결 가능하다.

　지구는 태양 주위를 원운동을 하므로 태양까지 거리(1억 5천만Km)의 2배, 즉 공전궤도의 지름에 원주율(3.14)을 곱하면 공전궤도의 거리가 나온다. 이렇게 나온 거리인 9억 4,200만 킬로미터[22]를 1년, 즉 8,766시간으로 나누면 지구의 공전 속도가 나오는데, 시속 10만 7,460킬로미터가 된다.[23] 한편 지구처럼 원운동을 하는 모든 물체는 원 밖으로 떨어져 나가려는 힘을 받게 되는데, 이 힘을 물리학자들은 원심력이라고 부른다.[24] 이 원심력이 태양과 지구 사이에 작용하는 중력과 매 순간 균형을 만들어주기 때문에 지구는 궤도를 이탈하지 않고 태양 주위를 계속 돌게 된다(〈부록〉편 '부록2' 참조).

---

[21] 와인버그 교수는 이러한 연구 업적으로 노벨 물리학상을 수상했다.
[22] 1억 5천만×2×3.14=9억 4,200만 km
[23] '365일+5시간+48분+46초'를 '365일+6시간'으로 계산.
[24] 원심력 $F=mv^2/r$, 여기서 m은 원운동을 하는 물체의 질량, v는 접선 방향 속도, r은 원운동의 반경.

중력에 의해 물질이 만들어진다

지구보다 130만 배의 질량을 가진 태양은 그 자체의 중력에 의해 내부가 압축되면서 높은 온도가 생성된다.[25] 그 고온을 이용하여 태양은 자기가 가지고 있는 수소를 용융시켜서 헬륨을 만든다. 이런 과정을 '핵융합(nuclear fusion)'이라고 부른다. 그러나 헬륨보다 더 무거운 원소들을 핵융합하려면 태양보다 더 큰 별이 필요하다. 무거운 원소를 융합하려면 더 높은 온도를 필요로 하고, 더 높은 온도는 더 큰 중력을 필요로 하며, 더 큰 중력은 더 큰 별에서나 가능하기 때문이다.

자연계에는 인간이 실험실에서 만든 것을 제외하면 92개의 원소가 존재하지만, 지구는 너무 작아서 중력에 의한 압축의 힘이 약해 고온을 낼 수 없으므로 헬륨조차 만들 수 없다. 92개의 원소들은 태양보다 수십 배 큰 거대한 별, 즉 초신성(supernova)에서 만들어질 수 있

—— 센타우루스(Centaurus) 성좌에서 폭발한 초신성

을 뿐이다. 초신성이 이 원소들을 다 만든 뒤 폭발하여 그 잔재가 지구까지 날아왔기 때문에 지구에 이 원소들이 존재한다. 인간의 육체를 구성하고 있는 물질들도 모두 우주 속 어느 별(초신성)에서 온 것이다.

[25] 태양의 내부 온도는 1,500만℃이다.

중력에서 오는 물적 수단매체들

중력의 법칙이 발견되자 인간은 이 법칙을 활용하여 삶의 질을 높이기 위한 수단매체를 많이 만들어냈다. 자연 상태의 위성인 지구와 태양 사이의 관계를 모방하여, 인공위성의 공전운동에서 오는 원심력과 지구가 인공위성에 미치는 중력을 일치시키는 기술을 개발한 결과가 인공위성이다. 인공위성 덕분에 우리는 위성통신을 할 수 있고, 올림픽이나 월드컵 같은 세계적 행사를 실시간으로 볼 수 있다. 구름 위를 나는 비행기 안이나 바다 위에 떠 있는 배에서도 인간은 자신의 위치를 알 수 있고, 인공위성을 이용한 GPS(global positioning system)는 지리를 모르는 사람도 길을 찾아갈 수 있게 한다. 1950년대 후반 인공위성을 쏘아올릴 때, 사람들은 '왜 저런 일에 돈을 낭비하나?' 하고 생각했다. 그러나 이제 그런 생각을 하는 사람은 아무도 없다. 앞으로도 중력의 법칙과 같은 자연의 존재 양식을 활용하는 수단매체들이 계속 개발될 것이다.

전자기력의 세계

기원전 600년경 그리스 사람들은 마그네시아(Magnesia) 산에서 쇠 조각을 끌어당기는 돌덩이, 즉 오늘날 용어로 천연자석을 발견했다. 이어 그들은 호박[26] 단추가 달린 옷을 입고 고양이를 어우르다가 고양이털이 일으키는 정전기도 발견했다. 이렇게 자연 속에 존재하는 전기와 자기 (magnetism) 현상은 2,600여 년 전에 모두 발견되었으나, 이를 연구하고

---

[26] 호박(琥珀, amber)이란 나무의 진액이 오랜 세월 땅속에서 화석이 될 상태.

———— 지적 수단매체(번개=전기라는 지식)의 발견에서 물적 수단매체(피뢰침)의 발명

활용하려는 노력 없이 1,800여 년의 세월이 흘렀다.

  12세기경에 이르러 인간은 자석이 지구의 남북을 가리킨다는 사실을 발견하고 나침반을 만들어 항해에 사용했다. 다시 500여 년이 흐른 뒤 1749년에 미국의 벤저민 프랭클린(Benjamin Franklin, 1706~1790)이 번개(thunder) 현상을 연구하기 위해 연(kite)을 날리는 실험을 했고, 이 실험을 통해서 번개는 그 본질이 전기적 현상이라는 사실을 발견했다. 프랭클린은 이 발견을 실용적으로 활용하기 위해 피뢰침(물질적 수단매체)을 만들었다. 전기와 자기에 관한 지식의 발전과 그 활용은 이렇게 긴 세월을 거치면서 서서히 진행되었다.

  이후 1819년 코펜하겐(Copenhagen) 대학의 외르스테드(Örsted, Hans Christian, 1777~1851) 교수가 전류 현상을 관찰하기 위한 실험에서 스위치를 켰더니 그 옆에 놓여있던 나침반 바늘이 움직이는 현상을 발견했다.

전기와 자기는 둘이 아닌 하나의 세계

외르스테드의 발견 이전까지 전기와 자기는 상호작용이 없는 별개의 두 세계로 인식되었다. 그러나 1819년의 발견에 의해 전기와 자기는 서로 연결되어 있는 하나의 세계라는 사실이 드러난 것이다. 외르스테드 교수는 이 발견을 1820년 프랑스 한림원에 보고했고, 당시 파리 공과대학 교수였던 앙페르(Ampère, Aneré Marie. 1775~1836)는 이 현상을 설명하기 위한 가설을 만들어냈다. 앙페르의 가설은 전류가 흐르는 도선이 도선 주위에 자장(magnetic field)을 만들어낸다는 것이었다.

——— 흐르는 전기(전류)는 주위에 자장을 만들어낸다.

정(靜)과 동(動)의 차이

움직이지 않는 전기, 즉 정지해 있는 정전기는 주의에 전장(electric field)을 만들어낼 뿐 자장을 만들지는 못한다. 그러나 정지해 있던 전기가 움직이기 시작하면 그것은 전장뿐 아니라 자장도 만들어낸다는 사실이 실험으로 발견되었고, 이를 설명하기 위한 이론도 정립되었다. 이를 철학적으로 말하자면, 같은 물질이 정(靜, static)의 상태에서 동(動,

dynamic)의 상태로 바뀌면 단순한 양(quantity)적 차이뿐 아니라 질(quality)적 차이까지 만들어낸다는 증거가 발견된 것이다. 당시 유럽의 과학자와 철학자들이 정과 동 사이에 본질적 차이가 있는지, 있다면 그것이 무엇인지를 몰라서 고민하던 문제가 풀린 것이다. 그렇다면 인간 삶의 실제 속에서 정과 동 사이의 차이란 무엇일까? 다음의 케이스를 통해 살펴보자.

Case ▶ 정과 동의 차이 - 퀴리 부부의 라듐 검출

1898년 12월 26일, 프랑스 소르본 대학에서 연구하던 퀴리 부부는 방사능을 내는 새로운 원소의 존재를 발표하면서 이름을 '라듐'이라고 명명했다. 그러나 이는 이론적 근거에 의한 발표였을 뿐, '여기 이것이 바로 그 라듐이다' 하는 식의 실물을 제시하지는 못한 단계였다. 라듐의 존재를 인정받으려면 그것을 순수한 상태로 분리해내서 학계에 제시해야 했다. 그러나 라듐을 포함하고 있는 피치블렌드(Pitchblende) 광석에서 라듐을 분리해내는 일은 지루하고 힘든 반복 작업을 필요로 했다. 퀴리 부부는 이 작업을 수행하기 위한 장기 연구 계획을 세우고 1898년 실행에 들어갔다.

그런데 4년여의 세월이 흘러 1톤이 넘는 피치블렌드 광석으로부터 라듐의 결정(crystallization)을 석출해내기 위한 5,677단계의 긴 작업을 모두 마친 1902년 12월 31일, 라듐의 결정이 석출되어 있어야 할 실험접시 속에는 아무것도 보이지 않았다. 4년 동안의 노력이 무(無)로 끝나는 절망의 순간이었다.

퀴리 부부는 기진맥진하여 침실로 돌아가 침대에 누웠다. 제야의 종소리를 듣는 순간에도 그들의 머릿속에는 '왜 라듐의 결정이 나오지 않았을까' 하는 의문으로 가득 차 있었다. 이런 절망과 의문 속에 퀴리 부부는 쉽게 잠들지 못하고 연구실로 갔다. 그런데 문을 열자 칠흑 같은 어둠 속에서 실험접시의 밑바닥으로부터 파란 불꽃이 보였다. 라듐의 방사능이 내는 에너지 불꽃이었다. 그들이 상상 못했던 일이었다. 나중에 안 사실이지만 당시 1톤의 피치블렌드 광석으로부터 석출된 라듐의 양은 겨우 0.1그램 정도였고, 이는 눈에 잘 띄지 않을 만큼 아주 적은 양이기 때문에 낮에는 보지 못한 것이었다.

——— 연구실의 퀴리 부부

침대에 누워 절망에 젖어 있는 것을 '정'이라 하고, 실험실로 달려가서 한 번 더 확인하려는 움직임을 '동'이라 한다면, 정이 못한 일을 동이 해낸 것이다.

다시 전자기력 이야기를 계속하자. 영국의 실험물리학자 패러데이(Faraday, M. 1791~1867)는 외르스테드의 실험을 반대로 생각했다. 움직이는 전기가 자장을 만든다면, 두 물체 사이의 움직임은 상대적인 것이므로, 정지해 있는 도선 옆에서 움직이는 자장은 도선 속에 전기를 흐르게 할 것이라는 상상이 그것이다. 그는 1831년 이 상상력을 실험해보기 위해 앞의 그림에서처럼 도선을 여러 번 감아 만든 코일(coil) 속에 자석을 넣었다 뺐다 하면서 움직여봤는데, 코일의 도선을 통해 전류가 유도되어 흘렀다.

그동안 전류는 축전지에서만 나오는 줄 알았는데, 코일 속에서 자석을 움직여도 전류가 유도되어 나온다는 사실을 발견했다. 물리학자들은 이렇게 생성된 전기를 '유도전류(induced electricity)'라

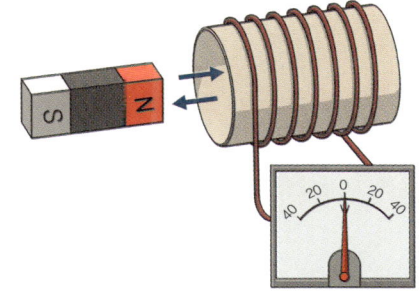
——— 코일 속에서 자석을 움직이면 전류가 발생한다.

4장 수단매체의 원천은 자연이다 **91**

불렀다. 이로써 인간은 코일 속에서 자석을 움직이든지, 아니면 자장 속에서 코일을 움직여 전기를 생산할 수 있게 되었다. 이렇게 인간 삶의 질을 획기적으로 높일 수 있는 새로운 수단매체로서 전기에너지의 생산이 가능해졌다.

전자기력에서 탄생한 수단매체

패러데이 실험의 성공이 발전기와 전동기의 제작으로 이어지면서 인간은 수력(water wheels)이나 증기터빈(steam turbine)의 힘으로 발전기를 돌려서 전기를 만들었다. 이 전기로 공장의 전동기(electric motors)를 돌릴 수 있게 되어 전기에너지의 시대가 열린 것이다.

인간은 스위치를 사용하여 단속(斷續, on or off)적으로 전기가 흐르거나 흐르지 않게 할 수 있으므로, 천연자석의 경우에는 불가능했던 자력(magnetic force)의 단속적 사용이 전자석의 경우에는 가능하게 되었다. 이렇게 되자 인간이 원하는 통신 신호(signal)를 단속적인 전기 신호 형태로 바꿔서 먼 곳까지 보내고, 그곳에서 다시 전자석으로 재생하면 원거리 통신 수단이 되었다. 드디어 전신(telegraph), 전화(telephone) 등 원거리 통신을 위한 수단매체를 개발한 것이다. 이어 에디슨이 필라멘트(filament)를 발명하여 백열등을 만드는 데 성공함으로써 19세기 후반은 전기 문명이 개화하는 시대가 되었다.

전기의 단속과 이진법(0 or 1)

20세기에 들어서면서 전기가 가지고 있는 단속적 스위치 기능과 수학적 이진법이 결합하여 디지털 컴퓨터(digital computer) 시대가 열렸다. 전기적 스위치가 기계적 스위치에 비해 우월한 점은 빠른 속도와 작은 부피, 가벼운 무게이다. 1940년대에는 부피가 큰 진공관(vacuum tube)이 전기적 스위치로 사용됐으나, 진공관 역할을 대체할 수 있는 트랜지스터, 집적회로(integrated circuit), 반도체 칩 등이 연이어 개발되면서 속도는 빨라지고, 부피와 중량은 작아지면서 디지털 문명의 시대를 열었다. 오늘의 반도체 칩은 컴퓨터뿐 아니라 21세기 인간 삶의 질을 높여줄 수 있는 모든 수단매체 속에서 핵심적 역할을 하고 있다.

핵력의 세계

자연을 구성하는 92개 원소의 원자핵은 양(+)의 전기를 띤 양성자(proton)와 전기를 띠지 않는 중성자(neutron)로 구성되어 있다. 이들 원자핵 주위에는 양성자 수만큼의 전자들이 돌고 있어서 원자 전체로서는 전기적으로 중성이다. 양성자와 중성자들을 '핵자(核子, nucleons)'라고 부르는데, 핵자의 수가 비교적 적은 원자들(예, 수소)은 (고독해서 그러는지?) 핵자들끼리 서로 융합하여 좀 더 큰 원소(예, 헬륨)를 만들려는 경향이 있다. 반대로 핵자의 수가 많은 원소(예, 우라늄)들은 (너무 번잡해서 그러는지?) 분열하여 좀 더 작은 원소가 되려는 경향을 보인다.

1938년에 독일의 과학자 오토 한(O. Hahn)과 그의 연구 동료들이 핵자 수(양성자와 중성자의 수) 235인 우라늄(uranium)의 원자핵에 중성자 하나를 서서히 충돌시켰더니 우라늄 원자핵이 분열하면서 핵자 수 141인 바리움(barium)과 중성자 셋(3)이 튀어나왔다. 당시에는 관찰하지 못했지만 뒷날 같은 실험에서 바리움과 더불어 핵자 수 92인 크립톤(Krypton)도 관찰되었다. 이렇게 되면 핵자 수는 '235+1(충돌 중성자)=141+3+92(파생 중성자)=236'이 되므로 충돌 전후 핵자의 총수에는 변동이 없음을 알 수 있다.

— 우라늄 235의 핵분열 개념도와 당시 사용된 실험 설비[27]

같은 해(1938년) 오토 한의 연구 동료였던 마이트너(L. Meitner) 여사는 핵분열 전의 총질량과 핵분열 후의 총질량의 합이 일치하지 않는다는 사실을 발견했다. 충돌 전보다 충돌 후의 질량이 작아지는, 즉 질량 결손 현상이 생긴다는 사실이다. 이때 손실된 질량(M)의 양을 아인슈타인이 발표한 공식 'E=MC²'에 넣어서 계산해보았더니, 계산 결과로 얻어진 에너지의 양이 실험에서 검출된 에너지의 양과 일치했다. 아인슈타인은 이미 논문에서 질량은 에너지로 변환될 수 있고, 이때 방출되는 에너지는 사라진 질량에 광속도(C)의 제곱(C²)을 곱한 양과 같아진다는 이론을 발표했었다. 핵이 분열할 때 질량이 감소하고, 이 감소한 질량이 에너지로

[27] The experimental apparatus with which the team of Lise Meitner, Otto Hahn and Fritz Strassmann discovered nuclear fission in 1938.

전환될 수 있다는 자연법칙이 지적 수단매체로 등장한 것이다. 이렇게 발견된 자연법칙에 따라 핵에너지(nuclear energy)를 얻을 수 있고, 인간이 이것을 수단매체로 활용할 수 있게 된 것이다.

이렇게 되자 레오 질라드(Leo Szilard)를 위시한 몇몇 물리학자는 최초의 우라늄 핵분열 때 방출되는 두세 개의 중성자들이 주변에 있는 다른 우라늄 원자와 충돌하면 제2차 핵분열을 일으킬 것이라고 생각했다. 만약 가까이에 우라늄 원자가 충분히 많이 존재한다면[28] 핵븐열이 제3차, 제4차 등 연쇄적으로 계속되면서 무서운 폭발력을 발휘할 것이 분명했고, 이것이 바로 원자폭탄 아이디어였다. 당시 독일의 나치스 정권 쪽으로 흡수된 과학자들이 원자탄을 개발한다면 그 결과는 가공스러울 것이 분명했다. 이런 긴박감에서 서방 연합군 진영의 물리학자들은 당시 미국에 있던 아인슈타인 박사를 설득하여 루스벨트 대통령에게 이런 가능성을 편지로 전하게 했다.[29] 결국 미국은 원자폭탄 개발을 시작했고, 1945년 그것을 수단매체로 하여 일본과의 전쟁을 끝낼 수는 있었지만 많은 인명을 살상했다. 오늘날에도 미국과 러시아 등 핵 보유국의 군수 창고에는 전 세계를 초토화할 수 있는 핵폭탄이 보관되어 있다.

핵무기와 달리 오늘날 핵에너지는 전 세계 여러 나라에서 평화적으로 이용되고 있다. 원자력에너지(제1차 수단매체)로 물을 끓이고, 물에서 나오는 수증기(제2차 수단매체)로 증기터빈을 돌리고, 증기터빈(제3차 수단매체)이

---

[28] 이런 경우 그 양을 '임계질량(critical mass)'이라고 부른다.
[29] 실제 편지의 일부를 인용하면 다음과 같다. "This new phenomenon would also lead to the construction of bombs, and it is conceivable-though much less certain-that extremely powerful bombs of a new type may thus be constructed."

발전기(제4차 수단매체)를 돌려서 전기에너지(제5차 수단매체)를 얻는다. 자연 속에 들어 있는 핵에너지로부터 인간이 원하는 전기를 얻기까지 여러 단계의 수단매체가 개발된 것이다.

원자력 에너지는 이렇게 폭탄이 되어 인류를 파멸시킬 수도 있고, 발전기를 돌려 인류의 복지에 사용될 수도 있다. 수단매체는 인간이 그것을 어떤 목적에 사용할 것이냐에 따라 그 존재 가치가 달라질 수 있다는 말이다. 여기서 우리는 장을 바꾸어 인간이 가지는 목적의 세계를 탐구하기로 하자.

2부
목적함수의 세계

Intro

인간은 자기 삶의 질을 높이고, 더 나은 미래를 창조하려는 소망(wish)을 가진다. 이런 소망의 달성은 그에 필요한 수단매체의 한계에 의해 제약(constrain)을 받는다. 수단매체의 한계에 의해 인간의 소망은 그 달성 수준이 결정된다는 말이다. 이처럼 그 달성의 수준이 상수(constant)가 아니고, 변수(variable)가 되는 소망을 '목적함수'라고 부른다. 결국 인간의 삶은 목적함수와 제약 조건으로 양분되는 이분법(二分法)적 세계가 된다. 이번 장에서는 목적함수 세계의 본질을 살펴보고, 다음 6장에서 목적함수와 제약 조건 사이의 관계를 알아본다.

5장 인간의 소망, 목적함수의 세계

인간 삶의 세계를 이상(ideals)과 현실(realities)로 나누는 세계관은 예로부터 있어 왔다. 현실이란 눈앞에 주어진 환경과 여건에서 오는 '제약 조건'의 세계이며, 소망은 주어진 현실 속에서 인간이 원하는 어떤 목적을 달성하려는 의지(will)의 세계이다. 문제는 현실과 소망 사이에는 일반적으로 갈등이 존재한다는 사실이다. 이런 갈등의 모습을 미국의 작가 오 헨리(O' Henry)는 〈크리스마스 선물(The Gift of the Magi)〉이라는 작품에서 다음과 같이 묘사하고 있다.

1달러 87센트, 이것이 전부다. 그중에 60센트는 1전짜리로 되어 있다. 델라(Della)가 알뜰히 절약하여 한 푼씩 모은 저축. (중략) 델라는 세 번이나 세어봤으나 여전히 1달러 87센트일 뿐. 내일은 크리스마스인데…. (후략)

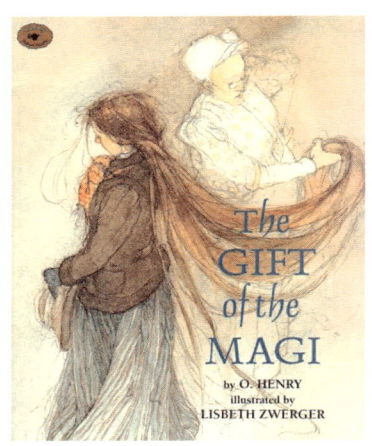

▬▬ 오 헨리의 작품 《크리스마스 선물》 속에서 주인공 델라는 자신의 목적함수와 주어진 현실(제약조건) 사이의 갈등을 타개하기 위해 미장원에 달려가 금발머리를 잘라 판다. 델라처럼 분명한 목적함수를 가진 사람은 단호한 의사결정을 내릴 수 있다.

크리스마스를 맞아 남편에게 선물을 사주고 싶어 하는 젊은 부인 델라의 소망, 그러나 그녀가 가진 돈은 고작 1달러 87센트뿐인 안타까운 현실. 소망과 현실 사이의 갈등으로 고민하던 델라는 결국 미장원에 가서 자신의 금발머리를 잘라 20달러에 판다. 결혼 후 첫 크리스마스를 맞아 델라는 남편에게 좀 더 만족스러운 선물을 사주고 싶었던 것이다. 일반적으로 인간의 소망은 '좀 더 만족스러운' 혹은 '좀 더 고급스러운' 등 그 수준의 계량화가 가능하다. 계량화가 가능한 소망을 우리는 '목적함수'라고 부른다.

목적함수 부재(不在)로 인한 불행

이 세상에는 목적함수가 없거나 불분명한 사람도 많다. 중세 유럽을 배경으로 한 동화 한 편을 보자. 혼기가 찬 처녀에게 청혼이 들어오기 시작했다. 어느 공국(公國)의 황태자가 찾아와 "당신이 나와 결혼해주면 찬란한 왕관이 당신 것이 됩니다" 하고 말했다. 이어 당시 유럽에서 선망과 존경의 대상이었던 기사(騎士, knight) 한 사람이 찾아와 "당신이 나와 결혼해주면 우리 가문에서 가보로 내려오는 이 검(sword)이 당신 것이 됩니다" 하고 말했다. 또 부유한 상인의 아들이 나타나 "당신이 나와 결혼하면 우리 집 지하실에 있는 금괴가 당신 것이 됩니다" 하고 말했다. 처녀

——— 꽃은 왕관, 잎은 검, 뿌리는 금괴를 닮은 튤립

는 모두가 좋아 보여 결정을 못 내린 채 시간만 끌었고, 이에 구혼자들은 화를 내며 모두 떠나갔다.

상심한 처녀는 병들어 눕게 되었고, 한동안 앓다가 끝내 세상을 떠나고 말았다. 이 처녀의 무덤에서 한 송이 꽃이 피어났다. 꽃봉오리는 황태자의 왕관을 닮았고, 잎은 기사의 검을, 그리고 뿌리는 상인의 금괴를 닮은 튤립 꽃이었다. 이 처녀의 비극은 어디에서 왔을까? 목적함수의 부재(不在)에서 왔을 것이다.

목적함수는 선택과 포기의 결과

사람은 성장하면서 전공할 분야를 선택하고, 일할 직장을 선택하며, 결혼할 배우자를 선택한다. 이런 큰 선택 이외에 매일매일 일상적인 의사 결정 속에도 반드시 크고 작은 선택이 들어 있다. 이렇게 사람의 일생은 선택의 연속인데, 선택이란 쉬운 것이 아니다. 어느 하나를 선택하려면 그 선택으로부터 배제당하는 다른 대안들(alternatives)을 포기해야 하기 때문이다. 결혼할 배우자를 선택하려면 선택에서 배제된 다른 사람들은 포기해야 한다. 포기를 아까워하다가는 튤립이 된 소녀처럼 비극을 맞게 된다. 국민의 존경을 받는 공직자의 길을 선택한 사람은 부도덕한 사생활(예, 물욕)은 포기해야 한다. 포기하기 아깝지만 그것을 포기한다는 것은 일종의 희생이고, 희생이란 그 본질이 코스트(cost, 비용)와 같은 것이다. 미국 회계학회(American Accounting Association)가 마련한 코스트의 개념 및 기준에 따르면, 코스트란 특정 '목적'을 달성하기 위하여 발생하는 '희생(forgoing)'을 의미한다. 따라서 목적함수의 정립은 그에 따르는 희생을 감수할 수 있는 가치관을 전제로 한다고 말할 수 있다.

목적함수가 인생의 성패를 좌우한다

세월이 흘러 동창회 같은 모임에 나가보면 목적함수와 인생의 성패(成敗) 사이에 상관관계가 있어 보인다. 학창 시절부터 확실한 목적함수를 가지고 그것을 위해 부단히 노력하던 친구들은 나이 들어서 소위 성공한 그룹에 속해 있다. 국가대표 축구선수가 되는 것이 목적함수였던 친구는 그렇게 되었고, 일류 가수가 되고 싶다고 노래 공부를 열심히 하던 친구는 가수가 되었다. 그러나 자신의 목적함수가 무엇인지도 모르는 상태에서 학창 시절을 유야무야 보낸 친구들은 나이 들어서 확실한 직업도 없이 고생을 한다는 사실이 동창회 풍경을 안타깝게 한다.

일반적으로 인생살이, 기업 경영 등 삶의 모든 영역에서 목적함수의 유무(有無) 그리고 목적함수의 확실성 여하가 성공과 실패를 갈라놓는 것 같다. 그렇다면 인간의 삶에서 목적함수는 어떤 과정을 거쳐서 정립되는

지, 목적함수의 확실성이란 구체적으로 무엇을 말하는지, 그리고 기업의 목적함수가 흔들릴 때 그것이 어떤 결과를 초래하는지 등의 문제를 개인 차원, 국가 차원, 기업 차원 등으로 나누어 살펴보자.

개인 차원의 목적함수

한국인으로서 일제강점기 때 징용에 끌려가 강제 노역 끝에 만신창이가 된 최귀동(崔貴童) 씨. 그는 1945년 해방을 맞아 고향인 충청북도 음성군 금왕면으로 돌아왔다. 그러나 예전에 살던 집은 사라졌고, 흩어진 가족들을 찾을 길은 없었다. 가족을 만나려던 희망마저 물거품이 되었고, 병든 몸으로 고통스러운 나날을 버티며 지내던 그는 끝내 자살을 결심하고 무극천(無極川) 다리 밑으로 내려갔다.

그런데 죽을 결심을 하고 찾아간 무극천 다리 밑에는 거동조차 할 수 없는 걸인들 여럿이 거적을 치고 누워 있었다. 그들 중 누군가가 힘없는 목소리로 "여보시오, 당신은 걸을 수는 있군요. 우리는 걸어 다닐 수가 없어요. 배고픈 우리를 위해 밥 좀 얻어다주시구려" 하며 호소를 해왔다. 거역할 수 없는 호소에 그는 여기저기 다니며 밥을 얻어다 걸인들을 먹여 살려야 했다. 자살을 결심했을 때 그의 삶에는 목적함수가 없었다. 그러나 그는 '얻어먹을 수 있는 능력만 있어도 그것은 은총'이라는 진리를 깨달았고, 걸을 수조차 없는 걸인들을 위해 밥을 얻어다 먹이는 것이 마침내 삶의 목적함수가 되었다.

다리 밑에서 찾은 목적함수

최귀동 씨는 자신이 보살피던 걸인이 죽으면 산비탈 양지 바른 곳에 묻어주었고, 새로운 걸인이 들어오면 따뜻하게 맞아주었다. 이렇게 헌신

— 충청북도 음성에 세워진 최귀동 씨의 동상

적인 삶을 30여 년간 이어오던 중 그는 1976년 가톨릭 무극성당에 부임해온 오웅진 신부를 만나 가톨릭에 입문했다. 이후 1986년에는 불우한 사람들을 위한 사랑의 실천으로 한국가톨릭 사랑 부문 대상을 받았다. 그는 부상으로 받은 상금을 오갈 곳 없는 노인들을 위해 모두 내놓았으며, 그의 감동적인 삶이 알려지면서 사회 각계에서 들어온 성금 12억 원으로 오갈 곳 없는 이들을 위한 요양원을 건립하였다.

최귀동 씨는 1990년 영면하여 충청북도 음성의 꽃동네 입구에 묻혔고, 사회 각계에서 들어온 조의금으로 비석과 동상도 세워졌다. 그는 무극천 다리 밑에서 만난 걸인들의 하소연을 무시해버리지 않고 받아들여서 삶의 목적함수를 정립한 이후 거룩한 삶을 살기 시작한 것이다. 목적함수의 유무 여하가 이처럼 삶에서 큰 차이를 만들어낸다.

국가 차원의 목적함수

터키는 1950년 한국전쟁 때 우리나라를 지원하기 위해 미국, 영국, 캐나다에 이어 네 번째로 많은 전투 병력을 파견했다. 오늘날 경기도 용인시에는 터키군의 한국전쟁 참전 기념비가 있으며, 부산광역시의 UN군 묘지에는 터키군 462구의 시신이 안치되어 있다.

그런데 우리나라가 터키와 국교를 맺은 날짜는 한국전쟁이 끝나고 4년이 지난 뒤인 1957년 3월 8일이다. 그렇다면 터키는 왜 국교도 맺지 않은 한국을 돕기 위해 그 많은 전투 병력을 파견하고 인명의 희생을 감수했을까? 이 질문에 대한 답은 목적함수와 관련이 있다. 제1차 세계대전

후 터키의 독립을 이끌어 1923년 터키 공화국의 초대 대통령이 된 케말 파샤 아타튀르크. 그는 오스만 제국의 몰락 원인이 정치와 종교가 분리되지 않은 통치 방식에 있었다고 믿고 '종교 국가'의 폐지와 함께 각종 개혁을 시작했다. 이 과정에서 그가 선택한 것은 서유럽 지향의 제도와 사고, 문화의 도입이었다.

─── 터키군 한국전쟁 참전 기념비

제2차 세계대전 후 터키가 추구한 목적함수는 경제 개발이었으며, 이 역시 서유럽의 기술과 지식을 도입하고 그 시장에 뛰어들지 않고는 어려운 과제였다. 그래서 터키가 서유럽 지향의 목적함수를 실천으로 옮기기 위해 선택한 외교 정책은 북대서양조약기구(North Atlantic Treaty Organization, NATO), 즉 나토 가입이었다. 나토는 제2차 세계대전 후 동유럽에 주둔하고 있던 소련군과 군사적 균형을 맞추기 위하여 미국과 서유럽 등 북대서양 연안의 국가들이 만든 집단 방위 조약이었다.

터키는 국토의 3퍼센트 정도만이 유럽(그리스 인접 지역)에 속해 있고, 97퍼센트가 아시아 대륙 쪽에 있다. 따라서 지리적으로 북대서양과 거리가 먼 터키가 나토에 가입한다는 것은 상식적으로 좀 무리였고, 그래서 터키는 나토의 최대 세력인 미국에 매달렸다. 마침 1950년 한국전쟁이 터지자 미국은 터키에게 나토에 가입하는 것을 도와주는 조건으로 한국전쟁 파병을 요청했다. 터키는 미국의 조건에 즉시 응했고, 총 1만 4,936명을 한국전쟁에 파견했다. 터키군은 미국의 기대에 어긋나지 않게 성실히 전투에 임했고, 한국전쟁에서 전사 742명, 부상 2,147명, 실종 175명, 포로 346명의 희생을 감수했다. 이런 희생에 대한 당연한 대가로 터키는 1952년 2월 나토에 가입했다. 참전 16개국 중에서 참전한 군인의 수 대비 가장 많은 사상자를 낸 터키군의 희생정신은 한국 국민을 감동시켰으며, 오늘날까지 터키와 한국이 혈맹 관계를 유지하는 데 큰 영향을 미쳤다.

기업 차원의 목적함수

기업의 경영자는 서로 갈등을 일으킬 수 있는 다양한 목적함수를 가지고 경영하다가 기업을 망치는 수가 많다. 예를 들면, '기술 습득'은 기업의 경쟁력을 높이기 위한 목적함수의 하나이다. 그러나 기술을 습득하는 기간 중에는 단기적 이익 증대는 희생될 수 있다. 여기서는 이런 갈등 관계를 망각하고 두 가지 목적함수를 동시에 추구하다가 기업을 위기로 몰고 간 경우를 분석해보자.

1989년에 한국의 S중공업은 독일의 클뢰크너(Kloeckner) 사와 합작 법인 주식회사 SSK를 설립하고, 클뢰크너 사의 기술을 도입하여 고급 사출성형기(plastic injection machines)를 생산하기로 했다. 사출성형기는 플라스틱 원료를 용융하여 원하는 모양의 금형(金型, mould) 속에 고압으로 주입, 냉각, 응고시킨 후 금형을 열고 성형품을 뽑아내는 기계를 말한다. 사출성형기의 핵심 기술은 자동 전자 제어(automatic electronic control) 장치 속에 있으며, 이 사업에 진출하게 된 S중공업의 목적함수는 클뢰크너 사의 사출성형기 속에 체화되어 있는 제어 기술을 배워서 자사의 기술 역량을 첨단화하는 데 있었다.

플라스틱 컵이나 생활용품 수준의 물건을 찍어내는 용도의 사출성형기는 정밀도가 크게 문제되지 않는다. 그러나 정교한 제품에 들어가는

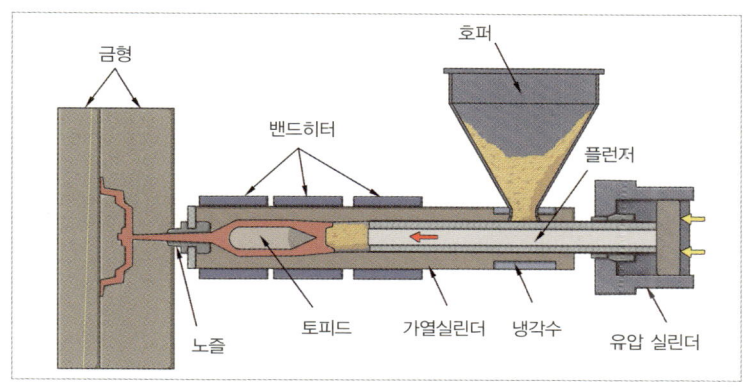

— 일반적 사출성형기

플라스틱 부품을 생산하려면 높은 정밀도의 사출성형기가 필요하다. 만약 사출되어 나오는 플라스틱 부품이 식으면서 10분의 1밀리미터 정도만 뒤틀리더라도 완제품의 조립 공정에 투입될 때 자동 조립 라인을 정지시키는 문제가 발생하기 때문이다.

정밀도를 요하는 플라스틱 부품을 성형해내는 사출성형기는 압력, 온도, 속도 등 상태변수(state variables)의 엄격한 통제하에 작동되어야 한다. 어떤 외부적 요인(예. 온도나 기압의 변화)에도 불구하고 사출성형기가 스스로 상태변수를 일정하게 유지할 수 있는 자동 제어 능력을 항상성(恒常性, homeostasis)이라고 부른다. 클뢰크너 사의 사출성형기는 '내부자동제어(closed-loop control system, CLCS)' 기술에 따른 우수한 항상성을 지니고 있었다. 정밀도가 낮은 사출성형기들은 '외부개입제어(open-loop control system, OLCS)' 방식을 따른다. 사람이 기계 옆에 서서 필요한 상태변수를 입력해주는 방식이다.

내부자동제어와 외부개입제어 방식 사이의 차이를 인간의 육체에 필요한 혈당량(blood glucose level) 조절 방식으로 설명해보자. 내부자동제어

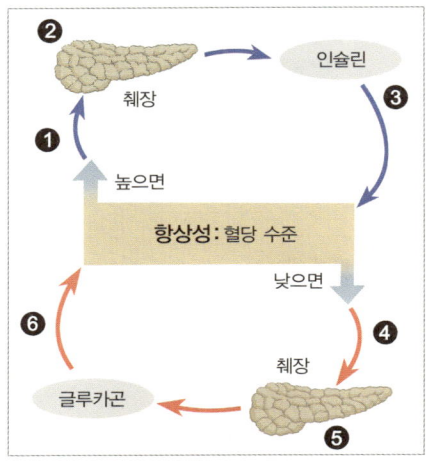

— 혈당량의 내부자동제어 개념도

는 인체 내부에 있는 센서(sensor), 즉 신경계(brain)가 체내의 혈당 수준을 측정해서 췌장(pancreas)으로 하여금 인슐린(insulin)을 분비케 하여 자동으로 혈당 수준을 제어하는 자연의 원리이다. 그러나 인체의 이러한 자동 조절 장치에 고장(예, 당뇨병)이 생겨 인슐린 조절이 자동으로 되지 않는다면, 외부에서 의사가 혈당치를 측정하고 주사를 통해 인슐린을 조절해야 한다. 이것이 외부개입제어 방식이다.

내부자동제어 기술을 장착한 사출성형기에서는 상태변수의 변동을 기계 속에 내장된 센서가 저절로 감지하여 그 오차를 스스로 교정함으로써 상태변수의 항상성을 유지한다. 항상성이 좋은 사출성형기는 제품의 불량률을 낮출 뿐 아니라, 기계 옆에 작업자가 붙어 있을 필요가 없으므로 인력 절감 효과가 크고, 자동화 효과로 인하여 단위 시간당 생산성도 높다.

SSK 사는 이러한 불량률 및 노동력 절감, 생산성 향상 등을 화폐 가치로 환산할 때 기존의 외부개입제어 사출기보다 클뢰크너 사의 사출기가 한 대당 최소한 3천만 원의 가치가 더 있다고 판단했다. 클뢰크너 본사와의 기술 이전 계획에 따라 SSK는 6명의 엔지니어를 독일에 파견, 사출기의 조립 기술을 습득하게 했다. 독일에 파견된 6명의 엔지니어들은 언어 및 문화 장벽과 싸워가며 각자 맡은 분야의 기술을 익혀야 했다.

독일의 기술 문화는 전통적인 도제제도(徒弟制度, Meister system)를 바탕으로 하고 있었다. 독일식 도제제도하에서 생산 현장의 주요 기술과 노하우는 마이스터(우두머리, 장인) 개인의 머리와 기능 속에 존재한다. 문헌이나 매뉴얼, 도면 등에는 기술의 기본적인 사항만 표시되어 있고, 생산 현장에서 필요한 세부 사항은 마이스터의 머리와 근육 속에 개인화되어 존재한다고 볼 수 있다. 그러므로 독일의 생산 기술은 외국 기술자들, 특히 언어와 사고 방식이 다른 외국인에게 이전하기에는 적합한 형태가 아니었다.

이런 문화적 어려움 속에서 SSK가 파견한 6명의 엔지니어들은 천신만고 끝에 조립 기술을 습득했다. 이렇게 조립 기술만이라도 습득하게 한 뒤 사출성형기 16대 분량의 부품을 독일로부터 수입하여 조립, 생산해보고 국산화가 가능한 부품부터 단계적으로 국내에서 조달하며 원가를 절감해 나간다는 것이 SSK의 계획이었다. 1991년 5월, 16대의 사출성형기를 조립할 부품이 독일로부터 SSK에 도착했고, 6명의 엔지니어들도 귀국하여 생산직 기능공들에게 독일에서 배워온 조립 방법을 가르치기 시작했다.

독일 클뢰크너 본사로부터 조립 기술자와 조립이 끝난 제품의 성능 테스트를 위한 기사 각각 1명이 SSK에 파견 나와 작업을 지시하면서 제품 생산을 시작했다. 그런데 독일에서 보내온 부품에 예상치 않았던 문제가 발생했다. 부품 중에는 빠진 것(결품)이 많았으며, 부품 리스트와 설명서, 조립 공정도, 배관도(配管圖) 등이 부실하거나 아예 없었다. 독일로 팩스를 보내고 독촉을 해도 회신이 없거나 답변이 불성실했다. 이는 독일의 도제제도, 즉 마이스터 문화 때문이다. 객관화된 문서상의 기록 제도(recording system)보다는 유능한 장인의 개인적 능력과 지시에 의존하는 독일식 기술 문화 속에서 분해(complete knock down, CKD) 생산을 위한 부품 리스트나 조립용 상세 도면(detailed blue prints)은 마이스터의 머릿속에는 있을지라도 실제 현장에는 없기 때문이다. 이런 차질이 계속 발생하면서 SSK는 사출성형기 생산 첫해인 1991년에 결국 11대를 조립하는 데 그쳤다.

SSK가 기대했던 '부품 국산화' 계획에도 문제가 생겼다. 부품을 국산화하려면 부품 제작에 필요한 상세 도면을 부품 업체에 넘겨줘야 하는데, 독일식 도면 작성법과 우리나라의 도면 작성법에는 차이가 있었다. 4천여 장에 이르는 도면을 우리나라 부품 업체들이 이해할 수 있도록 재작성하는 데 약 2년의 시간이 소요되었다. 어려운 문제는 생산된 제품의 판매에서도 나타났다. 기술자들은 일반적으로 자기가 익숙해 있는 기술에서 벗어나 새로운 기술을 접하길 겁내는 특성이 있다. 이 제품의 수요자인 사출성형업자들은 자기들이 종래 사용하고 있는 기술, 즉 외부개입제어 방식에 젖어 있는 사람들이다.

이런 사정상 새로운 기술 개념의 신제품을 판다는 것은 보통 힘든 일이 아니었다. 수요자가 납득하기 어려운 신기술을 설명하고, 신기술에 대해 수요자들이 가지는 두려움과 저항감을 단번에 해소시키기란 요원한 일이었다. 내부자동제어라는 새로운 기술 개념의 제품을 팔기 위해서는 영업사원들이 이 기술을 알고 있어야 가능했다. 하지만 기술영업사원을 육성하는 일은 시간을 요했고, 회사가 적자를 누적시키고 있는 현실에서 영업사원을 늘릴 재정적 형편도 못 되었기 때문에 판매 신장이 부진할 수밖에 없었다.

판매가 부진하다 보니 규모의 경제 역시 어려워져서 제품의 원가를 낮추는 일은 불가능에 가까웠다. 이러한 어려움 속에 노사분규까지 발생하였다. 국내 굴지 기업인 S중공업에서 전출되어온 사람들이 SSK에서 받는 보수는 (SSK의 적자 누적으로 인하여) S중공업 시절보다 낮을 수밖에 없었다. 이런 상황에서 SSK의 최고경영자는 회사의 누적 적자를 송구하게 생각한 나머지 모기업인 S중공업 회장실에 '추석 상여금 반납, 연말 상여금 반납' 같은 회사 경비 절감 운동 의지를 내비쳤다. '우리가 이익을 못 내어 회사 돈만 축내고 있는데 어떻게 명절 상여금을 받겠느냐, 우리의 각오를 회사 상층부에 보이자'는 것이 그의 생각이었다.

이런 생각은 생산직 근로자들의 마음속에 쌓인 불만을 누르고 강제 실행되었으며, 결국 노사분규로 이어져 생산성을 더욱 떨어뜨리는 결과를 가져왔다. 이처럼 어려운 상황에서 설상가상으로 독일 마르크(Mark)화의 환율 인상이 시작되었고, 독일에서 수입되는 부품 값이 상승하여 SSK의 사출성형기 생산비가 사업 계획 당시의 예상보다 2배 이상 올랐다.

SSK의 적자가 눈덩이처럼 불어나자 금융기관들도 더 이상의 금융 지원을 거부했다. S중공업 본사도 SSK의 장래성에 대해 회의를 보이기 시작하면서 결국 1994년 8월 SSK는 청산 절차를 밟게 되었다. 여기서 SSK 최고경영자 측이 통제할 수 있었는데도 그렇게 하지 못한 과실은 무엇이었나? S중공업이 사출성형기 사업에 진출한 목적함수는 이 사업을 통하여 첨단 전자 제어 기술을 습득하는 데 있었다. 고급 첨단 기술의 습득은 하루아침에 되는 것이 아니고, 장기최적(long-term optimization)을 추구하는 전략이다. 장기최적은 단기최적(short-term optimization)의 희생 혹은 양보하에서만 실현될 수 있다.

첨단 기술의 습득이라는 장기적 목표를 위해서는 초창기 적자라는 단기적 목표의 희생을 당연한 것으로 받아들여야 했다. S중공업은 한국에서 자금력이 가장 좋은 회사였으므로 초창기의 이익을 희생할 능력도 있었다. 그러나 사업 진출 시의 목적함수가 실종되었고, SSK의 최고경영자는 물론 S중공업의 회장실 역시 당장 눈앞의 손익에만 집착하면서 사업 본래의 목적함수를 잊어버리게 된 것이다. 목적함수가 흔들리면 합리적 의사 결정이 어렵게 되고, 따라서 경영상의 혼돈이 생겨 경영 실패에 이르게 된다는 점을 잘 보여준다.

인간이 아무리 훌륭한 수단매체(예, 재산, 지식, 재주)를 가지고 있어도 그것을 활용하여 어떤 가치를 창출할 목적함수가 빈약하다면 그 수단매체는 무용지물이 된다. 반대로 아무리 드높은 목적함수가 있어도 그것을 실현할 수단매체가 없다면 그 목적함수 역시 실현되지 못하고 무용지물이 된다. 따라서 인간이 어떤 일을 하려고 할 때 그 일의 성공을 위한 필요조건은 ① 목적함수를 정립하고, ② 그 목적함수에 가장 적합한 수단매체를 선택하는 것이다. 이는 목적함수와 수단매체 사이에는 그 적합성, 소위 궁합(宮合)이 중요하다는 의미이다. 영화 〈바람과 함께 사라지다〉의 제작 과정을 사례로 하여 이 문제를 분석해보자.

Case ▶ 목적함수에 적합한 수단매체의 선택

〈바람과 함께 사라지다〉는 1936년 발간된 마거릿 미첼(M. Mitchell)의 소설을 토대로 하여 1939년에 제작되었다. 이 영화는 1940년도 아카데미 작품상 9개 부문을 휩쓸었고, 제작한 지 36년 뒤인 1976년에 미국 NBC 텔레비전에 방영될 때 65퍼센트의 시청률을 기록했다. 1930년대 후반 400만 달러의 투자로 8억 5천만 달러의 흑자를 기록하여, 인플레이션을 고려할 때 영화계의 역사상 가장 수익성 높았던 영화의 하나로 꼽히고 있다.

영화가 나온 지 70년이 넘었지만 여전히 많은 사람의 기억 속에 살아 있고, 계속 사랑받는 명작으로 손꼽히고 있다. 무엇이 이 영화를 이렇게 성공적으로 만들었을까? 그 이유를 살펴보자.

1930년대는 아직 여성의 사회적 지위가 정당한 평가를 받지 못하던 시절이었다. 그래서 셰익스피어의 《햄릿(Hamlet)》에

———— 영화 〈바람과 함께 사라지다〉의 상징적 장면

나오는 대사, "약한 자여 그대의 이름은 여자이니라(Frailty, thy name is woman)"라는 구절이 예사롭게 회자되었다. 이런 시대적 상황에 항거하는 메시지를 던지기 위한 목적함수를 가지고 만들어진 영화가 바로 〈바람과 함께 사라지다〉이다. 이 영화는 약하기를 거부하는 강인한 여성, 의지와 욕망과 자존심이 너무나 강한 여성, 그래서 그것이 현실 속에서 받아들여지지 않자 좌절하고 흐느끼는 여성을 사실적으로 그려내는 것이 목표였다고 데이비드 젤즈닉(David O. Selznick) 제작자와 빅터 플레밍(Victor Fleming) 감독이 어느 텔레비전 인터뷰에서 말한 적이 있다.

이렇게 정립된 목적함수에 맞는 수단매체를 찾기 위한 노력이 시작됐다. 우선 주인공 역할로 적합한 인물, 즉 내면과 외면이 모두 강인하면서도 현실에 부딪혀 좌절하고 흐느끼는 역할에 맞는 여배우를 찾기가 쉽지 않았다. 물론 당시 할리우드에는 베티 데이비스(Betty Davis), 캐서린 헵번(Cathenne Hepburn) 등 뛰어난 여배우가 많았다. 그러나 이들을 불러서 스크린 테스트를 해본 결과 영화의 목적함수에 맞는 스타일이 아니었다. 그래서 고민하던 끝에 대서양 건너 영국까지 가서 비비안 리(Vivian Leigh)라는 적임자를 찾게 된다.

주인공 선정 다음, 목적함수에 맞는 수단매체로서 영화의 대본(script)이 문제였다. 이 영화는 소설을 영화화했기 때문에 소설 원본에 없는 대사는 새로 써야 했다. 당시 최고의 집필진을 고용했지만, 플레밍 감독은 이들이 써오는 대본이 영화의 목적함수에 적합하지 않다고 여겨 집어 던지면서, "피를 토하면

— 베티 데이비스(왼쪽), 캐서린 헵번(가운데) 등 할리우드 명배우들을 제치고 영국에서 캐스팅한 비비안 리(오른쪽, 다른 배우들이 불만을 토로한 고급 드레스를 입고 있다).

서 쓴 대본 좀 가져오시오" 하고 외쳤단다. 이렇게 고통스러운 과정을 거쳐서 얻어낸 대사 하나가 "하나님, 내 말을 잊지 마세요. 도둑질, 강도질, 살인을 해서라도 나는 결코 굶어죽지 않을 겁니다"였다. 이는 원본 소설에는 나오지도 않는 독백 대사였다.

영화의 목적함수에 맞는 수단매체를 찾기 위한 노력은 의상 선택에도 있었다. 영화 속 무도회에 참석하는 여성들이 입는 의상은 허리 부분이 가늘고 밑으로 내려오면서 넓어지는 원추형(圓錐形) 드레스였다. 그런데 이런 원추형 드레스에는 두 가지 모델이 있었다. 하나는 대나무 껍질로 원추를 만들어 드레스 속에 받치는 경제적 모델이었고, 다른 하나는 레이스(lace)를 겹겹으로 층층이 붙여서 장식한 속치마를 입어 드레스가 원추형이 되게 하는 고급 모델이었다. 제작진은 비비안 리에게 고급 드레스를 만들어 입혔다. 이에 주인공 역을 변방(영국)에 뺏겨서 화가 나 있던 할리우드 출신 조연 여배우들은 "카메라에 잡히지도 않는 속치마에 왜 저렇게 돈을 쓰는가?" 하고 불평을 했다. 그러자 플레밍 감독은 "밖에서는 보이지 않아도 옷을 입고 있는 본인은 심리적으로 자존감을 느낀다. 이 영화의 목표는 자존감이 강한 여성을 그려내는 데 있다"고 답했다.

의지와 욕망과 자존심이 너무 강해서 현실이 그것을 받아들여 주지 않자 좌절하고 흐느끼는 여성을 보여주는 것이 목적함수였던 제작진의 노력은 영화 제작 중 의사 결정에서도 드러났다. 당시 비비안 리와 열애 중이던 영국 배우 로렌스 올리비에(Lawrence Olivier)가 미국까지 찾아왔지만, 제작진은 그들의 만남을 허용하지 않았다. 당시 계약서에는 영화 촬영 중 주연 배우의 휴가나 외출은 제작진의 허가에 달려 있었다고 한다. 당시 기자들은 "영국에서까지 찾아온 연인과의 만남을 허락하지 않는 것은 너무 잔인한 일 아닌가?" 하고 물었다. 이에 영화 제작진은 "이 영화의 목표는 의지와 욕망이 좌절되어 흐느끼는 여성을 묘사하는 데 있다. 만나지 못하게 하는 것이 목표를 달성하는 데 도움이 되지 않겠는가?" 하고 반문했다고 한다. 이처럼 이 영화 제작진은 시대정신에 맞는 목적함수를 정립하고, 그 목적함수를 최대한으로 실현하기 위한 수단매체를 찾아내면서 불후의 명작을 탄생시킬 수 있었던 것이다.

여기서 우리나라 역사 속의 실패 케이스 하나를 살펴볼 필요가 있다. 우리나라 후고구려 시대의 정치가 궁예(弓裔)는 처음 정치적 목적함수 정립에는 성공했다. 당시 그는 도탄에 빠져 있던 백성들을 구제한다는 정치적 목적함수를 정립하고 '미륵 정치'라는 수단매체를 슬로건으로 내걸었다. 목적함수의 매력과 당시 후고구려에 번지고 있던 불교 사상이 결합하면서 궁예는 백성들의 희망이 되었고, 그의 정치 행진은 승승장구였다. 그러나 세월이 흐르면서 궁예는 포악해졌고, '미륵 정치'라는 그의 수단매체는 '중생 구제'라는 목적함수에서 멀어지고 말았다. 포악한 미륵은 중생 구제와 화합할 수 없었기 때문이다. 결국 궁예는 비극적 최후를 맞았다.

'미륵 정치'라는 수단매체가 '중생 구제'라는 정치적 목적함수에서 멀어지면서 실패한 궁예(가운데). 칠현산 칠장사(七長寺) 명부전 벽화에서.

자연도 목적함수를 가진다

물리학을 공부하면서 조서현은 자연이 목적함수를 가지고 행동한다는 사실을 발견한다. 그가 찾아낸 바에 따르면, 자연은 시간 최소화(minimization of time), 물자 최소화(minimization of raw materials), 그리고 에너지 최소화(minimization of energy)라는 목적함수를 가지고 행동한다. 이 사실을 구체적으로 살펴보자.

자연의 목적함수 1 – 시간 최소화 (가장 빨리)

빛이 공기 속을 지날 때의 속도는 물속에서의 속도보다 빠르다. 다음의 그림에서처럼 공기 중 A지점에 있는 빛(예, 촛불)이 물속에 있는 B지점을 비추려면, 즉 B지점까지 가려면 빛은 직선 코스를 벗어나 굴절한다. 이는 현명한(?) 자연이 속도가 빠른 공기 속의 경로를 더 많이 사용하고,

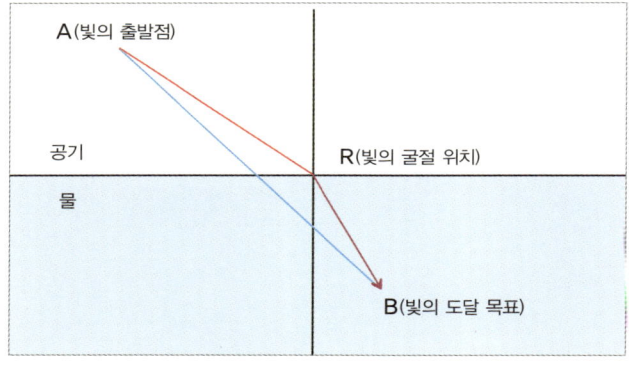

―― 빛은 목표 지점을 최단시간에 도달할 수 있도록 굴절한다.

속도가 느린 물속의 경로를 감소시키기 위한 노력의 결과이다. 이런 노력이 (중학교 교과서에 나오는) 스넬(Snell)의 굴절법칙으로 나타난 것이다.

물리학자들이 수학적으로 계산해낸 바에 따르면, 빛은 스넬의 법칙으로 굴절할 때 최소의 시간에 목표 지점에 도달한다. 이처럼 자연은 시간을 최소화하기 위한 목적함수를 가지고 행동한다고 말할 수 있다(수학적 증명은 〈부록〉 편 '부록3' 참조).

자연의 목적함수 2 – 물자 최소화(가장 적게)

자연은 물자의 소모(the use of materials)를 최소화하기 위해 노력한다. 비눗방울의 형태가 반드시 구(globe)인 것은 이 때문이다. 자연은 비눗방울 속에 갇혀 있는 공기를 최소의 표면적(surface)을 사용하여 둘러쌓기를 원한다. 아래 왼쪽 사진처럼 아무런 제약(예, 바람)이 없을 경우 비눗방울은 완전한 구가 되지만, 어떤 제약을 주면 그 제약의 한도 내에서 표면적을 최소화하기 위해 노력한다.

예를 들어보자. 아래 오른쪽 사진에서와 같이 2개의 윌둘레 사이에 비누 막(soap film)을 만들면, 자연이 선택하는 비누 막의 형태는 직선으로

— 바람 없는 날의 비눗방울(왼쪽)과 두 원형 사이에 형성된 비누 막(오른쪽)

둘러싸인 원통(cylinder)이 아니고, 가운데가 좀 안으로 들어간(곡선을 회전시킨) 원통이 된다. 그리스 시대부터 학자들은 이 신비로운 형태를 정확하게 알고 싶어 했으나, 수학적 도구의 미발달로 밝혀내지 못한 채 2천여 년의 세월이 흘렀다.

17세기에 이르러 미적분학(differential & integral calculus)이 개발되면서 이 곡면의 형태를 수학적으로 기술하는 것이 가능해졌다. 그 결과 자연은 위와 아래 2개의 원둘레 사이에 만들어질 수 있는 여러 가지 형태 중에서 표면적을 최소화할(비눗물의 사용량을 가장 적게) 수 있는 비누 막을 만들어낸다는 사실을 발견했다. 수학에서는 이런 형태를 '카테노이드(catenoid)'라고 부른다.

자연의 목적함수 3 - 에너지 최소화(가장 낮게)

시시포스(Sisyphus)의 신화에 나오는 이야기처럼 돌을 산 위로 굴려 올리면 돌은 결국 스스로 굴러 내려온다. 높은 곳에 있는 물질은 흐르는 물처럼 계속 아래로 내려와 위치에너지(potential energy)를 최소화하려고 노력한다. 이는 자연이 에너지를 최소화하려는 목적함수를 가지기 때문이다. 자연은 자기가 보유하고 있는 에너지를 가능한 한 모두 발산하여 에너지가 최소화된 상태에서 안정(stability)을 찾으려고 노력한다.

자연이 가지고 있는 이런 목적함수 때문에 나타나는 현상의 하나가 현수선(懸垂線, catenary)이다. 현

현수선의 원리를 활용한 현수교인 샌프란시스코의 금문교

수선이란 밀도가 균일한 끈의 양쪽을 손으로 잡고 늘어뜨릴 때 자연적으로 생성되는 끈의 모양을 말한다. 17세기 이후 수학의 발전으로 현수선의 정확한 형태가 수학적으로 알려졌다. 현수선은 자연의 선택이므로 가장 안정적이고 지속 가능한(sustainable) 형태의 하나이다.

가장 자연적인 것이 가장 경제적이다

에너지 최소화 상태에 도달한 자연물은 가장 안정적이고 가장 지속 가능하므로, 장기적 차원에서 가장 경제적인 것이 된다. 그래서 인간은 현수선을 활용하여 현수교(懸垂橋, suspension bridge)를 만들었다. 현수교는 신축성이 작고 강력한 빔(beam)으로 만든 현수선에서 다시 수직으로 빔을 내려 교량의 상판을 견인하도록 만든 다리이다.

이처럼 자연의 지혜를 배우려는 인간이 만들어낸 또 다른 제품으로 냉각탑(cooling tower)이 있다. 원자력 발전소에서 직경이 큰 냉각탑을 만들어야 할 때 인간은 그 형태를 상단의 작은 원둘레와 하단의 큰 원둘레 사이에 만들어지는 비누 막 모양, 즉 안정성이 가장 크고 제작에 소요되는 물자를 최대한 절약할 수 있는 카테노이드 형태를 채택한다.

―― 안전성과 경제성을 최대화한 형태인 냉각탑

Intro

인간은 유한한 자원(예, 물자와 에너지) 속에서 유한한 시간(예, 자기에게 주어진 수명) 속을 살아가는 생명체이다. 따라서 자원과 시간을 코스트(cost)라는 개념으로 묶으면, '코스트 최소화(minimization of cost)'는 인간이 추구해야 할 가장 중요한 목적함수의 하나가 될 것이다. 앞 장에서 살펴본 바와 같이 자연도 목적함수를 가지고 있으며, 자연이 추구하는 목적함수는 시간과 물자와 에너지의 최소화이다. 이런 맥락에서 코스트 최소화 목적함수는 자연의 섭리에 순응하는 길이기도 하다. 우리는 이번 장에서 코스트 최소화를 연구하면서 단기최적과 장기최적, 부분최적과 전체최적 등 놀라운 진리와 만나게 된다. 이것은 7장에서 코스트 최소화의 피안(彼岸)이라 부를 수 있는 이익 최대화 목적함수의 연구로 이어진다.

6장 코스트 최소화 목적함수

　코스트 최소화 문제는 자원 절약 문제와 연결되면서 유한한 자원 속에서 살아가야 하는 인간에게 영원히 중요한 과제로 남을 것이다. 그러나 실제 삶의 현장에서 코스트를 최소화한다는 것이 구체적으로 어떤 노력을 의미하는지, 즉 코스트 최소화의 실천적 방법론을 찾는 일은 쉬운 과제가 아니다. 영국 작가 찰스 디킨스(Charles Dickens)의 작품에 나오는 스크루지(Scrooge)처럼 구두쇠 노릇을 한다고 코스트가 최소화되는 것도 아니기 때문이다.

　코스트 최소화가 어려운 것은 단기적 관점에서 추구한 코스트 최소화가 장기적 관점에서는 코스트 상승 요인이 될 수도 있고, '나' 혼자의 입장에서 선택한 코스트 최소화가 내가 속한 '조직' 전체의 관점에서는 반대의 결과로 나타날 수도 있기 때문이다. 그러면 코스트 최소화 노력이 실제 삶의 현장에서 야기(惹起)하는 이런 문제를 구체적으로 연구하자. 연

───── 영국의 문호 찰스 디킨스와 그의 작품 《크리스마스 캐럴》에 나오는 주인공 스크루지. 그는 구두쇠로 살다가 먼저 죽은 자기의 동업자 말리의 유령을 만난 후 구두쇠 생활을 청산한다.

구의 방법론으로는 '문제 기반 학습법(problem-based learning, PBL)'을 활용한다. PBL은 20세기 후반 미국 캐나다 등 북미 대륙을 중심으로 의학, 법학, 경영학 등 실천적 학문 분야에서 개발된 학습법이다. 현실을 반영하는 문제를 선정하여 그것을 풀어가는 과정에서 진리를 발견하는 학습법이다. 필자는 '아사달 생수 회사'라는 이름으로 덧셈(+)과 뺄셈(−)만으로 풀 수 있는 PBL 문제를 만들어 여기서 활용한다.

문제 – '아사달 생수 회사'의 코스트 최소화

아사달 생수 회사는 A, B, C의 세 물류창고로부터 W, X, Y, Z의 네 소비지로 생수를 운송한다. 어느 날 세 창고의 재고량과 네 소비지의 수요량, 그리고 각 창고로부터 각 소비지로 생수 한 트럭을 운송하는 데 드는 운송 코스트 등이 〈표1〉과 같이 주어졌다고 하자. 아사달 생수 회사의 목적함수는 운송 코스트를 최소화하는 데 있다. 이 목적함수를 실현하기 위한 아사달 기업의 운송 방법은 무엇일지 연구해보자.

	소비지 W	소비지 X	소비지 Y	소비지 Z	재고량
창고 A	19만 원	30만 원	50만 원	10만 원	7트럭
창고 B	70만 원	30만 원	40만 원	60만 원	9트럭
창고 C	40만 원	8만 원	70만 원	20만 원	18트럭
수요량	5트럭	8트럭	7트럭	14트럭	34트럭

표1 창고별 재고량, 소비지별 수요량, 창고와 수요지 간 운송 단가

〈표1〉을 예로 들어 설명해보면, 창고A로부터 소비지W로 생수 한 트럭을 운송하자면 19만 원의 코스트가 든다는 뜻이고, 이렇게 세 지역에 분산되어 있는 창고로부터 네 지역의 소비지로 물자를 수송하는 평범한 문제이다. 그러나 아무리 머리가 좋은 사람도 '특수한 지적 수단매체' 없이는 이 문제를 풀 수 없을 것이다. 여기서 우리의 목표는 그 지적 수단매체를 연구하는 데 있다.

문제 해결에 필요한 패러다임

위 문제를 풀기 위해서는 패러다임이 필요하다. 패러다임은 영어 용어로서 우리나라에서는 번역하지 않고 그대로 쓰고 있지만, 우리말로 번역하자면 '생각의 틀'이라고 해야 할 것 같다. 즉 문제를 해결하기 위한 절차와 방법론을 말한다. 그러나 인간이 처음 생각해낸 패러다임에는 하자(瑕疵)가 있을 수 있다. 문제를 풀어가는 과정에서 이런 하자가 발견되면 패러다임은 개선되어야 한다. 이런 개선을 패러다임 시프트(paradigm shift)라고 부른다.

그러면 〈표1〉의 문제를 풀기 위한 첫 패러다임을 생각해보자. 어떤 목적함수를 달성하기 위한 문제를 풀 때의 패러다임은 목적함수와의 관계에서 생각해야 한다. 〈표1〉 문제의 목적함수는 운송 코스트의 최소화(minimizing the total transport costs)이므로, 첫 패러다임은 운송 단위당(즉 우리 문제에서는 트럭 1대당) 운송 코스트가 가장 싼 대안(alternative)을 최대한 활용하는 방법이다. 우리의 첫 패러다임을 '최소 코스트를 최대한 활용하자'로 표현해 보자.

패러다임1 – 최소 코스트를 최대한 활용하자

앞의 〈표1〉에서 최소 코스트를 가진 칸(운송)은 8만 원(창고C → 소비지X)이므로, 소비지X의 수요량(8트럭) 모두를 창고C에서 보내주기로 하자. 이 답을 다음 〈표2〉의 '창고C → 소비지X' 칸에 '8트럭'을 적어 넣은 뒤, 수요량을 모두 충족한 '소비지X' 열(column)을 〈표1〉에서 지워버리고, 창고C에 남아 있는 재고량을 10(18-8)으로 바꿔 적어 넣는다. 이 표가 〈부록4〉에 나와 있는 〈표4-1〉이다. 〈표4-1〉을 편의상 여기에 옮겨 적어보면 아래와 같다.

	소비지 W	소비지 Y	소비지 Z	재고량
창고 A	19만 원	50만 원	10만 원	7트럭
창고 B	70만 원	40만 원	60만 원	9트럭
창고 C	40만 원	70만 원	20만 원	10트럭
수요량	5트럭	7트럭	14트럭	26트럭

〈부록4〉의 표 4-1

이제 〈표4-1〉에서 가장 싼 단가를 찾아보면, 10만 원(창고A → 소비지Z)이다. 소비지Z의 수요는 14트럭이지만 창고A의 재고가 7트럭밖에 안 된다. 그러므로 창고A의 재고량 7트럭을 모두 소비지Z로 보내줘야 한다. 이 결과를 〈표2〉의 '창고A → 소비지Z' 칸에 '7트럭'으로 적어 넣는다. 다음에는 〈표4-1〉에서 창고A 행을 지우고(더 이상 재고가 없으므로), 소비지Z의 수요량을 7트럭(14-7)으로 업데이트해 적어 넣는다(부록의 〈표4-2〉 참조). 이렇게 얻어진 〈표4-2〉에서 가장 싼 단가는 20만 원(창고C → 소비지Z)이고, 소비지Z에 (업데이트된 후) 남아 있는 수요량은 7트럭이다. 이 수요량을 창고C에서 채울 수 있다. 이런 방법을 〈부록4〉에서와 같이 계속해나가면 최종적으로 아래 〈표2〉가 완성된다.

〈표2〉의 총 운송 코스트를 합산해보면 814만 원이 된다.[30] 이렇게 〈표2〉

	소비지 W	소비지 X	소비지 Y	소비지 Z	재고량
창고 A				7트럭	7트럭
창고 B	2트럭		7트럭		9트럭
창고 C	3트럭	8트럭		7트럭	18트럭
수요량	5트럭	8트럭	7트럭	14트럭	34트럭

표2 가장 싼 단가를 최대한 활용하여 얻은 답

의 답을 얻으면 인간은 두 갈래 길 위에 놓이게 된다. 하나는 '가장 싼 코스트를 최대한 활용하는 패러다임'을 통해 얻은 답이므로 〈표2〉를 믿고

[30] 총 수송비=10만 원×7트럭+7만 원×2트럭+⋯20만 원×7트럭=814만 원.

따르는 것이고, 다른 하나는 철학자 데카르트(René Descartes, 1596~1650)의 가르침에 따라 〈표2〉를 의심하는 것이다.

데카르트의 가르침

"나는 생각한다, 고로 나는 존재한다"[31]는 데카르트의 말은 당시의 시대적 배경 위에서 이해해야 한다. 당시 유럽의 교회들은 종교적 비리(예, 면죄부 판매)를 저지르면서 시민들에게 무조건적 수용(受容)을 요구하고 있었고, 이런 폐단으로 인하여 종교개혁 운동(1517~1648)까지 일어났다. 이런 시대적 배경에서 '생각하는(예, 면죄부를 구입하면 죄가 지워질까?) 인간'이 되기를 주장한 것이 데카르트 철학이다. 교부들의 가르침이라도 무조건 수용하지 말고 생각하라는 의미이다. 자신의 생각과 행동 등에 관해서도 '더 이상 의심의 여지가 없을 때까지' 생각함으로써 참된 삶에 이를 수 있다는 것이 데카르트의 가르침이다. 우리도 이 가르침에 따라 〈표2〉가 진정 훌륭한 답인가 생각해보자.

진리의 발견1- 앞의 선택이 뒤의 선택을 제약한다

〈표2〉를 잘 살펴보면 우리는 중대한 과오를 범했음을 알 수 있다. 〈표2〉에 따르면, 창고B에 있는 재고를 소비지W로 2트럭 운송하게 되어 있는데, 이 운송 코스트는 1트럭당 70만 원이고, 이는 〈표1〉에서 가장 비싼

---

[31] 영어로 "I think, therefore I am", 라틴어로 "Cogito ergo sum".

코스트이다. 왜 이런 어리석음을 범했을까? 그 이유는 간단하다. 앞의 선택이 뒤의 선택을 제약했기 때문이다.

예를 들면 우리는 제2의 싼 단가 10만 원(창고A → 소비지Z)을 최대한 활용하기 위해 창고A에 있는 물량을 모두 소비지Z로 보냈고, 그래서 아주 좋은 단가 19만 원(창고A → 소비지W)의 사용 기회를 유실(流失)했다. 이처럼 앞의 선택이 뒤의 선택을 제약하면서 급기야는 '창고B → 소비지W' 같은 최악의 코스트(70만 원)까지도 활용해야 하는 강제된 상황에 봉착하게 된 것이다. '앞의 선택이 뒤의 선택을 제약한다'는 명제는 비단 아사달 생수 회사 문제를 초월하여 보편타당하게 성립할 수 있는 진리이며, 인생과 기업의 경영에서 중용(重用)해야 할 법칙이다. 지난 20세기 말 전 세계 인류가 경험한 사례를 가지고 생각해보자.

Case ▶ 앞의 선택이 뒤의 선택을 강요한 Y2K 문제

1999년을 보내면서 2000년을 맞기 직전 전 세계는 소위 'Y2K(Year 2000)'라 불리는 문제로 고민했다. Y2K 문제는 네(4) 자리 숫자의 연도(年度) 표기를 컴퓨터에 입력할 때 끝의 두(2) 자리만 사용하는 '앞의 선택'에서 비롯한다. 이 선택은 네 자리 숫자 대신 끝의 두 자리 숫자만 입력하는 것이 더 편리하고 시간적으로 절약되었기 때문에 선호되었다. 그러나 2000년이 되면 끝의 두 자리 숫자가 '00'이 되기 때문에 컴퓨터가 오작동을 일으켜 정지할 경우 대혼란이 오지 않겠느냐는 위기의식이 'Y2K' 문제였다.

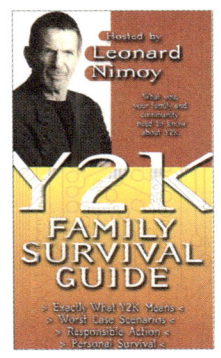

―― Y2K 문제 해결을 지시한 자료

Y2K 문제는 2000년이 지나고 보니 별로 큰 문제가 아니었다고 말할 수 있다. 하지만 2000년 직전에는 이 문제를 미리 해결하기 위해 큰돈을 쓰며 걱정하는 정부와 공공기관, 기업이 실제로 많았다. 미국 정부까지도 민간기구 'Y2K 문제 해결을 돕기 위한 대통령 자문 위원회(President's Council On Year 2000 Conversion)'를 만들 정도였다.[32] '앞의 선택'이 불필요한 문제 해결에 돈과 노력을 써야 하는 '뒤의 선택'을 강요한 셈이다.

진리의 발견2-단기최적은 장기최적을 훼손한다

지금 당장을 위한 단기적 관점에서 가장 좋아 보이는 의사 결정을 '단기최적'이라고 부르자. 아사달 문제의 경우, 순차적으로 가장 싼 코스트(예, 8만 원, 10만 원 등)를 최대한 활용하는 방법은 단기최적 패러다임이다. 그러나 우리는 이 방법으로 문제를 풀어가다가 뒤에 가서는 가장 비싼 코스트(예, 70만 원)를 사용하지 않을 수 없는 강제된 상황에 봉착했다. 장기적 관점에서 가장 좋은 해를 장기최적이라고 부른다면 단기최적을 선호하는 패러다임이 장기최적을 훼손한 것이다. 일반적으로 인간은 먼 훗날까지 생각하는 관점에서 최적인 해보다, 현재 당장을 위해서 최적인 해를 더 선호하는 경향이 있다. 이와 관련된 문제를 살펴보자.

---

[32] White House shifts Y2K focus to states, CNN(Feb.23,1999).

Case ▶ 숲의 파괴와 사막화

식물의 나뭇잎 뒷면 혹은 어린 줄기 위에 존재하며, 현미경으로만 볼 수 있을 정도의 작은 구멍들을 '기공(氣孔, stomata)'이라 부른다. 식물은 기공을 통하여 광합성에 필요한 탄산가스를 흡입하고 광합성의 결과 발생한 산소를 방출한다. 그뿐 아니라 식물은 뿌리에서 빨아올린 물을 기공을 통해서 수증기 상태로 배출하는데, 식물학자들은 이를 증산작용(蒸散作用, transpiration)이라고 부른다. 식물학계의 연구 보고에 따르면, 성년(成年)이 된 보통 크기의 나무 한 그루는 여름철 하루 동안에 수 톤(tons)의 물을 배출한다.[33] 나무가 아닌 해바라기 한 그루도 여름철 하루 동안 약 1킬로그램의 물을 수증기 형태로 배출한다고 하니 우리의 상식을 초월하는 놀라운 양이다.

이처럼 식물은 뿌리에서 물을 빨아올려 증산작용을 통해 공기 속으로 방출하는데, 땅속에 스며든 빗물을 순환시켜 그것이 다시 비가 되어 내리게 하는 것이다. 비가 많이 와서 땅속에 물이 많으면 식물은 기공을 크게 열어 더 많은 수분을 증산하고, 땅이 건조하면 기공을 작게 하여 증산하는 물의 양을 줄인다. 식물이 물을 증산하는 과정에는

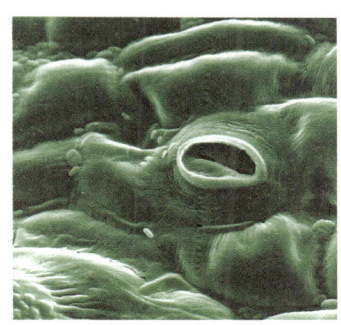

―― 전자현미경으로 찍은 토마토 잎의 기공[34]

물의 기화열(氣化熱, enthalpy of vaporization)이 필요하고, 이 열을 주위에서 흡수해야 한다.[35] 숲이 있는 곳이 여름철에 시원한 이유가 여기에 있다.

---

[33] Martin, J.;Leonard, W.;Stamp, D. (1976), Principles of Field Crop Production (Third Edition), New York:Macmillan Publishing Co., Inc., ISBN0-02-376720-0.

[34] Stomata in a tomato leaf shown via colorized scanning electron microscope(출처 : 위키피디아).

[35] 1기압, 25℃에서 물의 기화열은 44.0kJ/mol이다.

숲은 이렇게 기후의 순화(醇化) 작용에도 큰 몫을 한다. 그러나 근시적 안목의 이익에 집착하는 사람들은 숲을 베어내고 그 자리를 농지나 산업용지로 만드는 단기최적 의사 결정을 즐겨 한다. 이는 내일(tomorrow), 즉 장기적 차원에서 본 숲의 혜택보다 단기적으로 거둘 수 있는 소득이 더 중요하다고 생각하는 패러다임 때문이다. 그러나 숲의 소멸로 증산작용이 사라지면 그 일대는 사막화되어 장기최적이 파괴되는 결과를 맞이하게 된다.

패러다임 전환

사람과 기업은 영구히 자손 대대로 이어져야 하는 존재(going concern)인 만큼 장기최적은 필수적이다. 단기최적만 추구하는 개인 혹은 조직은 잠시 흥하는 듯하다가 세월이 흐르면서 결국 장기적 경쟁력을 잃고 사라질 수밖에 없다. 장기최적을 위한 의사결정을 내리려면 먼 미래를 볼 수 있는 능력이 필요하지만, 미래를 제대로 예측할 수 있는 인간의 능력은 한정되어 있다는 점이 문제다. 이런 인간 굴레(human bondage)에서 탈출하기 위한 방법의 하나가 패러다임 전환(paradigm shift)이다.

패러다임 전환이란 처음 선택한 제1의 패러다임에 문제가 있다는 사실이 발견될 경우, 그 문제를 해결할 수 있는 제2의 새로운 패러다임으로 전환하는 것을 의미한다. 패러다임 전환은 만족스러운 패러다임을 발견할 때까지 계속되어야 한다. 결국 인간의 지혜는 패러다임 전환에 의하여 발전하는 것 같다. 이 사실을 역사적 케이스 속에서 살펴보자.

Case ▶ 미국 역사 속 국유지 배정 패러다임의 진화

미국이 처음 동부 13개 주에서 시작하여 서부(Western Frontiers)를 개척해 나가는 과정에서 미 의회는 국유지였던 오클라호마(Oklahoma) 지역의 땅을 160에이커(acres)[36] 단위로 분할, 이들을 사유화하기로 결정했다. 자유를 찾아서 온 사람들이 건국한 나라답게 이 사유화를 실행에 옮기기 위해 선택한 방법은 '자유 경쟁 패러다임'이었다. 즉 1889년 4월 22일을 기해 땅을 원하는 사람들을 지정된 장소에 모이도록 한 뒤, 낮 12시 정각 신호에 따라 달려가서 자기가 원하는 땅(160에이커로 분할된 어느 구역)만큼 말뚝(stake)을 박아 자기 점유로 하는 방식이었다.

이 방식을 '오클라호마 랜드 러시(Oklahoma Land Rush)'라고 부르는데, 약 5만 명이 참가한 첫 행사의 결과는 실망으로 가득 찼다. 열심히 달려가서 말뚝을 박은 사람과 같은 구역의 언덕 너머에 말뚝을 박은 다른 사람 사이에 폭력 투쟁이 일어나곤 했다. 또한 조사 결과 약 90퍼센트의 땅이 정당하지 못하게 미리 와서 말뚝을 박아놓은 사람들(일찍 온 사람들이라는 뜻의 'the Sooners'라고 불리는 사람들)의 것이 되어 있었다.

자유경쟁 패러다임의 결과가 이렇게 부정과 폭력 등을 동반한 실망으로 나타

──────── 1889년 오클라호마 랜드 러시 : 자기 땅을 점유하기 위한 욕망의 질주(왼쪽). 1901년에 실시된 거주민 추첨 모습(오른쪽)

[36] 1에이커는 1224.2평, 그러므로 160에이커는 19만 5,872평(160×1224.2=195,872)이다.

―― 1905년 실시된 토지 경매 모습

나자 미국 정부는 새로운 방식을 모색하게 되었고, 10여 년간 연구 끝에 탄생한 제2의 패러다임으로 나타난 것이 '추첨(lottery)' 방식이었다. 이 방식은 1901년 키오와 컨트리(Kiowa country, Oklahoma)에서 처음 실시되었고, 토지를 분양받은 사람들은 그곳에 거주하며 토지를 개척하여 수확해야 한다는 조건이 첨부되었다. 이와 같은 '추첨 행사'에 의해 약 16만 5천 명에 달하는 거주 개척민(homesteaders)이 결정되었다.

그러나 제2의 패러다임은 도덕적 차원에서 문제점을 드러내기 시작했다. 추첨 패러다임으로 결정된 16만 5천 명 당첨자들 중 절대 다수가 투기 목적 참가자(speculators)였다. 이들은 남의 이름까지 도용한 허위 신청자를 만들어 당첨 확률을 높이면서 실수요자를 밀어냈다. 밀려난 실수요자들은 이들 투기꾼들로부터 비싼 가격에 토지를 구입해야 했고, 이렇게 비생산적인 과정이 계속되는 동안 토지 개간도 그만큼 늦어져 프런티어 경제 발전이 지연된다는 점이 문제였다.

그래서 진정한 실수요자를 가려낼 수 있는 '제3의 패러다임'이 다시 고안되어야 했다. 그 결과 탄생한 것이 1905년 5월 15일에 처음 실시된 '경매(auction off)' 방식이다. 제3의 패러다임이라 할 수 있는 경매 방식은 제1, 제2 패러다임의 약점을 극복하는 데 성공했다. 그 결과 지금도 공공재(예, 이동통신 업자들에게 주파수 할당)를 사유화하는 경우 많이 채용되고 있다.

패러다임2 – 기회 손실 코스트 개념의 도입

 '생각의 틀 전환' 문제를 아사달 생수 회사 문제 해결에 적용해보자. '최소의 코스트를 최대한 활용'하는 패러다임(패러다임1)으로 풀어낸 아사달 기업 문제의 해(〈표2〉)가 잘못된 이유는 무엇일까? 앞의 〈표2〉를 보면 아주 우수한 단가인 19만 원(창고A → 소비지W) 운송 코스의 활용이 첫 패러다임에 의한 해에 포함되지 않았다. 이유는 그것이 그 행(창고A에서 모든 소비지로의 수송)의 최우수 단가 10만 원(창고A → 소비지Z)에 밀려났기 때문이다. 다시 말하면 10만 원 코스트를 최대한 활용하기 위해 19만 원짜리 코스트를 사용할 기회를 날린 것이다.

 패러다임1은 기회 손실을 생각하지 않았다. 따라서 이런 과오를 극복하기 위한 제2의 패러다임은 무엇이 되어야 할까를 생각해내야 한다. 그것은 어느 대안을 선택할 때 그로 인해 나타나는 기회 손실까지 고려하는 패러다임이 되어야 할 것이다. 기회 손실 코스트를 간단히 줄여서 '기회 코스트(opportunity cost)'라 부르고, 이에 대해 구체적으로 생각해보자.

Case ▶ 가야금 명인 황병기 선생의 기회 코스트

 가야금 명인 황병기 선생은 중학생 때부터 국립국악원을 찾아가 가야금을 배우기 시작했다. 집안 어른들이 반대하자 부모님이 원하는 법대에 진학한다는 조건으로 국악 공부를 허락받았다. 그는 서울대 법대 2학년 때 KBS 방송이 주최한 전국국악경연대회에 나가 1등을 하면서 국악계의 주목을 받기 시작했고, 4학년 졸업을 앞두고 서울대 음대 현제명 학장으로부터 제안을 받았다. 1959년 서울대 음대에 우리나라 최초로 신설되는 국악과에 강사로 나와 달라는 제안이었다. 당시 황병기 선생은 자격도 없고 시간도 없다고 사양했다. 그러나 현제명 학장은 "법관이 되려는 사람은 삼태기에 담고도 남을 만큼 많다. 그러나 우리나라의 국악계는 지금 황무지나 다름없고, 이제야 우리나라 최초의 국악과가 신설되는데 국악을 제대로 가르칠 만한 사람을 찾을 수가 없다"고 한탄했다. 결국 황병기 선생은 법대를 졸업한 뒤 서울대 음대 강사가 되었다.

이후 황병기 선생은 어느 작곡가로부터 가야금과 서양 오케스트라의 협주곡을 작곡해 달라는 부탁을 받았고, 그가 작곡한 곡이 국립극장에서 〈가야금과 오케스트라를 위한 주제와 변주곡〉이라는 타이틀로 초연되면서 "국악과 양악의 악수"라는 표현으로 신문 문화면에 실렸다.

황병기 선생은 1974년 이화여자대학교 음대에 국악과가 신설되면서 부교수로 국악과장을 맡아 본격적인 음악가의 길을 걸었다. 이후 그는 가야금곡의 작곡과 함께 국내외에서 많은 연주회를 가지며, 한국의 국악계를 대표하는 세계 속의 명인으로 성장해갔다. 여기서 기회 코스트 개념을 생각해보자. 만약 그가 1959년 법대를 졸업하면서 법학도의 길을 갔다면 판사나 검사가 될 수는 있었을지언정, '오늘의 국악인 황병기'는 존재할 수 없었을 것이다. 그가 법학이 아니라 국악의 길을 택하고, 가야금 신곡을 작곡하여 발표하면서 국내외로 국악을 공연하는 '국악인 황병기'가 된 것은 그 자신이 판사 혹은 변호사 같은 법조인의 길을 포기했기 때문에 가능했다. 이것이 국악인 황병기 선생의 기회 코스트인 것이다.

법조인이 되면서 가야금을 취미로 할 수도 있었겠지만, 그렇게 되면 그것은 어디까지나 취미생활로 하는 아마추어 국악인일 뿐, 오늘과 같은 황병기는 될 수 없다. 이런 의미에서 모든 선택은 그로 인한 포기를 동반해야 하고, 그 포기는 기회 코스트가 될 수밖에 없다. 5장에서 튤립이 된 동화 속 소녀는 기회 코스트를 몰라서 모두를 잃은 것이다.

운송 문제에 기회 코스트 도입

그러면 아사달 기업 문제에서 기회 손실 코스트를 최소화하기 위한 패러다임은 구체적으로 무엇인가? 그것은 최선의 대안(the best alternative)과 차선(제2)의 대안 사이의 '차이(distance)'가 가장 큰 최선의 대안을 먼저 사용하는 것이 될 것이다. 그래야 최선의 대안을 선택할 때 차선의 대안을 선택하지 못한 기회 손실이 최소화되기 때문이다. 아사달 기업 문제에서 각 창고별, 소비지별로 이 차이를 계산해보면 다음과 같은 〈표3〉이 얻어진다.

	소비지 W	소비지 X	소비지 Y	소비지 Z	차이	재고량
창고 A	19만 원	30만 원	50만 원	10만 원	19-10=9	7트럭
창고 B	70만 원	30만 원	40만 원	60만 원	40-30=10	9트럭
창고 C	40만 원	8만 원	70만 원	20만 원	20-8=12	18트럭
차이	40-19=21	30-8=22	50-40=10	20-10=10		
수요량	5트럭	8트럭	7트럭	14트럭		34트럭

표 3 창고별, 소비지별로 가장 싼 코스트와 그 다음 싼 코스트 사이의 차이

〈표3〉에 따르면 소비지X의 최선 코스트 8만 원과 차선 코스트 30만 원 사이의 차이가 '22만 원'으로서 가장 크다.[37] 따라서 소비지X의 수요는 창고C에서 모두 충당한다. 그러면 소비지X는 수요를 모두 충당하여 더 이상 고려할 필요가 없으므로 〈표3〉에서 지워버린다. 나머지 〈표3〉에서 가장 큰 차이는 소비지W의 '21'이므로, 소비지W의 최소 코스트(19만

---

[37] 이 계산을 계속하여 만든 표가 〈부록〉편 부록5에 수록되어 있다.

원)를 최대한 활용하기 위해 소비지W의 수요(5트럭)는 모두 창고A에서 가져온다. 이런 풀이 과정이 〈부록〉편의 '부록5'에 나와 있다. '부록5'에서 얻은 해를 정리하면 아래 〈표4〉와 같다.

	소비지 W	소비지 X	소비지 Y	소비지 Z	재고량
창고 A	5트럭			2트럭	7트럭
창고 B			7트럭	2트럭	9트럭
창고 C		8트럭		10트럭	18트럭
수요량	5트럭	8트럭	7트럭	14트럭	34트럭

표 4 기회 코스트를 최소화하는 패러다임을 통해 얻은 해

〈표4〉의 운송량에 〈표1〉의 운송 단가를 곱하여 총 운송 코스트를 합산해보면 779만 원이 나온다.[38] (순차적으로 가장 싼 코스트를 최대한 활용하는) 패러다임1로 얻은 〈표2〉의 총 운송비 814만 원에 비해 기회 손실 코스트 개념을 도입한 〈표4〉의 해는 35만 원(814-779만 원) 절감된 것이다. 이는 다른 투자 없이도 패러다임 전환이라는 지적 수단매체의 수준이 높아졌기 때문에 얻어진 경영 개선의 결과이다.

그러나 〈표4〉를 창출한 패러다임2를 면밀히 반성해보면, 이 방법은 최선(제1)의 대안과 차선(제2)의 대안 사이의 거리(difference)만을 계산에 넣었을 뿐 제3, 제4 등의 대안들은 무시하고 해를 구한 것이다. 따라서 이렇게 무시당한 대안들 중에 더 좋은 해를 창출할 능력을 가진 것들이 존재할

[38] 총 수송비=19만 원×5트럭+10만 원×2트럭+ … +20만 원×10트럭=779만 원.

가능성도 있다. 그래서 우리는 〈표4〉에서 운송이 없는 칸(여, 창고B → 소비지 X) 모두에 운송 기회를 주는 제3의 패러다임을 실험해보아야 한다.

패러다임3 – 모든 대안에 균등한 기회를 주는 시도

〈표4〉의 빈칸들 중 어느 하나, 예컨대 현재는 운송되지 않고 있지만 운송 단가 30만 원인 '창고B → 소비지X' 칸에 만약 1트럭 운송을 가정한다면 (이 칸에서의 운송비는 30만 원 증가하지만 이 운송으로 인하여 재조정되는 다른 운송 코스트의 변화에 의하여) 결과적으로 더 개선된 최적해가 얻어질 것인가를 알아보자. 창고B에서 소비지X로 1트럭을 운송해오면, (〈표4〉 참조) 창고C 에서 소비지X로 운송 단가 8만 원에 가던 8트럭 중 1트럭이 감소해야 한다. 또한 이 감소를 보충하기 위해 창고C에서 소비지Z로 운송비 20만 원에 가던 물량이 1트럭 증가해야 하고, 이 증가를 상쇄하기 위하여 창고B에서 소비지Z로 운송 단가 60만 원에 가던 물량 중에서 1트럭이 감소해야 한다. 네 단계에 걸친 조정을 통하여 발생한 총 운송 코스트의 변화를 계산해보면 18만 원(+30−8+20−60=−18)의 코스트 절감이 가능해진다. 이렇

	소비지 W	소비지 X	소비지 Y	소비지 Z	재고량
창고 A	5 트럭			2트럭	7트럭
창고 B		2트럭	7트럭		9트럭
창고 C		6트럭		12트럭	18트럭
수요량	5트럭	8트럭	7트럭	14트럭	34트럭

표 5 빈칸(B→X)에 기회를 제공하는 테스트 결과 얻어진 최적해

게 조정될 수 있는 물량의 한계를 결정하는 제약 조건은 창고B에서 소비지Z로 가던 물량, 즉 2트럭이 된다. 따라서 조정 물량을 2트럭으로 늘리면 〈표5〉와 같은 새로운 해가 나온다.

다시 〈표5〉에서 운송이 없는 모든 빈칸에 1트럭을 운송한다고 가정해 봐도 더 이상의 코스트 절감은 일어나지 않는다. 그러므로 〈표5〉가 최적해임이 증명된 것이다. 〈표5〉의 총 운송 코스트를 계산해보면 743만 원이 된다.[39] 기회 균등을 보장하는 새로운 패러다임의 도입으로 다시 36만 원(779-743만 원)의 코스트 절감이 된 것이다.

진리의 발견3-최적해는 구조에 의해 결정된다

아사달 기업 운송 문제의 최적해를 구조(structure)적 차원에서 해석해 보자. 'B → X' 칸과 'A → X' 칸은 운송 단가(30만 원)는 같지만 각각의 구조적 조건이 다르다. 이들이 종적(vertical)으로는 같은 조건 속에 있지만 횡적(horizontal)으로 살펴보면, 'B → X' 칸은 운송 단가 70만 원, 40만 원, 60만 원 등과 재고량 9트럭을 놓고 경쟁한다. 그러나 'A → X' 칸은 19만 원, 50만 원, 10만 원 등 운송 단가가 비교적 낮은 것들과 7트럭의 재고량을 놓고 경쟁한다. 그러므로 기업의 운송 코스트를 최소화하기 위해서는 'B → X' 칸이 구조적으로 'A → X' 칸보다 유리한 상태에 놓여 있기 때문에 'B → X' 칸은 2트럭의 운송량을 할당받지만, 'A → X' 칸은 빈칸으로 남을 수밖에 없다(〈표5〉 참조).

구조는 이처럼 인생과 기업의 최적해에 결정적 영향력을 행사한다. 이

---

[39] 총 수송비=19만 원×5트럭+10만 원×2트럭+ … +20만 원×12트럭=743만 원.

런 일은 자연 속에서도 나타난다. 유기화학(organic chemistry)에 나오는 '구조이성질체(structural isomer)'가 그것이다. 같은 수의 같은 원자들, 즉 같은 분자식을 가지고 있어도 그들이 결합된 구조가 다르면 전혀 다른 성질의 물질이 된다. 조직을 경영하는 지도자는 조직이 가지고 있는 구조를 파악하여 그 구조에 맞는 경영을 해야 한다. 이런 노력을 '구조주의(structuralism) 경영'이라고 부른다.

진리의 발견4 – 전체최적과 부분최적은 상호 갈등한다

〈표4〉는 아사달 기업 전체의 입장에서 본 최적해이다. 이처럼 조직 전체의 입장에서 본 최적해를 '전체최적(total optimum)'이라고 부르자. 그런데 이 전체최적과 달리 조직을 구성하는 각 부분 조직(Sub-organization)의 입장에서 본 부분최적해(Sub-optimum)가 있을 수 있다. 예를 들어보자.

- 창고A의 입장에서 본 최적해는
  : 10만 원×7=70만 원이 된다. 이처럼 부분 조직의 입장에서 본 최적해를 '부분최적'이라고 부르자.
- 창고A가 전체최적에 따라 운송을 할 경우, 창고A의 코스트는
  : 19만 원×5+10만 원×2=115만 원이 된다.
- 전체 조직의 입장에서 구한 최적해를 따를 경우, 창고A의 부분최적은
  : 115만 원−70만 원=45만 원이 되므로, 45만 원의 손실을 감수해야 한다.

같은 방식으로 창고B의 경우를 계산해보면, 창고B만의 입장에서 본 부분최적은 조직 전체의 입장에서 구한 전체최적을 따를 경우 60만 원을

희생해야 한다. 역시 같은 방법으로 창고C의 경우를 보면, 부분최적은 전체최적을 위해 24만 원을 희생해야 한다. 여기서 우리는 놀라게 된다. 아사달 기업의 모든 부분 조직 A, B, C가 각각 45, 60, 24만 원씩 희생해야 아사달 기업의 전체최적이 달성되는 것이다. 일반적으로는 '부분최적의 희생 혹은 양보가 있어야 전체최적의 실현이 가능하다'는 보편적 진리가 얻어진다.

우리가 공중도덕을 지켜야 하는 것도 개인 차원에서는 불편이 따르지만(부분최적의 희생이 되지만), 사회 전체의 안녕과 질서를 위해(전체최적을 위해) 필요하다. 예를 들면, 등산 갈 때 자기가 가져간 쓰레기를 산에 버리고 오는 것은 개인(부분)을 위해서는 편한 일, 즉 부분최적이 된다. 그러나 산을 아름답게 보존(전체최적)하기 위해서는 개인이 불편을 감수, 즉 부분최적을 희생해야 한다. 전체최적과 부분최적 사이의 이런 관계는 가정, 직장(기업), 국가 등 모든 조직에서 그대로 통할 수 있다. 구체적인 사례에서 확인해보자.

국가 차원의 전체최적을 무시한 기업의 반성

한국의 민간 상업 방송인 SBS는 자회사인 SBS 인터내셔널을 통해서 국제올림픽위원회(IOC)로부터 2010년 밴쿠버 동계올림픽, 2012년 런던 하계올림픽, 2014년 동계올림픽, 2016년 하계올림픽 등 동·하계올림픽 중계권을 따냈다고 밝혔다. 계약금은 7,250만 달러(당시 환율로 약 710억 원)로 이는 2002~2008년 올림픽 중계 계약액의 배가 넘는 금액이라 한다. 이에 대해 KBS와 MBC는 SBS가 지상파 3사 간의 합의를 깨고 4개 대회 올림픽 중계권을 단독으로 싹쓸이하기 위해 "예년의 중계료보다 2배 이상을 주고 뒷거래를 하면서까지 국익을 외면했다"고 SBS를 강하게 비난

했다. 과도한 외화 유출을 피하기 위해 중계권료 협상을 공동으로 진행한다는 방송 3사 사장단의 협약서를 두 달 만에 SBS가 파기했다는 것이다.

이 문제를 전체최적과 부분최적의 개념으로 분석할 수 있다. KBS, MBC, SBS 3사가 코리아 풀(Korea Pool)을 구성하여 올림픽 중계료를 낮춘다면, 이는 한국의 외화 사용을 절약한다는 의미에서 국가 차원의 전체최적이 된다. SBS 방송이 코리아 풀을 깬 것은 전체최적의 희생 속에 부분최적을 택한 것이 된다. 결국 SBS에 대한 비난 여론이 일자 SBS는 부분최적을 포기하고 전체최적 쪽으로 선회했다.

국가 차원의 부분최적과 전체최적

세계에서 가장 못사는 나라 중 하나였던 우리나라에서 박정희 대통령은 1960년대부터 한국 경제의 고도성장 정책을 열정적으로 추진했다. 이런 과정에서 제조공업 육성을 위해 농어촌 경제가 소외당했고, 수출 경쟁력을 키우기 위해 노동자 계층의 임금 인상이 억제되었으며, 경제성장에 파급 효과가 큰 대기업을 지원하기 위해 중소기업에 대한 자원 배분이 희생될 수밖에 없었다.

이런 어려움 속에서 박정희 대통령은 고소득층과 저소득층 사이의 위화감 확대를 억제하고, 국민 전체의 일체감을 조성하기 위해 세심한 노력을 기울였다. 그 예를 하나 들어보자. 1970년대 한국은 세계에서 컬러텔레비전을 가장 많이 만들어서 외국에 수출하고 있었지만, 박정희 대통령은 국내에서는 컬러텔레비전 방영을 허락하지 않았다. 컬러텔레비전 수상기는 한국에서 고소득층만이 구입할 수 있을 만큼 고가 상품이었고, 따라서 컬러 방송을 할 경우, 컬러텔레비전을 구입할 여력이 없는 저소득층은 계속 흑백텔레비전을 볼 수밖에 없었기 때문이다. 국민 사이의 위화감 억제, 일체감 조성이라는 전체최적을 위해서 고소득층의 컬러텔레비전 시청권(부분최적)을 희생시킨 것이다.

지구촌 차원의 전체최적과 부분최적

태양에서 열에너지를 받은 지구는 그 일부를 다시 대기 중으로 복사한다. 그런데 대기 중에는 온실기체(greenhouse gas)라는 물질이 있어서 지구에서 복사되는 열을 우주 밖으로 통과시키지 않고 그 일부를 흡수하여 대기 속의 온도를 높이는 기체가 있다. 이산화탄소(CO_2)가 대표적인 예로 지목되고 있다.

역사적으로 보면 산업화 과정에서 석탄과 석유 등 화석연료 사용이 늘면서 대기 중의 이산화탄소 배출량이 크게 증가하고 있다. 공인된 데이터에 따르면, 1750년 산업혁명이 시작되던 해에 비해 최근 대기 중 이산화탄소의 양은 31퍼센트 증가했다.[40] 이산화탄소의 또 다른 증가 요인은 숲을 불태워 농토 혹은 산업용지로 전환하는 데 있다. 식물은 탄소동화작용 과정에서 이산화탄소를 흡수하고 산소를 배출하는데, 숲의 파괴와 산업용 전환은 이산화탄소 감량에 역행한다.

하지만 자기 나라의 산업화를 위해 화석 연료를 사용하거나 숲을 산업용으로 전환하는 일은 부분최적을 위한 의사 결정이다. 그리고 이산화탄소 배출을 줄여서 온난화 문제를 해결하는 일은 지구 전체를 위한 전체최적이다. 전체최적과 부분최적 사이에는 이렇게 갈등이 존재한다. 갈등

---

[40] EPA(2007). "Recent Climate Change:Atmosphere Changes". Climate Change 제5장의 요약 및 제6장과의 연계: Science Program, United States Environmental Protection Agency.

을 화해시키는 방법론은 전체최적을 위한 부분최적의 희생을 정당하게 보상하는 데 있다. 이런 의미에서 이산화탄소 배출권 거래제도는 전 세계적 차원에서 활성화되어야 한다.

Intro

코스트 최소화 목적함수를 연구하면서 우리는 '앞의 선택이 뒤의 선택을 제약한다'는 진리를 배웠다. 그러나 인간 능력의 한계로 인하여 '앞의 선택'은 불완전하기 쉽고, 그래서 역사의 발전은 패러다임 전환을 필요로 한다는 사실도 깨달았다. 이렇게 소중한 교훈을 준 코스트 최소화 목적함수와 쌍벽을 이루는 또 하나의 목적함수를 들자면 이익 최대화(maximization of profit)이다. 경제 활동의 자유가 보장되는 현대 사회에서 이익 최대화 목적함수는 사회의 경제 발전을 견인하는 원동력처럼 느껴진다. 그러나 이번 장에서 우리는 이익 최대화 목적함수가 그림자 코스트(shadow cost)를 유발하고, 이것이 고용 축소의 주범이라는 사실을 발견한다. 그래서 우리의 연구는 다음 8장에서 이익 최대화 목적함수를 대체할 수 있는 새로운 패러다임, 생존부등식 이론으로 이어진다.

7장 이익 최대화 목적함수 비판

    1960년대 한국에서는 국내 대표적 대기업이 밀수를 하다가 탄로나고, 충분히 이익을 내고 있는 기업들이 독성 폐기물을 하천에 방류하다가 발각되는 등 많은 사회적 물의를 일으키고 있었다. 이런 비리들은 이익 최대화 목적함수를 추구하는 인간의 욕망에서 기인했을 것이다. 철학자 칸트는 《순수이성 비판》, 《실천이성 비판》 등 저서를 통해서 인간의 이성을 비판했다. 이성은 인간의 가장 소중한 속성의 하나이지만, 그것이 비판의 대상이 된 것이다. 그런데 인간에게 이성이 중요한 만큼, 자본주의 체제 속의 기업에게는 이익이 중요하다. 그러나 이익 최대화 목적함수가 사회에 많은 부작용을 일으킨다면 그것 역시 비판받아야 한다. 이번 장의 목표는 이익 최대화 목적함수가 인간 개인의 삶과 공동체 사회에 어떤 영향을 끼치는지를 탐구하고 비판하는 데 있다. 여기서 필자는 연구 방법론으로서 '문제 기반 학습법(PBL)'을 다시 채택하고, 분석 도구로서 기초수학을 사용하려고 한다. 앞의 제6장에 이어 여기서도 수학을 사용하는 이유는 수학이 인간의 편견을 방지할 수 있는 가장 객관적인 분석 도구이기 때문이다. 우주의 운행에서부터 인간의 생명 현상(예, 맥박수, 혈압 등)에 이르기까지 모두가 수학을 포함하고 있다. 태양계의 운행, 빛의 진행, (5장에서 설명한) 카테노이드와 현수선 등 자연이 선택하는 존재 형태도 모두 수학적이다.

　이번 장에서 사용할 수학은 일차부등식 수준이므로 집중력만 유지하면 누구나 쉽게 이해할 수 있고, 진리를 발견하는 기쁨을 누릴 수 있을 것이다. 이익 최대화 목적함수 문제의 구조는 코스트 최소화 문제보다 복잡하므로, 그 이해를 돕기 위해 좀 해학적(humorous)인 문제를 예로 들어 풀어보자.

예제 – 걸씨 집안의 수입 최대화

　걸(乬)씨에게는 두 아들이 있고, 이들은 〈표1〉과 같이 점심으로 먹을 감자 몇 개와 교통비 얼마를 가지고 밖에 나가 일해서 돈을 벌어온다. 걸씨는 여름 동안 농사지어 수확한 감자 520개와 그동안 저축하여 모은 돈 440천 원(이후 진행되는 계산식 편의상 단위를 만 원으로 환산하지 않고 그대로 두었음)을 사용해서 두 아들이 벌어들일 수입의 합계를 최대화할 방법을 찾고 있다.

형제 1회당	장남	차남	감자/교통비 보유 한도
돈벌이 능력	5만 원	4만 원	
감자 소비량	4개	2개	520개
교통비 사용	2천 원	11천 원	440천 원

표1 두 아들의 돈벌이 능력, 감자 및 교통비 소비량

문제 해결

만약 두 아들에게 일 나갈 기회를 균등하게 준다면 수입 최대화가 될 수 없다. 왜냐하면 두 아들은 한 번 일을 나가서 벌어들이는 수입의 크기와 도시락으로 먹는 감자의 양 등이 서로 다르고, 특히 차남은 장남보다 교통비가 많이 드는 곳에서 일을 하기 때문이다. 그래서 두 형제가 일을 나갈 수 있는 횟수를 아래 〈표2〉와 같이 미지수로 놓고 그 값을 찾아야 한다.

아들 일	장남	차남
일 나갈 횟수	X_1	X_2

표2 두 아들의 일 나갈 횟수

두 아들이 벌어올 수 있는 수입의 합계를 X_0라 하면, 걸씨 집안의 목적함수는 다음과 같다.

$$X_0 = 5X_1 + 4X_2 \text{의 최대화(Maximize)} \quad (1)$$

한편 감자와 교통비의 가용(可用) 한도에 의한 제약 조건은 다음과 같다.

$$4X_1 + 2X_2 \leq 520 \qquad (2)$$

$$2X_1 + 11X_2 \leq 440 \qquad (3)$$

두 제약 조건을 모두 만족시키는 답을 찾기 위해 (2)식과 (3)식을 연립방정식으로 만들어 풀어보면 다음과 같다.

$$X_1 = 121 \qquad (4)$$

$$X_2 = 18 \qquad (5)^{[41]}$$

즉 장남이 121번, 차남이 18번 일을 나가면 수입의 합계가 최대화된다는 뜻이다. 이 답의 진위를 알아보기 위해 위의 값을 (2)식과 (3)식에 대입해보자.

감자의 소비량 : $(121 \times 4) + (18 \times 2) \leq 520$개

교통비 소비량 : $(121 \times 2) + (18 \times 11) \leq 440$천 원

---

[41]   (2)와 (3)식을 등식으로 바꾸면,
$4X_1 + 2X_2 = 520$ (2)′
$2X_1 + 11X_2 = 440$ (3)′식이 된다.
(3)′식 양변에 2를 곱하면
$4X_1 + 22X_2 = 880$ (3)″식이 된다.
(3)″식에서 (2)′식을 빼면
$0X_1 + 20X_2 = 360$이 되고,
여기서 $X_2 = 18$ (5)식이 나온다.
(5)식을 (2)′식에 대입하면
$4X_1 + 36 = 520$이 되어
여기서 $X_1 = 121$이 나온다   (4)식이 나온다.

형제 각자의	장남	차남	두 아들의 수입과 감자/교통비 합계
수입	5×121 = 605만 원	4×18 = 72만 원	605+72 = 677만 원
감자 배분	4×121 = 484개	2×18 = 36개	484+36 = 520개
교통비 배분	2×121 = 242천 원	11×18 = 198천 원	242+198 = 440천 원

표 3 두 아들의 수입, 감자와 교통비 배분

따라서 (4)와 (5)식은 실행 가능한 해임을 확인할 수 있다. (4)와 (5)식의 답에 따라 두 형제에게 배분할 감자와 교통비의 양은 〈표3〉과 같다.

자원 배분의 정의

장남과 차남에게 균등한 기회를 부여해야 한다는 주장이 제기될 수 있다. 이 주장을 따른다면, 예컨대, 교통비를 각자에게 220천 원(440천 원÷2) 씩 배분해야 한다는 말이 된다. 이렇게 되면 장남은 110회(220천 원÷2) 일을 나가서 550만 원(110회×5만 원)을 벌어오게 되고, 차남은 20회(220천 원÷11천 원) 일을 나가서 80만 원(20회×4만 원)을 벌어오게 된다. 이 둘을 합치면 630만 원이 되므로 걸씨 집안의 수입은 〈표3〉의 방법에 따른 677만 원보다 47만 원이 적다.

가난으로 고생하는 걸씨 집안의 수입을 최대화하는 방법은 〈표3〉의 방법뿐이다. 〈표3〉처럼 목적함수를 최대한 달성해주는 해를 수학에서는 최적해라고 부른다. 그러나 위의 최적해는 걸씨 집안이라는 조직 전체의 입장에서 본 것이므로, 조직 구성원 각자의 입장에서는 불만이 있을 수 있다. 예컨대 장남은 자기가 일을 너무 많이 한다고 불만을 가질 수 있고, 차남은 자기에게는 일 나갈 기회가 너무 적다고 불평할 수도 있다.

여기서 '정의(justice)란 무엇인가?'라는 질문이 제기된다. 이런 질문은 이미 수천 년 전부터 많은 철학자가 고민해온 해묵은 질문이다. 역사적으로 정의란 윤리학, 합리론, 법철학, 자연법(natural law), 종교, 공정성(fairness), 평등(equality) 등 다양한 사상적 토대 위에서 도덕적 옳음(rightness)을 추구하는 개념으로 발전해왔다.[42] '공정성' 혹은 '평등' 같은 쟁점이 정의 개념의 논의에 끼어들게 된 것은 역사적으로 비교적 최근의 일로 경영 및 경제학의 발전과 궤를 같이하는 것 같다. 여기서 주의할 것은 정의 개념은 자비(benevolence)나 자선(charity), 연민(mercy), 관용(generosity), 동정(compassion) 같은 개념과는 별개의 것으로 인식되어야 한다는 점이다. 이는 서양 문화 속의 '정의의 여신'이 한 손에는 칼을 들고 있고, 인정사정 봐주지 않는다는 의미에서 두 눈을 수건으로 가리고 있는 사상과 궤를 같이한다.

——— 한 손에 칼을 들고 눈을 가린 정의의 여신

동양 문화권에서도 '정의(正義)'의 '의(義)'는 오행(五行) 사상으로 금(金, 쇠붙이)에 해당한다. 불의(不義)를 처단하는 칼은 쇠붙이이므로 정의의 개념이 자비와 관계가 없다는 사상은 동서양이 같다. 정의의

---

[42] "Justice is the concept of moral rightness based on ethics, rationality, law, natural law, religion, fairness, or equity". Konow, James. 2003. "Which Is the Fairest One of All? A Positive Analysis of Justice Theories." Journal of Economic Literature 41, no. 4: page 1188.

여신이 다른 한 손에 들고 있는 것은 평형 저울(balance scale)이다. 이 저울은 누구에게 얼마를 배분하는 것이 옳고 공정한 것인지를 평량(秤量)하기 위한 도구이다. 이는 현대 사회에서 공정한 자원 배분(resource allocation)의 문제에 해당한다.

걸씨 집안 문제에서는 일 나갈 기회의 배분이 결국 (감자와 교통비 같은) 자원 배분의 문제가 되고, 자원 배분 방식의 옳고 그름을 가리는 문제는 생존 경쟁 속에서 가장 중요한 실천적 정의의 문제가 되었다. 걸씨 집안 같은 가난한 조직의 입장에서 수입을 최대화하려는 목적함수가 정의로운 것이라면, '장남 121회, 차남 18회'로 일할 기회를 배분하는 결정, 그리고 기회 배분에 맞게 감자와 교통비를 배분하는 결정도 정의로운 것이 될 것이다.

자, 그런데 이제 걸씨 집안의 셋째 아들(삼남)이 자기도 일을 나가겠으니 감자와 교통비를 달라고 요구하고 나섰다고 하자. 삼남은 아직 어리기 때문에 일을 나가면 하루에 2만 원을 벌어올 수 있으며, 도시락으로 가져가는 감자는 1개, 교통비는 2천 원이다. 그러면 〈표1〉과 〈표2〉는 각각 〈표4〉와 〈표5〉로 변한다.

형제 1회당	장남	차남	삼남	감자/교통비 보유 한도
돈벌이 능력	5만 원	4만 원	2만 원	
감자 소비량	4개	2개	1개	520개
교통비 소비	2천 원	11천 원	2천 원	440천 원

표 4 세 아들의 돈벌이 능력, 감자와 교통비 소비량

일 \ 아들	장남	차남	삼남
일 나갈 횟수	X_1	X_2	X_3

표5 세 아들이 일 나갈 횟수

삼남을 포함시킨 걸씨 집안의 새 목적함수(수입의 합계=X_0)는 다음과 같다.

$$X_0 = 5X_1 + 4X_2 + 2X_3 \text{의 최대화}$$

감자와 교통비의 한도에 의한 제약 조건은 다음과 같다.

$$4X_1 + 2X_2 + 1X_3 \leq 520$$
$$2X_1 + 11X_2 + 2X_3 \leq 440$$

이 문제처럼 변수가 셋 이상이 되면 그래프나 기초 수학으로는 풀지 못하고, '선형계획법(linear programming)'[43]이라는 특수 기법으로 컴퓨터를 활용하여 풀어야 한다. 그러나 여기서 우리의 목표는 이익 최대화 목적함수를 경영학적으로 연구하는 데 있으므로 선형계획법으로 푸는 방법은 〈부록6〉에서 설명하기로 하고, 여기서는 컴퓨터가 풀어준 해를 가지고 그 실제적 의미를 분석해보자. 컴퓨터가 푼 해를 적어보면 다음과 같다.

[43] 선형계획법에 의해 해를 얻는 과정은 〈부록〉 편 '부록6'에서 설명한다.

$$X_0 = 740 - \left(\frac{7}{2}\right)X_2 \cdots \quad (6)$$

$$X_1 = 100 + \left(\frac{7}{6}\right)X_2 \cdots \quad (7)$$

$$X_3 = 120 - \left(\frac{20}{3}\right)X_2 \cdots \quad (8)$$

여기서 X_0는 세 아들이 벌어오는 수입의 합계, X_1은 장남이 일 나갈 기회의 횟수, X_2는 차남이 일 나갈 기회의 횟수, X_3는 삼남이 일 나갈 기회의 횟수이다.

(6)식에 따르면 삼남의 등장으로 걸씨 집안 총수입의 최대값은 740만 원으로 증가했지만, 이 최대값은 차남에게 일 나갈 기회를 주지 않을 경우인 '$X_2=0$'일 때만 달성 가능하다. 만약 차남에게 기회를 1회 준다면, 즉 X_2의 값을 1로 올릴 때마다 2분의 7만 원, 즉 3만 5천 원씩 740만 원에서 마이너스(-)된다는 사실에 주목해야 한다.

따라서 걸씨 집안의 총수입이 최대화되려면 $X_2=0$, 즉 차남의 일할 기회가 박탈되어야 한다. 이렇게 되면 다음과 같은 결과를 얻을 수 있다,

(7)식에 $X_2=0$을 대입하면 X_1, 즉 장남의 기회는 100
(8)식에 $X_2=0$을 대입하면 X_3, 즉 삼남의 기회는 120

$X_1=100, X_2=0, X_3=120$을 목적함수에 대입해보자.
$X_0 = 5 \times 100 + 4 \times 0 + 2 \times 120 = 740$

따라서 (6)식에서 보여주는 최대값 740과 일치한다.

무능력(incompetence)의 퇴출

〈표4〉의 첫째 줄, 즉 돈벌이 능력 부분만 보면 차남은 한 번 일 나가서 4만 원을 벌어오고, 삼남은 2만 원밖에 못 벌어오는데, 왜 삼남이 아닌 차남이 탈락되는가? 하는 의문을 품게 될 것이다. 이 질문에 대한 답은 구조주의를 필요로 한다. '부분'만 보지 않고 조직화되어 있는 '구조' 전체를 보는 세계관이 구조주의다. 차남은 한 번 일 나갈 때마다 4만 원을 벌어오지만 그러기 위해서 소비하는 교통비가 11천 원으로 너무 비싸고, 걸씨 집안이 교통비로 쓸 수 있는 돈은 440천 원으로 유한하며, 더구나 이 교통비는 장남과 삼남도 돈벌이를 나가기 위해 써야 하기 때문이다. 삼남은 한 번 일 나가서 2만 원밖에 못 벌어들이지만, 그가 한 번 일 나가기 위해서 소비하는 감자는 1개, 교통비는 2천 원으로 비교적 적기 때문이다.

이런 구조적 요소들이 모두 고려된 결과 삼남은 일 나갈 기회를 120회나 얻게 된 것이다. 이 문제의 최적해는 유한한 자원을 놓고 삼형제가 겉으로는 보이지 않지만 '구조' 속에서 서로 경쟁을 하기 때문에 나타나는 결과이다. 그렇다면 최적해에 의하면 탈락시켜야 할 제품 혹은 사람을 탈락시키지 않고 기회를 한 번 줄 경우 조직이 부담해야 하는 기회 손실에 대해 알아보자.

그림자 코스트

앞의 수식 (6)에 따르면 차남을 탈락시키지 않고 한 번 일 나갈 기회를 줄 때, 즉 (6)식에 '$X_2=1$'을 대입할 때, 걸씨 집안 수입의 총합(X_0)은

740만 원에서 2분의 7, 즉 3만 5천 원씩 마이너스된다. 이처럼 탈락시켜야 할 사람, 제품 혹은 기회 등을 탈락시키지 않고 한 번 살릴 때마다 목적함수의 값이 감소되는 양을 '그림자 코스트(shadow cost)'라고 부른다. 걸씨 집안 문제에서는 그림자 코스트가 '$\frac{7}{2}$=3.5만 원'으로 나왔지만, 문제가 바뀌거나 같은 문제 속에서도 데이터가 바뀔 때마다 그림자 코스트의 크기는 달라진다. 여기서 우리가 주목해야 할 점은 이익 최대화 목적함수가 그림자 코스트를 만들어내고, 조직은 생존 경쟁 속에서 경쟁력을 유지하기 위해 그림자 코스트를 제거하려고 노력한다는 사실이다. 그림자 코스트의 제거는 소위 말하는 '구조조정'을 의미하고, 이는 고용의 감소를 의미하므로 현대 사회가 고민하고 있는 사회 불안의 원천이 된다. 그렇다면 생명이 없는 제품을 생산하는 제조 기업의 경우를 보자.

제조 기업의 그림자 코스트 – 아사달 기업의 '이익 최대화'

아사달 기업은 '밀링공정(milling machines)'과 '선반공정(lathe machines)'을 사용하여 제품1, 제품2, 제품3을 생산하고 있다. 이들 3개 제품의 1단위당 공헌 이익과 하나의 단위 생산에 필요한 각 공정의 소요량 및 그 가용 한도는 아래 〈표6〉과 같다.

제품 단위당	제품1	제품2	제품3	각 공정의 가용 한도
공헌 이익	5만 원	4만 원	2만 원	
밀링공정 소요	4시간	2시간	1시간	520시간
선반공정 소요	2시간	11시간	2시간	440시간

표 6 제품1, 2, 3의 공헌 이익 및 밀링공정, 선반공정 사용 시간

〈표6〉이 가지는 구조와 데이터는 (앞서 논의했던 걸씨 집안의) 〈표4〉와 같

다. 따라서 제품1, 제품2, 제품3의 산출량을 각각 X_1, X_2, X_3, 그리고 공헌 이익의 합계를 X_0라고 놓으면 이 문제의 최적해는 수치적으로 걸씨 집안의 경우와 같이 된다.

$$X_0 = 740 - \left(\frac{7}{2}\right)X_2$$

$$X_1 = 100 + \left(\frac{7}{6}\right)X_2$$

$$X_3 = 120 - \left(\frac{20}{3}\right)X_2$$

제품2는 걸씨 집안의 차남처럼 그림자 코스트, 2분의 7을 가진다. 여기서 그림자 코스트와 회계적(accountable) 코스트 사이의 대조(contrast)가 명백해진다. 제품2의 공헌 이익(4만 원)은 판매 가격에서 변동비를 뺀 결과이고, 변동비는 회계적 코스트이다. 다시 말하면 회계적 코스트가 이미 공헌 이익을 통하여 반영된 것이다. 그럼에도 최적해 속에 그림자 코스트가 나타난다는 것은 그것이 회계적 코스트와 본질적으로 다른 신(新) 개념의 코스트이기 때문이다.

결론적으로 그림자 코스트는 제품의 원가 계산(cost accounting)에서는 계산될 수 없고, (선형계획법을 사용한) 체계 분석(system analysis)을 통하여 계산 가능할 따름이다. 그림자 코스트는 조직 내에서 제품1, 2, 3이 밀링 공정과 선반공정의 유한한 가용 시간을 놓고 벌인 '조직 내적 생존 경쟁'의 결과이다. 생명이 없는 제품 간에도 이런 생존 경쟁이 나타나는

——— 면(面)을 가공하는 밀링공정(왼쪽)과 원통을 가공하는 선반공정(오른쪽)

이유는 인간이 만든 이익 최대화 목적함수의 압력 때문이다.

그림자 코스트에서 연원하는 부조리

그림자 코스트를 가지는 제품 혹은 사람을 퇴출시키지 않고 살리는 일은 사회 보장의 취지에서 분명히 선(good)이다. 그러나 그림자 코스트를 유지하면 생존 경쟁 속에서 조직이 추구하는 목적함수의 달성 수준이 떨어지고, 그것은 결과적으로 조직의 경쟁력을 약화시켜서 조직을 도태의 길로 몰고 갈 수 있다. 따라서 기업은 그림자 코스트를 가지는 제품을 퇴출시키기 위해 노력할 것이고, 제품의 퇴출은 그 제품에 관련된 사람들의 퇴출로 이어진다.

자유경쟁 사회에서는 아무리 성실하게 노력하는 사람도 자기보다 더 유능한 사람이 나타나면 패자(loser)가 되어 도태된다. 이는 실존철학에서 말하는 부조리(不條理, L'absurde)의 하나이다. 실존주의 작가 카뮈(albert Camu)에 따르면, "부조리란 인생에서 의미를 찾으며 성실하게 살려고 노력하는 인간을 좌절시키는 세계의 비합리성(irrationalness)"을 말한다. 이런 비합리성 때문에 고통을 받는 사람들에 대하여 하이데거(Martin Heidegger)는 "세계는 고뇌하는 인간에게 아무것도 줄 것이 없다"고 했으며, 키르케고르(Søren Kierkegaard)는 "지성인은 패배 속에서 승리를 찾을 수밖에 없다. 지성인의 패배, 지성의 희생은 신(god)이 가장 기뻐하는 것"이라고 은유적으로 말했다.[44]

---

[44] 알베르 카뮈, 《시지프의 신화》, 이가림 역, 문예출판사, 1974. p.9.

Case ▶ 생존경쟁이 만들어내는 부조리

― 자동차 '머큐리'의 로고

수은(mercury)은 상온에서 액체 상태에 있는 중금속의 하나로 인간에게 중독의 위험성이 크다. 물고기는 수은을 체내에 쉽게 축적하는 경향이 있는데, 인간이 이들 물고기를 섭취할 경우 체내에 수은을 축적하게 된다. 수은의 합금인 아말감(amalgam)은 치과 재료로 쓰이고 있으며, 건전지에도 수은이 포함되어 있다. 또한 화장품에도 수은이 많이 쓰이는 등 현재 우리 사회는 수은 공해에 많이 노출되어 있는 상황이다.

중금속은 일단 인체에 들어오면 배출이 쉽지 않고, 수은이 인체에 과량 축적되면 중독 증세를 일으킨다. 수은에 중독되면 신경계에 이상이 생겨 언어 장애와 운동 장애 등이 나타나고, 심하면 신체에 마비가 올 수도 있다. 이렇게 무서운 수은 공해를 널리 알리기 위해 일찍이(1960년대 후반) 미국의 한 자동차 회사가 수은 관련 다큐멘터리를 제작하여 텔레비전에 방영하기로 했다.

텔레비전 방영 직전, 이 회사는 사내에서 다큐멘터리 시사회를 가졌다. 시사회가 끝나자 이 회사의 간부 한 사람이 중대한 의견을 내놓았다. 다큐멘터리 방영 1시간 동안 '수은'이라는 단어, 즉 '머큐리(mercury)'가 수백 번 음성으로 나가는데, 이는 이 회사의 경쟁사 자동차 모델 '머큐리(Mercury)'를 수천만 소비자들의 귀에 심어주는 결과가 된다는 것이 그의 불평이었다. 이 불평은 타당성을 인정받았고, 결과적으로 수백만 달러의 연구비와 용역비가 들어간 다큐멘터리는 폐기되었으며, 일반 국민들은 수은의 위험에 대해 알 기회를 박탈당한 셈이 되었다. 이것이 자본주의(capitalism) 사회이고, 생존경쟁 속 이익 최대화 목적함수가 만들어내는 '부조리'이다.

생존경쟁, 어떻게 할 것인가?

현대철학이 풀어야 할 가장 중요한 과제 중 하나를 '부조리 퇴치를 위한 방법론의 모색(摸索)'에 둔다면, 이 모색은 생존경쟁의 본질 탐구에서 출발해야 할 것이다. 그림자 코스트는 유한한 자원을 놓고 전개되는 생존경쟁에서 발생하기 때문이다. 생존경쟁이란 '너'와 '나' 사이에 누가 '살고' 누가 '죽느냐'를 놓고 벌이는 싸움이다. 이 싸움에는 주어(subject)가 '너와 나' 둘(2), 싸움의 결과가 '살고 죽고' 둘(2)이므로, 인간이 생존경쟁 속에서 선택할 수 있는 삶의 모형은 4가지(2×2)가 있을 수 있다. 이들 4가지 모형을 살펴보자.

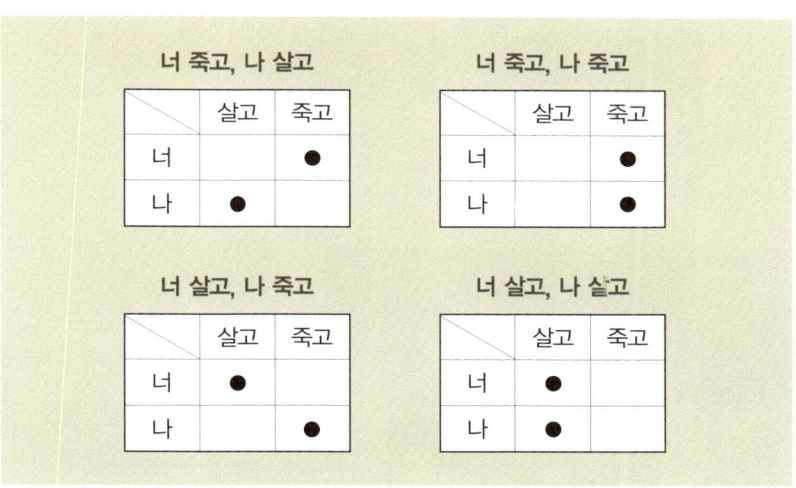

―― 생존경쟁 속에서 인간이 택할 수 있는 삶의 모형

7장 이익 최대화 목적함수 비판

'너 죽고, 나 살기' 모형

자연 생태계 속의 약육강식(弱肉强食)이 전형적인 '너 죽고 나 살기' 모형이다. 인간 사회에서 일어나는 정당한 생존경쟁도 그것이 '제로 섬 게임(zero-sum game, 어느 누가 얻은 만큼 다른 누가 잃게 되는 경쟁)'일 경우에는 본질적으로 이 모형이 된다. 인간의 삶에 필요한 자원은 대부분 유한하므로, 아무리 공정한 룰(rule)에 의하여 자유 경쟁이 보장되더라도 대부분의 생존경쟁은 '너 죽고, 나 살기' 모형이 되기 쉽다. 따라서 인간의 이상은 약육강식의 폐해를 줄이기 위해서 좀 더 인간적인 생존경쟁 모형을 개발하는 데 있다.

—— 너 죽고 나 살기 모형

'너 죽고, 나 죽기' 모형

자살 테러(suicidal terror)형 공격이 이 모형에 속할 것이다. 약자가 다른 방법이 없을 때 강자에게 보복하는 방법의 하나다. 일제강점기 때 안중근, 윤봉길 등 한국의 애국지사들이 일제와 싸운 방법도 이 모형에 속한다. 한국 문화 속에는 부부싸움 가운데 '너 죽고, 나 죽고'식이 많다. 기업 경영 분야에서도 경쟁 기업 간에 이런 모습을 자주 볼 수 있는데, 가령 A사가 공장을 확장하면 경쟁 관계에 있는 B사가 무리를 해서라도 공장을 확장하는 것이다. 이 모형은 '너'와 '나' 모두를 파괴할

—— '너 죽고 나 죽기' 모형(미국의 9.11 테러 장면)

수 있기 때문에 지속 가능한 생존 전략이 될 수 없다.

'너 살고, 나 죽기' 모형

이는 기독교에서 믿는 예수 그리스도(Jesus Christ) 모형이다. 예수에게 '너'는 죄 많은 인간들이었고, 이들을 구하기 위해 예수 자신(나)은 십자가에 못 박혔다. 세계 4대 성인에 속하는 소크라테스의 삶도

— '너 살고 나 죽기' 모형(독배를 받아들이는 소크라테스)

이 모형에 속한다. 소크라테스는 제자들이 피신할 길을 마련해주었지만, 악법(惡法)일지라도 법을 지키기 위해 독배를 들었다. 소크라테스에게 법을 지키는 일은 '너를 살리는 길'이었다.

한국에서는 강재구 소령의 삶이 이 모형에 속한다. 그는 훈련 도중 어느 신병이 잘못하여 떨어뜨린 수류탄을 자기 몸으로 덮어서 자신은 산화(散華)하고 주위 병사들을 구했다. 이처럼 '너 살고 나 죽기' 모형의 본질은 자기희생(自己犧牲)에 있으므로, 보통사람들의 모형이 되기는 어렵다.

'너 살고, 나 살기' 모형

이는 공자(孔子)가 제시한 '인(仁)'의 모형에 가깝다. 인을 이해하려면 《주역(周易)》에 나오는 오행을 이해해야 한다. 오행은 물(水), 불(火), 나무(木), 쇠붙이(金), 흙(土)의 5가지 요소를 결합하여 우주 만물의 생성과 운동을 설명하는 사상이다. 《주역》에서는 인간 세계의 지(智), 예(禮), 인(仁),

의(義), 신(信)을 순차적으로 오행에 대응시킨다. 오행 중 생명을 가진 것은 목이고, 목은 인에 해당한다. 따라서 인은 생명 중시 사상이 되므로, 인자(仁者)는 '너 죽고 나 살기' 식의 약육강식을 할 수 없다. 인은 글자의 구성에 있어서도 '사람 인(人)+두 이(二)'이므로, '너'와 '나' 둘이 모두 살아야 한다는 뜻이다. 현대 경영학의 과제는 '너 살고, 나 살고' 모형, 즉 최근에 유행하는 상생(相生)의 실천적 방법론을 찾는 데 있을 것이다.

'너 살고 나 살기' 모형의 실천적 방법론은 무엇인가?

고고학자들이 밝혀낸 바에 따르면, 서로 먹고 먹히는 약육강식의 역사가 수억 년 흐르는 동안 '너 살고 나 살기' 식의 생존 전략이 등장했다. 약 3억 년 전 곤충과 포유류는 자신에게 먹이를 공급해주는 식물과 '주고받음(giving and receiving)'의 관계를 창조하는 노력을 시작하였다. 벌과 나비 등 곤충은 꽃이 피는 식물을 (오늘의 경영학 용어로 표현하면) '고객'으로 정하

— '주고받음'의 관계를 이어가는 곤충과 포유류

고, 그들로부터 꽃가루와 꿀을 받으면서 그들을 위해 가루받이 서비스를 해주는 '주고받음'의 관계를 창조하는 데 성공했다. 벌과 나비들은 자신의 몸에 꽃가루가 잘 묻어 가루받이가 잘 되도록 몸을 진화시켰고, 꽃을 피우는 식물들은 곤충이 자기에게 날아와 꿀과 꽃가루를 먹거나 가져가기 쉽도록 진화했다.

그뿐 아니라 다람쥐 같은 포유류는 열매 식물을 고객으로 정하고 그들의 열매를 식량으로 하면서, 그들을 위해 씨앗 이동 서비스를 해주는 '주고받음'의 관계를 창조했다. 다람쥐는 나무 밑에 떨어진 열매를 그 자리에서 먹기만 하지 않고, 멀리 물고 다니면서 부지런히 그것을 땅에 묻어둔다.

식물학자들에 따르면, 도토리 같은 열매는 땅속에 묻혀서 수분을 충분히 흡수해야 이듬해 싹을 틔울 수 있다. 만약 이들이 땅 위에 그대로 노출되어 있으면 건조해서 말라죽고 만다. 신기한 것은 다람쥐들이 여름 동안 땅에 묻어놓은 열매를 그 후(겨울 동안) 다 찾아 먹지 않는다는 데 있다. 그 이유가 다람쥐의 기억력이 안 좋아서 묻은 곳을 잊어버렸기 때문인지, 아니면 자기에게 먹이를 '주는' 나무의 번식을 '도와주기' 위한 '주고받음'의 노력인지는 인간이 알 수 없을 것 같다. 그러나 결과적으로 그것은 열매식물과 포유류 모두를 동반 번영의 길로 이끌었다.

'너 살고 나 살기'의 기본은 '주고받음'

태초의 인간은 먹이가 되어주는 동식물을 양육하거나 경작하지 않고, '너 죽고 나 살기' 식으로 일방적 수렵과 채취만을 일삼았을 것이다. 그러

 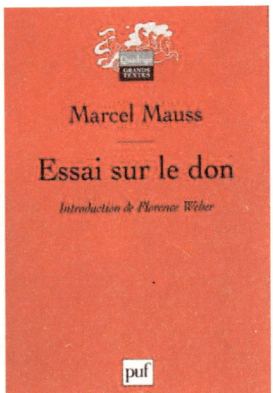

―― 인류학자 마르셀 모스(왼쪽)와 그의 저서 《기증》(오른쪽)

나 약 1만 년 전부터 인간은 먹이가 되어주는 식물 혹은 동물을 경작 혹은 사육함으로써 그들과 '주고받음'의 관계를 창조한 종(species)으로 발전했다. 또한 인간의 지적, 철학적 수준이 상승하면서 인간의 삶은 단순한 먹이 취득의 수준을 넘어 인간성(humanity)과 도덕성(morality)을 생각하는 드높은 영역으로 발전했다. 이를 위해 인간과 인간 사이, 인간과 조직 사이의 '주고받음' 관계를 창조하기 시작한 것 같다. 그래서 인류학자(anthropologist) 마르셀 모스(Marcel Mauss, 1872~1950)는《기증(le don, the gift)》에서 기증의 상호 교환(reciprocation)이 인간 사회의 기저(base)를 이루고 있다고 주장했다.

그러나 인간은 한없는 욕망을 가진 존재이다. 인간의 욕망이 이익 최대화 목적함수로 나타나면서 결과적으로 많은 사회적 부조리가 나타나고 있다. 이익 최대화 목적함수가 만들어내는 가장 큰 부조리는 그림자 코스트의 생성이고, 그로 인한 고용의 감소이다. 그림자 코스트를 가지는 제품 혹은 사람은 그만큼 이익 최대화를 마이너스시키기 때문에 기업은 그 제품 혹은 사람을 대상으로 구조조정을 하면서 이익 최대화를 위해 노력한다. 이는 오늘날 기업의 이익은 증가하면서도 고용은 그만큼 증가하지 않는 기현상의 원인이다. 여기서 인간이 가야 할 방향은 분명해진다. 이익 최대화 목적함수를 대체할 수 있는 새로운 패러다임을 개발하는 것이다.

라인 강의 기적을 배우기 위해 독어독문학과에 입학했고, 한국의 과학과 기술을 발전시키기 위해 물리학을 공부하던 조서현은 고용 기회의 축소라는 '사회악(social vice)'을 만들어내는 이익 최대화 목적함수를 대체할 새로운 패러다임을 찾기 위해 고민하기 시작한다. 그러나 이 일은 기업의 의사결정과 경영철학의 영역에 속하므로, 조서현은 경영학을 공부하지 않을 수 없다는 결론을 내린다. 그는 자신의 직장이나 소득을 얻기 위한 욕망이 아니라, 풀어야 할 문제의 해결을 지향(志向)하는 한국형 돈키호테가 된다.

Intro

모든 생명체는 태어나면서 생존경쟁 속에 던져진다. 인간도 예외가 아니다. 자연의 생태계 속 생존경쟁의 본질은 '너 죽고 나 살기' 식 약육강식이다. 그러나 인간은 그렇게 될 수 없다. 인간성(humanity)과 도덕성(morality)을 가진 종으로서 인간은 '너 살고 나 살기' 식 생존 양식을 개발해야 한다. 이번 장의 목표는 그 실천적 방법론을 개발하는 데 있다. 방법론의 단서(clue)는 자연 생태계 속에서 일부 곤충과 포유류가 개발한 '주고받음' 속에서 찾는다. 곤충과 포유류는 자기에게 먹이를 주는 '고객'을 상대로 주고받음의 관계를 창조했고, 그 결과 지구상에서 가장 번성하는 종이 되었다. 곤충과 포유류의 주고받음은 먹이와 번식을 도와주는 서비스 수준이지만, 인간 사회의 주고받음은 그보다 차원이 높아야 한다. 이번 장에서는 '생존부등식'이라는 이름으로 인간의 '주고받음' 모형을 만들고, 9장에서 그것을 실현하기 위한 필요조건을 탐구한다.

8장 이익 최대화 목적함수의 대안, 생존부등식

　민주주의 종주국이라 할 수 있는 영국에서도 20세기 초까지 여성에게는 참정권이 주어지지 않았었다. 영국 의회는 남성들만의 집단이었고, 따라서 여기서 제정되는 모든 법률은 남성들을 위한 것이 될 수밖에 없었다. 이를 부당하다고 생각한 여류 선각자들 중에 에믈린 팽크허스트(Emmeline Pankhurst) 여사가 있다. 그녀는 "여성에게도 참정권을 달라"는 시위를 주도하였고, 이로 인해 1908년부터 1914년까지 13번이나 투옥되면서도 뜻을 이루지 못하고 있었다.

　그러던 중 1914년 제1차 대전이 일어났고, 전쟁이 오래 지속되면서 영국의 젊은 남성들은 모두 전장에 나갔다. 이때 팽크허스트 여사는 "전장에 나간 남성들을 돕기 위해 여자들이 군수 공장에 나가 군수 물자를 만들어주자"는 운동을 전개, 영국 여성들을 설득하는 데 성공했다. 전쟁은 영국을 포함한 연합군의 승리로 끝났고, 전쟁 중 여성들의 군수산업

— 시위 중 연행되는 팽크허스트 여사(왼쪽)와 그를 기리는 동상(오른쪽)

노동을 고맙게 생각한 영국 정부는 1918년 3월 여성들의 참정권을 인정해주었다. 팽크허스트 여사가 시위로 13번이나 투옥되면서도 해결될 기미조차 보이지 않았던 어려운 일이 '주고받음'의 아이디어로 자연스럽게 해결된 것이다.

Case ▶ 징벌적 배상 제도 개혁을 위한 주고받음

2005년 미국 워싱턴(Washington D.C.)에서 세탁소를 운영하던 한국인 교포 정진남, 송수연 씨 부부는 송사에 휘말리게 되었다. 그들이 운영하는 세탁소에 맡긴 바지를 분실했다는 이유로 바지 주인 피어슨(Pearson) 변호사가 5,400만 달러의 '징벌적 배상'을 제기했기 때문이다. 엄청난 규모의 배상 요구액으로 인해 이 소송은 미국 언론의 관심사가 되었고, 2007년 미 법정의 최종 판결에서 정씨 부부는 이겼지만 거액의 소송비용 문제로 재정적 위기에 직면했다. 이때 정씨 부부에게 생각지 않았던 기증이 들어왔다. 미 워싱턴 D.C. 상공회의소산하의 법제개혁협회가 정씨 부부의 소송비용을 돕기 위한 행사를 개최하여 6만 4천 달러를 모금했고, 이 돈을 정씨 부부에게 기증한 것이다.

법제개혁협회의 리카드(Rickard) 회장은 "기업이 부당한 소송에 휘말리지 않고 기업 활동에 전념할 수

— 미 상공회의소가 무분별한 소송의 남발을 막기 위해 만든 홍보용 인터넷 영상

있게 하는 법과 제도의 개선이 필요하다"는 이유에서 이런 기증을 결정하는 한편, 정진남 씨 부부가 '무분별한 소송의 남발을 막기 위한 인터넷 영상(http://iamlawsuitabuse.org)'에 출연해주기를 부탁했다. 정씨 부부는 무분별하고 악의적인 징벌적 배상제도의 폐해를 고발하기 위한 인터넷 프로그램에 출연하여 미 상공회의소의 운동을 도왔다(2007년 12월부터 방영). 이 얼마나 수준 높은 주고받음인가!

'주고받음'의 관계 창조를 위한 필요조건

인간은 일상에 필요한 제품 혹은 서비스의 주고받음을 제도화하기 위해 다양한 형태의 시장(market)을 만들었다. 이들 시장에서 제품 혹은 서비스의 주고받음이 가능해지기 위한 필요조건을 구해보자. 일반적으로 소비자는 특정 제품으로부터 느끼는 가치(value, V)가 지불할 가격(price, P)보다 클 경우에 그 제품을 구입한다. 이 조건을 부등식의 형태로 표시하면 다음 (1)식이 된다.

제품의 가치(V) 〉 제품의 가격(P)   (1)

　소비자가 어느 제품에 대하여 느끼는 가치를 정확하게 계량적으로 표현하기는 어렵다. 그러나 계량화가 어렵다고 해서 분명히 존재하고 있는 실체(real existence)를 무시할 수는 없다. 소비자가 느끼는 가치는 제품을 사용해보는 과정에서 변할 수도 있다. 예컨대 가격(P)이 2천만 원인 자동차를 사려는 소비자는 그 차를 구석구석 살펴보고 시승(試乘)도 해본 뒤 최소한 2천만 원 이상의 가치가 있다고 느껴야 구매를 한다. 구매 후 차가 고장이 잦고 보증 수리(warranty)도 불만족스러워 '이런 수준의 차는 2천만 원의 가치가 없다'는 생각이 든다면, 지불한 가격이 아깝다고 여기게 될 것이다. 만약 어떤 제품이 부등식(1)을 만족시키면 다음의 식이 성립된다.

제품의 가치(V) − 제품의 가격(P) 〉 0   (2)

　즉 (V−P) 〉 0가 성립하며, 여기서 'V−P'는 소비자가 느끼는 가치에서 지불한 가격을 빼고도 남는 순가치(net value)가 된다. 따라서 기업이 부등식(1)을 만족시키면 그 기업은 제품을 팔 때마다 소비자에게 'V−P'만큼의 순가치를 주는 셈이 된다. 예컨대 자동차를 산 소비자가 차를 사용해보면서 '이런 차라면 2,500만 원이라도 사겠다' 하고 느낄 정도라면, 그는 500만 원(2,500만 원−2천만 원)의 순가치를 기업으로부터 받은 셈이다.

제품의 경쟁력
　소비자가 100원의 가치를 느끼는 제품을 100원에 팔았다면, 이 거래에서 기업이 고객에게 기여한 것은 영(zero)이다. 이런 기업은 오래 존속 발전할 수 없을 것이다. 일반적으로 어떤 제품이 소비자를 끌 수 있는 매력의 크기는 'V-P', 즉 가치에서 가격을 뺀 순가치에 비례할 것이므로, 'V-P'는 시장에서 당해(當該) 제품의 경쟁력이 된다고 말할 수 있다. 기업이 경쟁력 있는 제품을 시장에 내놓으려면 부등식(1)을 만족시킬 수 있도록 제품의 가치를 높이고 가능한 한 가격을 내려야 한다.

공급자의 입장

한편 제품의 공급자, 즉 기업의 입장에서는 제품 단위당 받는 가격이 공급에 소요된 코스트(cost, C)보다 커야만 생존할 수 있다. 전략상 단기적, 일시적으로 손해를 보면서 제품을 팔 수도 있겠지만, 장기적으로는 가격이 코스트보다 커야 한다. 이 조건을 부등식으로 표시하면 다음 (3)식이 된다.

제품의 가격(P) 〉 제품의 코스트(C)　　　(3)

이 부등식(3)이 만족되면 다음의 (4)식이 성립된다.

제품의 가격(P) − 제품의 코스트(C) 〉 0　　(4)

(P−C) 〉 0이 성립한다면, 'P−C'는 공급자에게 이'익이 된다. 기업이 이익을 내지 못하고 적자를 낸다면, 기업은 그만큼 금융기관으로부터 차입을 증가시켜야 하며, 이렇게 기업에 부채가 누적되면 금융기관까지 부실화시켜 (한국이 1997년 IMF 때 경험한 것처럼) 국민 경제에 막대한 해를 끼치

게 된다.

기업이 (3)식을 만족시켜서 'P-C'가 영보다 큰 값을 가진다면, 비로소 기업은 (2)식으로 표현된 'V-P'를 고객에게 주고, (4)식으로 표현된 'P-C'만큼을 받는 '주고받음의 관계' 창조에 성공하게 된다. 이를 정리해보면, 기업은 특정 제품을 고객에게 주고 그에 대한 값을 받는 것이 아니라, 고객이 느끼는 가치에서 그가 지불한 가격을 뺀 'V-P'를 고객에게 '주고', 'P-C'를 '받는' 주고받음의 관계를 창조하는 것이다.

생존부등식의 탄생

앞의 (1)식과 (3)식이 성립하면 가격을 중심으로 두 식을 하나로 묶어서 아래 (5)식과 같은 부등식으로 나타낼 수 있다.

$$\text{제품의 가치}(V) > \text{제품의 가격}(P) > \text{제품의 원가}(C) \qquad (5)$$

부등식(5)를 수식이 아닌 일상의 언어로 표현하면 다음과 같다. 소비자가 특정 제품으로부터 느끼는 가치는 그 제품의 가격보다 커야 하고, 가격은 공급자에게 소요된 원가(코스트)보다 커야 한다. 이는 '너 살고, 나 살기' 식의 삶을 실현하기 위한 필요조건이 된다. 소비자는 'V-P'를 얻고, 생산자는 'P-C'를 얻을 수 있어서 상생(相生)이 가능해지기 때문이다. (5)식으로 표현되는 이 상생의 조건을 '생존부등식'이라고 부르자. 생존부등식을 그래프로 표시하면 다음과 같다.

기업이 생존부등식을 만족하면 기업은 고객에게 'V-P'만큼을 주고,

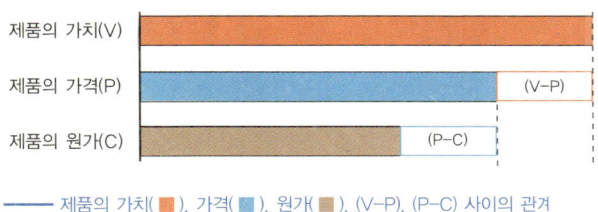

──── 제품의 가치(■), 가격(■), 원가(■), (V-P), (P-C) 사이의 관계

그 반대급부로서 'P-C'만큼을 받는 (너 살고 나 살기식) 주고받음의 길을 갈 수 있다. 따라서 생존부등식을 만족하는 한 기업의 수명은 영원할 수 있고, 모든 기업은 언젠가는 망한다는 근거 없는 믿음에 종지부를 찍을 수도 있다. 그뿐 아니라 생존부등식을 만족시키고 정당하게 주고받음을 실천할 수 있는 기업은, 부당한 방법으로 소비자를 속이거나 비리를 저지를 유혹에서도 해방될 수 있으므로, 사회적으로 계속 존경받는 기업이 될 수 있을 것이다.

생존부등식의 우측 부등호만 이해한 포드 1세

생존부등식의 오른쪽 반만 알고 왼쪽 반은 몰라서 성공과 좌절을 모두 겪은 천재 기업가 포드 1세의 이야기를 들어보자. 20세기 초까지의 자동차 산업은 부유한 고객들이 자신의 취향대로 제품을 주문하면, 장인(匠人, 숙련공)들이 재주껏 그 제품을 만들어서 고객에게 인도하는 체제였다. 이런 체제 속에서는 '규모의 경제(the economy of scale)'가 실효성을 거두지 못하여 생산 코스트가 높다는 점이 문제였다. 당시의 자동차는 총 8천여 개의 부품으로 이루어졌지만, 부품 규격에 표준화(standardize)가 되어 있지

―― 포드 자동차 회사의 T모델(왼쪽)과 1915년경 그 조립 생산 라인(오른쪽)

않아서 동종의 부품 간에도 호환성(interchangeability)이 없었다. 모든 부품은 특정 고객이 주문한 특정 차에만 맞았기 때문에 차를 1대 만드나 10대를 만드나 원가는 떨어지지 않았다. 주문형 수공업적 생산 방식의 이러한 문제점을 인식하고 자동차 제조에 새로운 시스템을 도입하기로 결심한 포드 1세는 부품의 표준화에서 코스트 절감의 원천을 찾기 시작했다.

각종 부품의 규격을 표준화하여 동종 부품 사이에 호환성을 실현하면 자동차 조립에서 생산성을 높일 수 있고, 이렇게 될 경우 자동차 가격을 (부자들이 아닌) 일반 대중의 구매력 범위 내로 끌어내릴 수 있다는 것이 포드의 비전이었다. 부품의 표준화를 실현한 포드는 다음 혁신 과제로서 부품의 단순화(simplify)를 추진했다. 당시 4기통 엔진은 4개의 실린더를 제작한 후 이들을 볼트로 조립해서 만들었지만, 포드 1세는 4기통 엔진 블록(engine block)을 단일 주조물로 설계하여 만드는 데 성공했다. 이와 같은 부품의 단순화를 통하여 포드 1세는 8천여 개의 부품을 5천여 개 수준으로 줄이는 데 성공함으로써 생산 코스트 절감에 박차를 가할 수 있었다. 포드 1세는 이어 제3의 혁신 과제로서 작업의 전문화(specialize)를 추구했다.

포드가 1903년 A모델을 조립할 때는 고정된 작업대에서 한 명의 장인

이 자동차 1대를 혼자서 조립했고, 이때 걸린 작업 주기(週期) 시간은 514분(즉 8.56시간)이었다. 다시 말하면 장인 한 명이 자동차 1대를 자기 작업대에서 조립, 완성하는 데 514분이 걸렸고, 이런 작업대가 장인 수만큼 많았다. 이에 포드 1세는 자동차의 조립 작업을 여러 단계의 단순 작업으로 세분화한 뒤, 전문화 개념을 도입하였다. 즉 한 작업자가 여러 작업대를 순회하면서 자기가 맡은 특정 단순화된 작업만을 전문적으로 수행하게 하였다. 이렇게 되자 작업 주기가 2.3분으로 단축되었다. 다시 포드 1세는 작업자들이 작업대를 찾아 이동하는 시간을 절약하기 위해 1913년 가을에 컨베이어 벨트(conveyor belt)를 도입했고, 이로써 작업 주기를 다시 1.19분으로 단축시켰다. 이처럼 '3S'로 표현되는 '표준화, 단순화, 전문화'와 컨베이어 벨트의 속도에 따라 모든 작업을 동시화(同時化, synchronize)한 대량 생산 방식은 생산성의 획기적인 상승을 가져왔다.

이렇게 생산성이 획기적으로 향상되자 그에 따른 제품의 판매 가격 인하가 가능했고, 가격 인하는 수요 증대를 가져왔으며, 수요 증대는 다시 대량 생산의 경제성을 창출하여 가격 인하를 더할 수 있는 선순환(善循環, benevolent circle) 구조를 탄생시켰다. 이로써 포드 T모델의 가격은 계속 인하될 수 있었으며, 1923년에는 200만 대가 넘는 생산량을 기록했고, 포드 사의 시장점유율을 51퍼센트 수준까지 올려놓았다. 생존부등식의 우측 부등호를 훌륭하게 만족하여 '자동차왕'에 등극한 것이다.

인간 이해가 부족했던 엔지니어링의 천재

그러나 십수 년의 세월이 흐르면서 표준화된 T모델의 단조로움

(monotone)에 대하여 소비자들은 싫증을 느끼기 시작했다. 단조로움에 싫증을 느끼는 것은 인간 속성의 하나인 것 같다. 인간 탐구의 대가라 할 수 있는 인문학 분야의 문호(文豪)들은 이미 오래전부터 단조로움의 위험성을 작품을 통해 발표해왔다. 예를 들면, 프랑스 시인 베를렌(Paul Verlaine, 1844~1896)은 시 〈가을의 노래(Chanson d'automne)〉에서 "가을날 비오롱의 긴 오열(嗚咽)은 단조로움에 괴로워하는 내 마음 아프게 하는구나" 하고 읊었다.[45] '단조로움'에 괴로워하는 인간의 내면 세계를 노래한 이 시는 전 세계 많은 사람이 애송하는 고전이 되었다.

T모델 이야기로 돌아가면, 1910년대는 저렴한 가격과 정비의 용이성 등이 자동차 소비자들이 중요시하는 가치였다. 그러나 1920년대 후반부터 소비자들은 향상된 소득 수준과 다양한 기호에 맞는 제품에 가치를 부여하기 시작했다. 이리하여 T모델은 생존부등식의 좌측 부등호, 'V > P'를 더 이상 만족시키지 못하였다.

소비자들 세계에서 일고 있는 이런 변화를 포착한 GM(General Motors)사는 '고객의 지갑과 목표에 맞는(for every purse and purpose)' 차를 개발한다는 슬로건 아래, '고객 세분화(market segmentation)' 전략과 이에 맞는 다양한 모델로 시장을 석권하기 시작했다. 싼 가격만을 고집한 포드 1세는 1927년 T모델을 원가 이하의 가격으로 팔았지만 판매는 신장되지 않았고, 결국 GM에게 1등 자리를 내주고 말았다. 그 후 포드 자동차는 오늘에 이르기까지 옛날의 1등 자리를 회복하지 못하고 있다. 만약 포드 1세가 생존부등식을 이해했더라면 자동차 업계의 판도가 달라졌을지도 모른다.

---

[45] Les sanglots longs/Des violons/De l'automne/Blessent mon coeur/D'une langueur/Monotone

Case ▶ 한국 라면의 역사와 생존부등식

1990년대부터 세계 제조업의 중심이 중국(中國)으로 이동하기 시작했다. 그래서 중국과 가까운 지리적 위치에 있는 한국으로 (한국이 종주국인) 김치까지 수입되고 있다. 그러나 놀랍게도 한국 시장에서 중국 라면(ramen)은 찾아볼 수 없다. 라면은 기름에 튀긴 국수(noodle)로, 중국에서 발원하여 일본을 거쳐 한국에 들어왔다. 한국은 1963년에 일본으로부터 라면의 생산 기술을 도입했고, 그 후 1970년대 중반에 이르도록 쌀밥을 먹기 어려웠던 가난한 한국의 서민들은 라면을 애용했다.

그런데 현재 라면을 가장 많이 생산하는 동시에 가장 많이 소비하고 있는 나라, 중국의 라면이 한국 시장에는 들어오지 못하고 있는 것이다. 물론 일본 라면도 마찬가지이다. 그 이유는 간단하다. 수입 개방과 자유시장 원리가 지배하고 있는 오늘날, 세계 라면 시장에서 한국 라면의 경쟁력이 타의 추종을 불허하기 때문이다. 그렇다면 중국, 일본에 이어 가장 늦게 라면 산업에 뛰어든 한국이 라면 부문 경쟁력 세계 1위에 오른 과정을 살펴보자.

1960년대 중반, 아직 한국에서 보릿고개 가난이 맹위를 떨치고 있던 시절에 한국의 박정희 대통령은 단위 면적당 수확량이 높은 볍씨를 개발하라는 지시를 내렸다. 당시 필리핀에 있는 국제미작연구소(IRRI, Intenational Rice Research Institute)에서 벼(rice) 육종 기술을 연구하고 있던 허문회 서울대 농대 교수는 자포니카(Japonica)형 유카라(Yukara)와 인디카(Indica)형 티엔원(TN1)을 교배한 1세대 잡종을 부계(父系)로 하고, 필리핀 IRRI에서 개발한 신품종 'IR8'을 모계(母系)로 삼아 신품종 볍씨 'IR667'(뒷날 '통일벼'라는 이름을 얻게 됨)을 개발하여 1968년 농촌진흥청에 보내왔다. 농촌진흥청은 이 볍씨를 여름 동안 한국에서

— 필리핀에서 겨울 동안 증식한 통일벼가 한국에 도착한 모습

재배하여 증식시킨 뒤 다시 (겨울이 없는) 필리핀으로 보냈다. 필리핀에서 논을 임대하고 사람을 고용하여 겨울 동안 증식시켜서 한국으로 공수(空輸)해왔다. 이렇게 계속되는 반복 연구를 통하여 한국은 1974년에 쌀 수확량 3천만 석 돌파로 쌀 자급을 달성했고, 1977년에는 4,180만 석을 수확하여 쌀이 남아도는 시대를 창조했다.

토인비(A. Toynbee) 교수는 저서 《역사의 연구(A Study of History)》에서 역사 속의 흥망성쇠 이론을 제시하고 있다. 그에 따르면, 역사 속을 살아가는 조직(토인비 이론에서는 문명)은 세월의 흐름에 따라 계속 '도전(challenge)'을 만나게 되고, 이 도전에 성공적으로 '응전(respond)'하는 자만이 살아남는다. 토인비 역사학을 경영학에 도입한다면, 'IR667'의 성공은 라면에 대한 도전이 될 수 있다. 당시 한국 라면 시장에서 1위를 점하고 있던 선발 기업은 통일벼의 등장을 토인비적 도전으로 인식하지 못하고 있었다. 그러나 당시 시장점유율 30퍼센트 정도로 고전하고 있던 N사는 "그동안 우리가 기업을 유지할 수 있었던 것은 경제적 이유로 쌀밥을 먹기 어려운 사람들이 라면을 먹어줬기 때문이다. 그러나 통일벼의 성공으로 쌀이 남아도는 시대가 왔고, 이는 라면의 생존 기반에 대한 중대한 '도전'이다. 이 도전에 성공적으로 응전하지 못하면 우리는 죽는다"라고 언급하면서 '응전'을 위한 방법을 모색하기 시작했다.

N사는 '라면 맛이 쌀밥보다 더 좋아서 라면을 찾는 시대 창조'를 비전으로 정립했다. N사는 이 비전을 실현하기 위한 전략으로 '라면의 맛은 수프에 있다'는 슬로건을 만들어 사무실 벽에 붙여놓았고, 당시 채택하고 있던 수프의 제조 공정에 대한 검토와 반성에 들어갔다. 그동안 N사는 라면 수프(예컨대, 쇠고기라면 수프)를 만들기 위해 쇠고기를 오랜 시간 끓여

서 곰탕 형태로 만든 뒤 여기에 고춧가루와 마늘, 후춧가루 등 양념을 혼합하여 버무리고 이를 건조실에서 섭씨 300도의 열풍(熱風)으로 말려 분말(粉末) 형태로 만드는 공정을 거쳤다. N사는 이 방법을 열탕 분해, 열풍 건조 공법이라고 불렀다. 그러나 이 공법은 높은 열을 두 번이나 사용하기 때문에 식자재의 맛과 영양가, 그리고 향취(flavor) 등의 파손이 클 것이 분명했다. 그래서 N사 연구팀은 고열을 가하지 않는 새로운 공법을 개발하는 전략을 세웠다.

N사의 연구팀은 정보 수집과 자체 R&D를 통해서 열탕 분해 대신 효소 분해법을, 그리고 열풍 건조 대신 진공 건조법을 선택했다. 효소 분해법은 인체 내에서 소화기가 음식물로부터 영양분을 추출하는 방식이고, 진공 건조법은 섭씨 60도 정도의 온도에서 (열풍 건조 때보다) 더 짧은 시간에 건조가 가능하다는 원리를 적용한 것이다. N사는 이 두 가지 공법을 실현할 수 있는 설비를 독일로부터 수입하여 가동에 들어갔다. 이들 새로운 공법과 설비에서 만들어진 라면 수프의 맛은 과거의 것과 차원이 달랐고, 이들 신제품은 1980년대 초반부터 한국 라면의 역사를 바꿔놓기 시작했다. 이에 고무된 N사는 다시 한국적 문화 속의 맛을 탐구하기 시작했다. 한국의 라면은 일본에서 도입되었기 때문에 당연히 일본의 전통적인 맛, 즉 담백하고 순한 맛을 1980년대 초까지 그대로 이어가고 있었다. N사는 소비자 설문 조사를 통해 한국인들이 좋아하는 '한국의 맛'은 '얼큰하고 시원한 맛'이라는 확신을 얻었고, 이 맛을 만들어내기 위해 끊임없이 연구했다. 이렇게 계속된 노력이 현재 한국 라면 시장의 70퍼센트 이상을 점유하고 있는 S라면의 탄생을 가져왔다.

한국 라면의 생존부등식 만족

S라면을 예로 생존부등식의 좌측 부등호를 설명해보자. S라면 한 봉지의 소매가격(P)은 평균 700원이다. N사의 시장조사팀이 최근에 실시한 S라면 소비자 의견 조사에 따르면, 소비자들이 S라면 한 봉지에서 느끼는 가치(V)는 ① 한 끼의 식사 해결, ② 반찬 걱정과 설거지 걱정 최소화(minimize), ③ 얼큰하고 시원한 국물(soup) 맛의 향유(享有)에 있다. S라면 소비자들에게 "만약 S라면 한 봉지의 가격이 1천 원으로 오른다고 가정해도 계속 S라면을 사드시겠습니까?" 하고 물었다. 이 질문을 접한 소비자들은 '그렇게 많이 오르면 어떻게 사먹을 수 있겠나? 하는 표정이었다. 그러나 소비자들은 곰곰이 생각한 끝에 1천 원이라는 (작은) 돈으로 S라면에서 느낄 수 있는 앞의 3가지 가치를 충족할 수 있는 다른 대체 상품이 생각나지 않기 때문에 결국 "계속 S라면을 먹을 수밖에 없겠다"는 답변을 했다.

이와 같은 조사를 통하여 얻은 자료는 S라면의 소비자들이 느끼는 가치가 최소한 1천 원 이상이 될 것이고, 이는 '(V-P) = (1천 원-700원) = 300원'이라는 식으로부터 'S라면 1봉지를 팔 때마다 기업이 소비자에게 300원 이상의 순가치를 주는(기증하는)' 결과를 성립시킨다. 즉 생존부등식의 좌측 부등호를 충분히 만족시키고도 남는 여유, '(V-P) > 300원'이 라면 종주국인 중국과 일본이 한국 라면 시장에 발붙이지 못하는 이유이다.

테니슨 시의 '나력'

여기서 'V-P', 즉 제품의 가치에서 가격을 빼고도 남아 있는 순가치의 철학적 의미를 탐구해보자. 영국의 계관시인(Poet Laureate) 알프레드 테니슨 경(Alfred Lord Tennyson, 1809~1892)의 저택 앞에는 큰 오크(Oak) 나무 한 그루가 서 있었고, 테니슨은 이 거목을 통해 인생을 시로 읊었다.[46] 오크는 한국에서 '참나무'로 번역되지만, 한국 참나무보다 더 크고 모습도 다르기 때문에 여기서는 그대로 '오크'라 부르자.

테니슨은 인생을 달관(達觀)한 경지에 이른 나이(82세)에 이 시를 통해, 사람들에게 인생을 오크처럼 살라고 당부하고 있다. 그는 오크의 겨울을 인생의 노년기(60대 이후)에 비유하면서, 오크가 잎을 다 벗지만 '적나라(赤裸裸)한 힘'을 가진다고 예찬했다. 여기서 우리는 '적나라한 힘', 즉 입고 있던 옷을 다 벗은 뒤에도 남아 있는 힘을 '나력(裸力, naked strength)'이라고 부르면서 그것이 철학적으로 무엇을 뜻하는지 살펴보자.

권력을 휘두르던 정치가가 권력이라는 옷을 벗은 뒤, 즉 직책을 그만둔 뒤에도 국민의 존경을 받을 수 있다면 그는 나력을 가진 셈이다. 그러나 우리나라 일부 전직 대통령들 중에는 대통령의 옷을 벗은 뒤 망명 아니면 감옥, 혹은 국민들로부터 의혹이나 원성의 대상이 된 경우가 많다. 나력을 형성하지 못했다는 말이 된다. 대학 교수가 정년퇴임을 한 뒤, 즉

---

[46] Live thy life/Young and old,/Like yon oak,/Bright in sprig,/Living gold,/Summer-rich,/Then and then,/Autumn-changed /Soberer-hued gold again./All his leaves/Fallen at length./Look! he stands;/Trunk and bough;/Naked strength.

―― 옷 입은 오크(왼쪽)와 '벌거벗은 나력'의 오크(오른쪽)

  교수로서의 옷을 벗은 뒤에도 제자들로부터 학문적으로나 인격적으로 계속 존경을 받을 수 있다면 그것도 나력이 될 것이다.
  나력의 개념은 인간이 창조한 작품에도 적용될 수 있다. 수에즈(Suez) 운하 개통을 경축하는 행사에 쓰기 위해 베르디(Verdi)에게 위촉하여 작곡된 오페라 〈아이다(Aida)〉는 경축 행사가 끝난 뒤, 즉 옷을 벗은 지 100년이 넘었지만 오늘날까지 인류의 사랑을 받고 있다. 모차르트의 레퀴엠도 마찬가지이다. 한편 링컨 대통령은 남북전쟁의 격전지 게티즈버그(Gettysburg)에 국립묘지를 헌정(獻呈)하는 연설에서 "국민에 의한, 국민을 위한, 국민의 정부는 영원히 멸치 않을 것"이라고 말했다.[47] 이 말은 그 행사가 끝난 지 200여 년이 지난 오늘날에도 나력을 유지하고 있다.

---

[47] "The government of the people, by the people, and for the people shall not perish from the earth"

'(V-P)〉0'는 노자의 허(虛) 개념과 일치

동양의 자연철학자 노자(老子, Lao-zi)의 가르침을 생각해보자. 노자는 자기가 살던 주(周)나라가 쇠하자 은거를 결심하고 입산하던 중 관문지기의 간청으로 《노자》 2권을 남겼다고 한다. 노자가 남긴 가르침 중에는 "그릇이 가득 차면 더 이상 그릇 노릇을 못한다(盈必溢也, 차면 반드시 넘친다)"는 말이 있는데, 그릇에 아직 더 채울 수 있는 여유가 있을 때 그 여유를 노자는 '허(虛, emptiness)'라고 불렀다.

인간 사회에서 '허'의 유용성은 옆의 사진이 잘 말해준다. 댐(dam)은 수용 능력에 아직 여유가 있어도 태풍, 장마 등에 대비해서 미리 수문을 열고 물을 방류하여 빈(虛) 공간을 남겨놓아야 비로소 유용한 역할을 할 수 있다. 이런

———— 빈 공간(虛)이 있어야 '그릇'의 역할을 할 수 있다. 댐도 거대한 그릇이다.

'허'의 개념은 인간 사회의 조직 이론에서도 찾아볼 수 있다. 조직 사회는 대개 피라미드 구조로 되어 있고, 사람들은 피라미드의 낮은 수준에서 일을 하다가 좀 더 큰일을 할 수 있는 능력, 즉 '허'의 존재를 인정받으면 더욱 높은 자리로 승진한다.

'허'를 채우고 싶어 하는 인간의 충동을 욕심(慾心, desire)이라 부르고, '허'를 유지하려는 인간의 노력을 겸허(謙虛, modesty)라고 부르면, 거의 모든 사람은 욕심이 겸허에 비해 강하기 때문에 계속 승진을 원한다. 그

래서 사람들은 더 이상 큰일을 할 수 있는 역량이 다 소진되었을 때, 즉 '허'가 없어졌을 때 승진을 멈추게 된다. 엔지니어가 자기 영역에서 뛰어난 능력을 더 키울 생각은 하지 않고 권력을 휘두르는 자리로 가거나, 대학 교수가 자기 학문을 더 높일 생각은 않고 높은 관직을 탐하는 경우가 여기에 해당한다.

이런 사실을 해학적(諧謔的)으로 표현한 것이 로렌스 피터(L. J. Peter) 박사가 1968년에 펴낸 《피터 프린시플(Peter Principle)》이며, "위계 조직 사회에서 일하는 사람들은 무능의 수준까지 승진하게 된다(In a hierarchy every employee tends to rise to his level of incompetence)"는 내용을 담고 있다. '피터 프린시플'에 해당하는 사람이 많이 모인 조직의 상층부는 대부분 무능한 사람으로 포진되어, 그 조직은 경쟁력을 잃게 되리라는 결론을 제시한다. 비록 해학처럼 들리지만 이 이론은 진리의 일면을 담고 있다. 이 책에서 영감을 받은 영국 BBC 방송은 1995년 동명의 코미디 시리즈를 만들어 흥행에 성공했다.

《피터 프린시플》이 말하는 위험을 방지할 수 있는 철학이 노자의 '허' 사상에서 나왔고, 경영학적 차원에서 나온 이론이 생존부등식이다. 이익 최대화를 목적함수로 하는 경영은 '허'를 '이익' 속으로 흡입시켜서 없애버리는 경영이며, 생존부등식을 추구하는 경영은 $(V-P) > 0$ 만큼의 허를 유지하는 경영이다.

이익 최대화 목적함수와 생존부등식의 차이, 견제와 균형

여기서 이익 최대화를 목적함수로 하는 경영과 생존부등식의 만족을 목표로 하는 경영 사이의 차이를 좀 더 본질적으로 살펴보자. '이익 최대화'는 생존부등식의 우측 부등호, 즉 (공급자를 위한) 'P-C'의 최대화에만 관심을 쏟는 경영이다. 그러나 생존부등식 전체의 만족을 목표로 하는 경영에서는 좌측 부등호가 우측 부등호를 견제하고, 동시에 우측 부등호가 좌측 부등호를 견제하면서 소비자가 원하는 '가치'와 공급자가 원하는 '이익' 사이에 균형을 모색하는 경영이다. 달리 표현하면 생존부등식을 추구하는 경영의 본질은 좌측 부등호가 요구하는 'V-P'의 크기와 우측 부등호가 요구하는 'P-C'의 크기 사이에서 견제와 균형을 유지하는 데 있다.

그런데 견제와 균형은 자연이 삼라만상(森羅萬象)의 질서를 유지하는 기본 원리이므로, 생존부등식에 의한 경영은 '가장 자연적인 경영'이라고 말할 수 있다. 1장에서 우리는 태양의 중력과 지구의 원심력이 견제와 균형을 통하여 지구 궤도를 안정시키고 유지시키는 원리를 보았다. 이러한 견제와 균형의 원리를 인간 사회에 도입한 것 중 하나가 국회가 행정부를 견제하고 행정부가 국회를 해산할 수 있도록 하는 '의원내각제도'이다.

생존부등식은 인생과 기업의 기본

이상에서 살펴본 바와 같이 생존부등식은 시장에서 유통되는 제품 혹은 서비스에 대해서뿐 아니라 인간 개개인과 사회 속의 모든 조직에 대해서도 성립하는 보편타당한 진리가 된다. 직장에 다니는 개인은 노동(labor)이라는 서비스를 직장에 '주고(제공하고)', 그 직장으로부터 봉급(俸給)이라는 가격(P)을 '받는다'. 이때 직장은 이 개인이 고용할 만한 '가치(V)'가 있다고 느껴야 그를 계속 고용할 것이고, 이 개인은 자신이 받는 봉급(가격, P)이 자신의 생계비(코스트, C)보다 커야 살아갈 수 있다.

생존부등식을 만족시키지 못하면 기업이 패망하는 것처럼, 개인도 생존부등식을 만족시키지 못하면 결국 존재 가치를 인정받지 못하는 처지가 될 것이다. 이때 생존부등식의 우측 부등호는 6장에서 살펴본 '코스트 최소화' 노력, 즉 절약하는 삶을 통해 실현시켜야 한다. 그래서 절약은 어느 시대, 어느 사회에서나 미덕이 된다.

생존부등식은 남녀 간 결혼의 성공과 실패 문제에도 적용된다. 결혼은 남녀 모두에게 자기희생을 요구한다. 결혼으로 인하여 얻어지는 가치(예, 배우자가 베푸는 사랑의 크기)가 결혼으로 인하여 당연히 발생하는 자기희생의 크기보다 커야 그 결혼은 백년해로하는 행복한 결혼이 될 것이다.

3부

수단매체와 목적함수의 결합

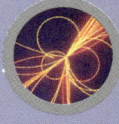

Intro

인간의 사회적 삶은 '주고받음'을 기본으로 형성된다. 고객에게 줄 수 있으면 반대급부를 받을 수 있으므로 '줄 수 있으면 살(생존할) 수 있다'는 말까지 가능해진다. 그런데 문제는 주는 일이 쉽지 않다는 데 있다. 소비자가 원하지 않는 것, 이미 충분히 가지고 있는 것, 좋아하지도 않는 것을 주려고 한다면 이는 자원 낭비가 될 뿐이다. 고객에게 줄 수 있기 위해서는 고객이 마음속으로 느끼고 있는 필요 아픔 정서를 읽을 수 있는 능력이 있어야 한다. 이번 장에서는 이 능력을 감수성이라고 정의하면서 그 이론과 실제를 분석한다. 감수성은 고객과 '주고받음'의 관계를 창조하기 위한 첫 단계의 필요조건이다. 다음 10장에서는 감수성이 파악한 고객의 필요 아픔 정서를 제품 혹은 서비스로 생각해내는 상상력으로 이어진다.

9장

생존부등식을 만족시키기 위한 수단매체1 _ 감수성

필요 아픔 정서, 감수성

한국의 1950년대는 1인당 국민소득이 50~60달러로 가난하던 시대였다. 집집마다 자녀들 학비 대기가 어려웠기 때문에 딸들은 고등학교만 졸업하면 바로 결혼시키던 그런 시절이었다. 충남 대전여고 3학년(졸업반) 딸을 둔 어느 가정에서 어머니와 아버지 사이에 오가는 이야기를 옆방에서 공부하고 있던 중학생 아들이 우연히 들었다. 딸이 여고를 졸업하면 결혼을 시켜야 하고, 그러기 위해 혼수를 준비해야 하는 어머니의 걱정이었다. 당시 결혼 문화에서 시부모와 부부용 이부자리가 필수 혼수품이었고, 이는 국민소득 100달러 미만 시대의 형편에는 경제적으로 힘겨운 부담이었다. 부모님의 혼수 걱정은 중학생 소년의 감수성에 파문을 던졌고, 소년의 마음은 무거워졌다. 자기를 귀여워해주는 누나가 시집을 가야 한다는 허전함, 그리고 누나의 혼수를 마련해야 하는 부모님의 걱정을 들으면서 마음이 무거워진 것이다.

소년의 무거웠던 마음은 며칠 뒤 하나의 결단으로 변해갔다. 소년은 어머니께 동네 돼지 키우는 집에서 돼지가 새끼를 낳으면 두 마리만 분양을 받아 달라고 부탁했다. 그리고 아버지께는 돼지를 키울 우리를 지어 달라고 말씀드렸다. 1950년대에는 인구 10만 정도 되는 대전의 시내 주택가에서도 돼지를 두세 마리 키우는 집이 많았다. 어머니는 돼지 새끼 두 마리를 분양받아 오셨고, 마당 한구석에 돼지우리도 마련됐다. 소년은 학교 친구들 중 시골에서 대전으로 유학 와서 하숙생활을 하고 있는 학생들을 찾아다니며 하숙집에서 버리는 음식물 쓰레기를 수거하기 시작했다. 1950년대에는 오늘날 같은 가축용 사료(飼料)가 없었기에 돼지나 개에게는 음식물 쓰레기를 먹였다. 소년은 당시 한국에 주둔하고 있던 미군 부대에서 버린 중형 기름통 2개를 구해 자전거 양쪽에 매달고 돼지 먹이를 나르기 시작했다. 이렇게 2년여 동안 소년은 돼지 8마리를 건강하게 길러냈고, 그것을 팔아 누나 결혼 때 혼수(이불) 문제를 거뜬히 해결했다.

한국전쟁 이후 전 세계는 자유 진영과 공산 진영으로 나뉘어 냉전 체제로 대치했고, 1960년대에 이르자 양 진영은 대륙 간 탄도유도탄(ICBM), 인공위성 같은 고도의 군사 무기를 개발하기 위해서 대학 물리학과에 막대한 연구비를 쏟아부었다. 그리고 이들 연구실을 운영하기 위해서는 물리학 분야의 대학원생들이 대거 필요했다. 이런 시대적 배경 속에서 그동안 공부에만 전념해온 조서현에게 미국의 일류 대학에서 전액 장학금을 주겠으니 유학 오라는 입학통지서가 날아들었다. 국민소득 100달러 미만의 가난 속에서 미국 유학이라는, '별을 동경하는 불나방'의 꿈이 실현된 것이다. 당시는 김포공항을 떠나는 국제선 여객기가 일본항공(JAL)과 노스웨스트(Northwest) 두 편뿐이었고, 누가 미국 유학을 떠나게 되면 "이제 가면 언제 오나!" 하고 슬퍼하며 가족들이 공항에 나와 울던 시대였다. 유학 떠나는 동생을 보기 위해 시집간 누나는 동대문 암달러 시장에서 50달러를 바꿔와 동생의 손에 쥐어주면서 눈이 붓도록 울었다. 당시는 외환 부족 시대여서 정부가 외환을 통제했기 때문에 암시장이 아니면 달러를 바꿀 수가 없었다.

가난 속에서도 삶의 아름다움은 가능하다는 메시지를 후배들에게 남기고 싶은 마음에 앞에서 장황한 이야기를 했다. 그러나 삶의 아름다움이 생성되기 위해서는 한 가지 조건이 필요하다. 그것은 가족, 친구 혹은 고객의 마음속에 흐르고 있는 '필요 아픈 정서'를 읽어낼 수 있는 능력이다. 이 능력을 우리는 '감수성(感受性, sensitivity)'이라고 부르자. 감수성이 인간 사회의 크고 작은 역사를 만든다. 앞의 이야기에서처럼 부모님의 혼수 걱정에 대한 소년의 감수성이 발휘되지 않았다면 당시 한국의 총국민소득(GDP)은 돼지 8마리만큼 줄어들었을 것이다.

기업이 시장에 내놓는 제품의 경쟁력은 어떻게 결정될까? 이 질문에 대한 답은 분명하다. 고객이 제품으로부터 느끼는 가치에 의해서 결정된다. 그리고 같은 크기의 가치를 가지는 제품 중에서는 가격이 가장 싼 제품이 경쟁력을 가질 것이다. 결론적으로 제품의 경쟁력은 가치에서 가격을 빼고 남는 순가치에 의해서 결정된다. 제품의 가격은 기업 내적으로는 코스트에 의해 제약되고, 기업 외적으로는 시장의 수요와 공급에 의해 결정된다. 따라서 생존부등식의 좌측 부등호를 만족시키기 위하여 기업이 통제할 수 있는 변수(control variable)는 가격이라기보다는 차라리 '가치'라고 할 수 있다.

여기서 우리가 명심해야 할 점은 제품의 '가치'를 결정하는 주체는 공급자가 아니라 소비자(고객)라는 사실이다. 따라서 기업은 소비자가 마음속에서 느끼는 가치를 인식할 수 있어야 경쟁력 있는 제품을 내놓을 수 있다. 인간의 정신세계를 지정의(知情意) 세 영역으로 분류할 때, 지능을 포함한 이성이 지(知) 차원의 능력이라면 다른 사람, 즉 고객의 마음속을 읽어내는 능력인 감수성은 정(情) 차원의 능력이 될 것이다.[48]

감수성의 수동적 차원과 능동적 차원

감수성은 수동적 차원과 능동적 차원으로 나누어볼 수 있다. 수동적 차원의 감수성 발휘란 상대방(고객)의 마음속에 상처나 아픔을 주지 않기 위한 노력이다. 일본 국민들은 이 분야에서 뛰어난 문화를 구축했다. 일본 국민들에게 많은 감동을 준 것으로 알려진 구리 료헤이(栗良平, くりりょへい)의 〈우동 한 그릇(いっぱいのかけそば)〉 속에 나타난 수동적 차원의 감수성을 감상해보자.

일본 사람들은 양력 섣달그믐 저녁에 도시꼬시소바(年越し麵)라는 국수를 먹는다. 새해를 맞으면서 국수처럼 명이 길기를 기원하는 풍속이다. 〈우동 한 그릇〉 이야기는 북해도에 있는 북해정(北海亭)이라는 우동집에서 시작된다. 어느 해 섣달그믐 밤, 10시가 넘자 이 우동집의 손님들도 뜸해졌다. 주인이 상호막(商號幕)을 내리려는 참에 문이 힘없이 열리더니 낡은 반코트를 입은 부인이 여섯 살, 열 살쯤 된 아이 둘을 데리고 들어왔다.

---

48 의(意) 차원의 능력에 대한 탐구는 11장 '탐색시행'에서 한다.

부인은 "저, 우동 1인분만 주문해도 괜찮을까요?" 하고 미안하다는 듯 머뭇거리며 말했다. 여주인은 "네, 네. 이쪽으로 앉으세요" 하고 난로 가까이로 안내하면서 주방을 향해 "우동, 1인분!"이라고 소리쳤다.

주방에서 일하는 남편은 "예!" 하고 대답하면서 손님들을 슬쩍 본 뒤 (세 사람이 1인분을 주문하는 딱한 사정을 직감하고는) 국수 1인분에 반 덩이를 슬쩍 더 넣고 삶는다. 우동이 나왔고, 정겹게 나누어 먹으면서 "참 맛있네요" 하는 큰아이의 목소리, "엄마도 잡수세요" 하며 국수 한 가닥을 집어 어머니 입으로 가져가는 작은아이의 목소리가 카운터까지 조용히 들렸다. 1년이 흘러 다시 섣달그믐이 왔다. 밤 10시가 넘자 1년 전의 세 모자가 북해정에 다시 찾아와 미안해하는 표정으로 우동 1인분을 주문했다.

이들을 반갑게 맞은 북해정 여주인은 주방에 들어와 "여보, 3인분 줍시다" 하고 남편에게 속삭였다. 그러나 남편은 "안 돼요. 그러면 도리어 저 사람들의 마음을 아프게 해요" 하면서 작년과 같이 우동 하나 반을 삶았다. 세 모자는 우동 한 그릇을 두고 "아, 맛있네요, 내년에도 먹을 수 있으면 좋겠어요" 하면서 다 먹은 뒤 150엔을 지불하고 나갔다.

여기서 잠깐 생각해보자. 만약 북해정 주인이 세 모자의 사정을 딱히 여겨 우동을 3인분 내주었다면, 분명 그들의 마음을 상하게 했을 것이다. 호의도 좋지만 더 중요한 것은 상대방의 마음을 상하지 않게 하는 데 있다. 인간의 삶에서 부부 사이, 친구 사이, 기업과 소비자 사이가 어찌 보면 모두 고객 관계이다. 고객 관계에서 가장 중요한 것은 상대방의 마음을 상하지 않게 하는 데 있을 것이며, 그러기 위해서 필요한 것이 수동적 차원의 감수성이다.

이에 비해 적극적 차원의 감수성이란 고객의 마음속에 잠재해 있는 필요 아픔 정서를 읽어내어, 그것을 해결 혹은 충족시켜줄 수 있는 제품이

나 서비스를 제공하는 단계이다. 구체적인 사례를 국가의 행정, 기업의 경영, 개인의 가정 차원에서 살펴보자.

국가 정치 행정 차원의 감수성

세종대왕은 백성을 '고객'으로 생각하고, 고객의 필요 아픔 정서가 무엇인지를 감지하는 능력이 뛰어났던 분 같다. 《조선왕조실록》에 따르면, 세종 임금 즉위 후 수년간 가뭄이 계속되었다. 흉년으로 고생하는 백성의 아픔을 생각한 세종은 농사에 도움이 되도록 측우기를 만들었고, 정초(鄭招)와 변계문(卞季文) 등을 시켜 각 지방을 돌며 그 지역 특성에 맞는 영농법을 정리한 책을 펴내게 했다. 각 지역의 노련한 경험자들에게 물어 지역별 영농의 특성을 밝힌 이 책이 《농사직설(農事直說)》이다.

그러나 《농사직설》이 한문으로 되어 있어서 농민이 직접 읽을 수 없다는 사실을 깨닫고, 세종은 훈민정음 창제를 생각한 것 같다. 세종은 오늘날 기업이 신제품을 개발하는 방식으로 우리글 개발에 나섰다. 우선 정음청(正音廳)이라는 이름의 조직을 만들고, 집현전 학자들을 중심으로 '개발팀'을 구성했다. 이 분야의 '첨단 정보'를 수집하기 위해 중국 요동성에 귀양 와 있는 음운(音韻) 학자 황찬(黃瓚)에게

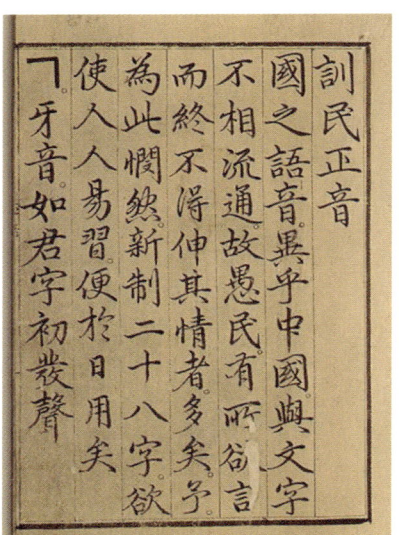

──── 훈민정음 반포문에 나타나 있는 '予爲此憫然'(내가 이것을 딱하게 여겨서)

성삼문을 세 번이나 파견하여 전문 지식도 배워오게 했다.

훈민정음 반포문에 보면, "글 모르는 백성의 사정을 딱하게 여겨서(子爲此憫然)"라는 구절이 나온다.[49] 고객(백성)의 필요 아픔 정서를 감지하는 능력, 즉 감수성의 본질은 세종대왕이 느낀 민연(憫然)의 정(情)일 것이다.

박정희 대통령의 감수성

1964년 서독을 방문한 박정희 대통령은 사통팔달로 뚫린 고속도로 아우토반에 매료됐다. 전국 어디든 쉽게 갈 수 있는 교통 시스템이 '라인강의 기적'으로 대변되는 전후 서독의 경제 성장 원동력이라고 판단했다. 박정희 대통령은 귀국하여 고속도로 프로젝트를 추진했고, 3년 뒤인 1967년 경부고속도로 건설 계획을 발표했다. 1인당 국민소득이 164달러였던 보릿고개 시절에 영농을 위한 보조금이나 극빈자 구제 정책과 무관한 고속도로 건설에 투자한 것이다.

외국의 금융기관에 차관을 요청했으나 중도에 포기할 사업이라며 모두들 거절했다. 하는 수 없이 내자로 충당할 수밖에 없었고, 총 연장 428킬로미터의 도로 건설에 429억 원 예산을 세웠다. 정치권에서는 야당을 중심으로, 그리고 학계에서는 보수주의 경제학자들이 "재정이 파탄날 것이다", "가진 자들만을 위한 유람 도로가 될 것이다" 등 한목소리를 내어 반대했다. 그러나 박 대통령은 1968년 2월 1일 기공식을 갖고 고속도로

---

[49] 원문: "國之語音이 異乎中國하야 與文字로 不相流通일새 故로 愚民이 有所欲言이나 而終不得伸其情者多矣라 予爲此憫然하여 新製二十八字하니 欲使人人易習하여 便於日用矣라."

건설을 밀어붙였다. 박 대통령은 도로 건설 관련 책을 읽고 직접 공부했으며, 건설 현장도 자주 방문했다.

1969년 겨울 어느 날, 박 대통령은 건설 현장을 방문하여 공사 상황을 살피던 중 한 불도저 기사가 손에 장갑도 끼지 않은 채 일하고 있는 모습을 보았다. 당시의 국민소득 수준에서는 겨울에도 장갑 없이 일하는 사람이 많았는데, 이에 연민을 느낀 박 대통령은 자신의 장갑을 그 기사에게 벗어주며 격려했다. 주위에 있던 사람들이 모두 감동했을 것이다.

아래 사진은 당시 박 대통령을 수행하던 사진기자가 찍은 것이다. 박 대통령의 이런 리더십이 기술도 경험도 없고, 경제적 능력도 없이 무모한 일에 도전한다는 비난을 물리치고 한국 최초로 고속도로 건설을 성공시킨 것이다. 당시는 한국에 경영학이라는 학문도 아직 없을 때였기에 박 대통령의 이런 면모를 학술적으로 설명할 수 없었다. 그러나 지금 생각해보면 이는 '감성적 리더십(emotional leadership)'이었다.

이런 리더십 덕분에 서울부터 부산까지 428킬로미터의 대공사가 불과 2년 반 만에 완성되었고, 1970년 7월 7일 준공식을 가질 수 있었다. 수도권과 영남 공업 지역을 연결하는 경부고속도로가 개통되면서 본격적인 자동차 시대가 열렸으며, 곳곳에 공업 단지가 건설되면서 국가 경제가 발전되고 교통 편의가 증진되어 국민 삶의 질이 향상되기 시작했다.

박정희 대통령이 장갑을 벗어준 불도저 기사

기업 경영 차원의 감수성

　기업의 경영자가 감수성을 발휘하여 소비자를 위한 제품 혹은 서비스를 개발한 경우도 살펴보자. 요즘 우리나라 식품점에서도 시리얼(cereal)이라는 식품을 쉽게 볼 수 있다. 시리얼은 밀, 옥수수, 보리 등 곡물을 원료로 하여 우유에 타서 먹을 수 있도록 만든 식품이다. 시리얼 식품을 처음으로 생산한 켈로그(Kellogg) 회사는 1905년 켈로그(Will Keith Kellogg)에 의해 창립되었다. 초등교육밖에 못 받은 켈로그는 젊은 시절 미국 미시간 주의 작은 도시 배틀 크리크(Battle Creek)에 있는 내과 병원에서 1880년부터 1905년까지 25년간을 잡역부로 일하였다. 그는 이 병원 입원 환자들에게 식사를 제공하는 일을 하면서 소화기(消化器) 계통 환자들이 빵을 먹으면 속이 불편하다고 푸념하는 소리를 들었다.

　환자들이 무심결에 중얼거리는 이 푸념에 켈로그는 민연의 정을 느끼곤 했다. 소화기가 약한 환자들의 속을 불편하게 만드는 것은 빵 속에 남아 있는 이스트 때문일 것이라고 믿고, 그는 이스트를 사용하지 않는 (빵의) 대용식을 만들기 위한 실험에 들어갔다. 많은 시행착오 끝에 켈로그는 오늘날 서양에서 아침 식사의 대표적 메뉴가 된 시리얼을 개발하는 데 성공했다. 소화기 환자들의 아픔에 대한 감수성이 위대한 기업의 탄생으로 이어진 것이다.

가정 차원의 감수성

1960년대에 미국에 유학하여 공부하는 한국인 학생 부부가 있었다. 이들 부부는 미국 대학에서 주는 장학금에만 의존해서 살아야 했는데, 집에 세탁기도 없을 정도로 형편이 어려웠다. 부인이 첫 아기를 출산하면서 하루에 20여 장의 기저귀를 사용해야 했고, 따라서 빨래가 걱정이었다. 기저귀와 기타 다른 빨래를 손으로 하는 일은 산후 몸조리를 해야 하는 산모에게는 아픔이 된다고 느낀 남편은 모든 빨래를 자기가 하겠다고 나섰다. 매일 밤 10시경에 도서관에서 돌아오면 2시간 동안 빨래를 해서 빨랫줄에 널고, 마른 빨래는 거둬들이는 일을 도맡았다. 이런 일이 둘째, 셋째 아기 때까지 계속되는 동안 남편은 3만 여 장의 기저귀를 빨아댔다.

그 후 세월이 흘렀고, 부인의 친구들이 모여 앉아 늙어가면서 여기저기 아픈 곳이 생겨난다는 이야기를 했다. 그러나 산후조리를 잘한 부인은 남보다 아픈 곳이 적음을 알게 되었고, 남편에 대해 고마움을 느끼기 시작했다. 부인은 남편이 출근할 때마다 정성껏 도시락을 싸준다. 이 일이 40년 넘도록 계속되면서 부인은 (1년에 250개만 계산해도) 1만 개가 넘는 도시락을 싼 것이다. 산더미처럼 쌓이는 기저귀를 빨아야 하는 부인의 아픔에 대한 남편의 감수성이 이처럼 부부 사이에 '주고받음'의 창조를 가능하게 한 것 같다.

인간은 풍부한 감수성을 가지고 있나?

그런데 감수성을 제대로 가지고 있는 인간이 그리 많지 않은 것 같다. 가을에 흩날리는 낙엽을 보며 감상(sentiment)에 젖는다고 그것을 감수성이라 말하기는 어렵다. 여기서 말하는 감수성은 인간의 필요 아픔 정서를 감지하는 능력으로 정의한 것이지, 자연물을 대상으로 하는 것이 아니기 때문이다.

앞의 8장에서 나력을 설명할 때 살펴본 테니슨의 시 〈오크〉에서 시인은 인생의 가을(나이로 40~60세 사이)이 오면 취기(醉氣)에서 깨어나야(sober) 한다고 가르치고 있다. 인간이 술이나 환상, 유혹 등에 취해 있다가 깨어나서 제정신을 회복한 상태를 테니슨은 'sober'라고 표현했다. 이를 우리말로 '해취(解醉)'라고 번역하자.

―― 낙엽을 보며 감상에 젖는다고 그것이 감수성은 아니다.

젊은 시절(인생의 여름철)에는 깨닫지 못했던 것을 인생의 가을이 되면 깨달아야 한다는 뜻 같다. 개인뿐 아니라 조직도 잘못된 환상이나 유혹에서 해취하지 못하여 중대한 과오를 범하는 경우가 많다. 2008년 전 세계를 강타한 금융위기도 '고위험, 고수익(high-risk, high-return)'의 유혹에서 해취하지 못한 금융기관들의 과오에 기인했다는 것이 전문가들의 견해이다. 비우량(非優良, sub-prime) 신용대출은 이자를 높게 받을 수 있어 금융기관에 유혹적이지만, 신용 등급이 비우량인 만큼 금융 사고로 이어질 위험을 안고 있었다. 이런 위험이 얼마 동안은 무사히 지나가다가 장기적으로는 결국 터지게 된 것이다.

최근 한국은 물론 일본에서도 황혼 이혼이 많아진다는 보도를 자주 접하게 된다. 왜 다 늙어서 이혼을 할까? 그 이유는 집안에서 남편이 부인의 마음속을 헤아리는 감수성이 부족하기 때문이다. 한국과 일본의 전통적 가족 문화 속에는 남편이 집안에서 언어폭력 등을 일삼아 부인에게 아픈 상처를 주는 경우가 많다. 이에 부인은 자식들이 결혼할 때까지만 참고 살다가 자식들을 다 출가시키고 나면 일생 동안 가슴속에 축적된 한풀이로 황혼 이혼을 결행한다고 한다.

가정에서 부부 사이는 서로가 가장 중요한 고객 관계이다. 고객의 마음속에 흐르고 있는 필요 아픈 정서를 읽어내는 능력을 감수성이라고 정의했다. 그런데 많은 사람이 '나는 감수성이 풍부한 사람'이라는 환상에서 해취하지 못하고 있다. 여자들보다는 남자들 중에 감수성이 무딘 사람이 많다고 한다. 이런 남자들은 황혼 이혼 후보자가 될 확률이 많을 것이다. 황혼 이혼 문제를 떠나 모든 인간이 일반적으로 감수성에 문제가 많은 것 같다. 다음에서 이 사실을 확인하자.

감수성의 지각

1983년 6월, 한국의 국영방송 KBS는 한국전쟁 종전 30주년을 앞두고 전쟁 중에 헤어진 가족을 찾지 못한 사람들을 위한 1시간짜리 프로그램을 기획하고 있었다. "이 프로그램에 출연할 이산가족을 찾습니다"라는 광고가 나가자마자 820명의 전화 문의와 신청이 쇄도해왔다. 이에 놀란 프로그램 제작진은 1시간짜리 프로그램으로는 안 되겠다는 판단에 KBS 기획실과 협의하여 본격적인 이산가족 찾기 프로그램을 만들기로 했다.

1983년 6월 30일 밤 10시 15분, 드디어 첫 방송이 시작되었다. 첫 번째 이산가족 상봉이 이루어지자 울음소리가 전파를 타고 전국에 퍼졌다. KBS홀에는 신청이 쇄도했고, 택시를 타고 직접 달려오는 사람들도 줄을 이었다. 이렇게 되자 KBS 측은 12시 15분에 끝내야 할 방송을 새벽 2시 30분에 일단 끝내면서 7월 1일 저녁 10시 15분을 기약했다. 첫날 4시간 동안 몰려든 신청자가 무려 2천여 명에 달했는데, 그중 겨우 850가족을 소개했으며, 이 중 36가족이 극적으로 상봉했다. 그 이튿날부터 KBS 사옥의 모든 벽은 이산가족의 벽보판으로 변했고, 연일 벽보판을 훑어보는 사람들로 인산인해를 이루었다.

―― 이산가족을 찾고자 방송국에 모여든 사람들

방송을 보는 사람들은 모두가 자신의 비극처럼 눈물을 흘렸다. 이산가족 찾기 프로그램이 계속되면서 서울시와 적십자사 등 각급 기관 단체가 텐트 등 설비를 가져왔고, 자원봉사에 나서는 사람도 줄을 이었다. 이 프로그램은 끝이 없을 것 같았지만, 국영방송이 여기에만 매달릴 수 없었기에 1983년 11월 14일, 미완성 상태지만 138일 만에 막을 내리기로 했다. 그동안 10만 952가족의 신청이 접수됐고 5만 3,536가족이 텔레비전에 출연했으며, 1만 189가족(19.03%)이 상봉에 성공했다. 처음 1시간짜리 프로그램으로 기획한 것이 총 453시간 45분 생방송으로 진행됐다. 이산가족들은 물론 해외동포까지 5천만 겨레가 모두 눈이 붓도록 울어버린 민족의 대서사시였다.

여기서 우리의 질문은 단호하다. 한국전쟁 종전(1953년 7월 14일) 후 30년이 지나도록 전쟁으로 헤어진 이산가족들의 필요 아픈 정서에 대한 우리의 감수성은 어디 갔던가? 정부, 언론, 지식인들 할 것 없이 우리 모두는 이산가족의 아픔에 대해서 30년 동안 왜 이렇게 무감각했나? 문호 셰익스피어는 〈햄릿(Hamlet)〉 3막 1장에서 인생의 괴로움을 열거하며 '법의 지연(law's delay)'을 그중 하나로 들고 있다.[50] 그러나 법의 지연보다 더 심각한 것이 감수성의 지연일 것 같다.

왜 백남준은 죽을 때까지 돈 걱정을 했을까?

한국이 낳은 세계적 예술가 백남준 씨 서거 후 그의 부인 구보다(久保田成子) 여사는 2007년 9월 미국 뉴욕에서 백남준 유작 전시회를 열었다. 한국의 조선일보는 특파원을 파견하여 이 전시회를 취재했고, 구보다 여사와의 인터뷰 기사를 2007년 9월 3일 자 문화면에 한 면을 할애하여 실었다. 인터뷰에서 구보다 여사는 "백남준은 죽을 때까지 돈 걱정을 했지요"라는 말을 했고, 이 말이 기사의 타이틀로 채택되었다. 이 기사를 읽은 독자들은 왜

— "백남준은 죽을 때까지 돈 걱정을 했지요"라고 밝힌 구보다 여사

[50] Hamlet, Act 3, Scene 1, 70–76, "Who would bear the whips and scorns of time, / the oppressor's wrong, / the proud man's contumely, / the pangs of disprized love, / the law's delay, / the insolence of office, and / the spurns that patient merit of the unworthy takes, /when he himself might his quietus make with a bare bodkin?".

백남준 같은 세계 정상급 예술가가 죽을 때까지 돈 걱정을 했을지 궁금했을 것이다.

이 질문에 답할 수 있는 이론이 생존부등식이며, 생존부등식의 좌측 부등호를 만족시키기 위한 필요조건으로 감수성 발휘 노력을 들 수 있다. 백남준 예술의 흐름을 보면, 그는 젊을 때 피아노를 연주하다가 도끼로 피아노를 부수거나 무거운 통나무를 밧줄로 허리에 메고 도로 위에서 끌고 다니는 등 소위 '행위예술'을 창시했다. 그리고 1970년대 비디오(video) 시대가 오자 '비디오 아트(video art)'를 창시하여 다시 세계의 주목을 받으면서 예술적 상상력으로 전 세계 예술평론가들의 극찬을 받았다. 그의 작품이 전 세계 주요 미술관에 소장되기 시작했으나, 미술관에 들어가는 작품은 명예가 될 뿐 큰돈이 되지는 않았다.

돈을 못 벌어도 훌륭한 예술가가 많다는 점을 인정한다. 그러나 예술가가 돈을 벌려면 자기 작품을 비싼 가격에 사주는 고객이 많아야 한다. 고객이 많으려면 예술가가 감수성을 발휘하여 소비자가 좋아하는 가치를 인식하고, 그 가치를 구현하는 작품을 창출해야 한다. 백남준은 예술적 상상력 차원에서 세계적 대가(大家)였지만, 소비자가 작품으로부터 원하는 가치를 인식하는 감수성 발휘에는 노력을 소홀히 했던 것 같다.

감수성을 키우기 위한 노력

진화의 역사를 보면, 곤충과 포유류는 그들에게 먹이를 대주는 식물들의 필요(needs)를 인식했다. 즉 곤충은 꽃을 피우는 식물의 가루받이, 그리고 포유류는 열매 맺는 식물의 씨앗 운송 등의 필요를 감지하고 그 필요를 충족시켜주는 서비스를 개발했다. 곤충과 포유류가 수억 년 전에 어떻게 자기 고객의 필요를 감지했을까? 이 질문에 대한 답은 아마 영원한 신비로 남을 것 같다. 왜냐하면 높은 지성을 가지고 있는 우리 인간들도 자기 고객의 필요와 기호를 예측하는 일이 쉽지 않기 때문이다.

우리나라 농촌 지역의 어느 지방자치 단체가 수십억 원의 예산을 들여 농산물을 가공하기 위한 설비를 만들었지만, 그 결과는 국민의 세금 낭비가 되고 말았다는 뉴스가 신문과 텔레비전에 보도되었다. 이들 설비에서 생산되는 제품을 소비자가 외면하기 때문에 팔리지 않고, 따라서 생산 설비가 녹슬게 되었다는 이야기다.

국가나 지방자치 단체의 공무원이 국민을 위해 어떤 서비스를 개발할 것인가, 기업이 고객을 위해 어떤 제품과 서비스를 공급할 것인가, 가정에서 남편이 결혼기념일에 부인에게 무슨 선물을 할 것인가 같은 의사결정의 문제는 풍요로운 사회가 될수록 더욱 어려워진다. 소비자(고객)가 필요로 하지 않는 것, 좋아하지도 않는 것을 제공하면 그 결과는 자원 낭비, 쓰레기 발생에 불과하게 된다. 그래서 경제적 풍요의 시대가 될수록 고객의 필요와 기호를 올바르게 감지하는 능력, 즉 감수성의 중요성은 커지게 된다. 선천적으로 감수성이 주어지는 부분도 있겠지만, 후천적인 노력과 습관에 의해 감수성을 키울 수도 있을 것이다. 그 방법의 하나가 오만에서 벗어나기 위한 노력이다.

오만에서 벗어나라

1997년 우리나라를 강타했던 금융위기 때, 30대 대기업 중 16개 기업이 쓰러진 불행도 최고경영자들의 오만에서 그 원인을 찾을 수 있다. 오만이 거품 성장을 낳았고, 거품 성장이 부실과 파멸을 낳았다. 고객의 필요 아픔 정서에 대한 감수성은 결코 오만에서 나올 수 없다. 세종대왕이 백성들에게 복종과 충성심만 강요하고 왕으로서의 오만에만 머물렀다면, 글 모르는 백성의 아픔을 민연하게 여겨서 한글을 창제하는 일은 생기지 않았을 것이다. 켈로그가 환자들의 푸념에 대해서 '소화기 환자의 속이 불편한 것은 당연하지' 하며 건강한 자의 오만에 머물고 말았다면, 시리얼 식품은 개발되지 못했을 것이다. 인간은 자기 착각 속에서 살기 쉽다. 오만이 가득 차 있는 사람도 자기 자신은 겸허하다고 생각하기 쉽다. 이러한 착각에서 벗어나려면 "낮은 곳으로 임하라"는 어느 종교의 가르침에 귀를 기울여야 한다.

낮은 곳으로 임하라

"낮은 곳으로 임하라"는 가르침은 어려운 사람들의 필요와 아픔을 이해하고, 그들을 도울 수 있는 방안을 생각해내기 위해서 필요하다. 성경의 갈라디아(Galatians) 전서 6장 13절에는 "너희를 불러 자유를 주오니, 너희 자신의 향락에 그 자유를 쓰지 말고, 오직 서로 사랑의 봉사를 위해 사용하라"고 가르치고 있다.[51]

혼잡한 전철 속에서 구슬픈 노래를 부르며 지나가는 맹인, 그의 바구니에 떨어지는 동전 한 닢 소리가 기쁨이 되는 '낮은 곳으로 임할' 때 인간의 아픔과 필요에 대한 우리의 감수성은 자랄 수 있을 것이다. 고층 건물 속의 호화로운 사무실, 고급 승용차의 검은 유리창 속, 가진 자의 오만 속에 사는 사람이 일반 소비 대중의 필요 아픔 정서를 느끼기는 어려

---

[51] "You have been called to enjoy liberty, brothers : only, do not let the liberty be an opportunity for the flesh : instead, serve one another through love".

울 것이다. 일반 대중과 먼 거리를 유지하는 최고경영자가 최후 결정권을 행사하는 회사에서 진정 소비자의 필요 아픔 정서에 맞는 상품이 나올 수 있을까? 만약 나온다면 그것은 요행(僥倖)의 일치일 것이다. 요행은 일시적으로나 가능할 뿐, 장기적으로는 계속되지 않는다.

고객이 존재하는 현장으로 나가라

경영자의 감수성은 고객이 존재하는 현장에서 그들과 직접 접촉하는 가운데 형성된다. 어린 시절에는 바흐(J. Bach)의 음악이 귀에 잘 들어오지 않았으나, 계속 들으면서 귀가 뜨였다고 말하는 사람들이 있다. 칸딘스키(Kandinsky)의 추상화에서도 처음에는 별 의미를 느끼지 못했으나, 계속 보면서 그것이 점차 눈에 들어오게 되었다는 사람들도 있다. 이처럼 인간의 감수성은 그 대상 세계와 자주 접하면서 성장할 수 있다. 따라서 고객의 필요 아픔 정서를 인식하는 능력, 즉 경영자의 감수성은 고객이 존재하는 현장에 나가서 고객과 직접 접촉하는 데서 길러진다고 말할 수 있다. 다음 케이스에서 이 사실을 확인해보자.

Case ▶ 감수성으로 개발한 키모트립신

1950년대 후반 미국 어느 제약회사의 영업사원 코너(William Connor) 씨는 자신의 주된 고객이 병원의 환자와 의사들이라고 생각했다. 그래서 자신의 일과 중 50퍼센트 이상을 병원에서 보냈다. 그는 환자나 의사들을 만나 그들을 관찰하고 그들과 담소하면서 그들의 필요가 무엇인가를 탐구하기 시작했다. 그러던 어느 날, 코너는 한 안과 의사와 우연히 같은 테이블에서 점심을 들게 되었다. 그와의 담소 중에 코너는 안과 분야의 수술 과정에서 인대(靭帶)를 절단해야 할 때 혈관을 다치게 되면 출혈로 인해 수술이 어렵게 된다는 사실, 그래서 인대 절단 시 의사들은 스트레스를 느끼게 된다는 말을 들었다. 이 말을 들은 코너는 그 후 혈관을 다치지 않고 인대만 끊어낼 수 있다면 수술이 신속하고 안전하게 진행될 수 있고, 따라서 의사들의 스트레스도 감소하리라고 생각했다. 이것이 코너가 감수(感受)한 고객의 필요였다. 이처럼 고객의 필요 아픔 정서의 인식은 현장에서 고객을 직접 접하면서 가능한 것이다.

이렇게 고객의 필요를 인식(감수)한 코너는 그 후 인대에 관한 문헌을 찾아 읽고, 전문가를 찾아가 상담도 하면서 인대에 관한 정보를 수집했다. 그러던 중 그는 인대에 수술용 칼을 대지 않고 그것을 용해시켜 끊어낼 수 있는 효소가 (이미 1880년대에 발견되어) 존재한다는 정보를 얻었다. 이 효소는 인대만 용해할 뿐 혈관에는 영향을 미치지 않기 때문에 수술 의사들의 필요를 충족하고 스트레스를 해소시키기에 적합한 것이었다. 그러나 키모트립신(chymotrypsine)이라는 이름으로 불리는 이 효소는 보존 수명이 짧아 보관이 어렵고, 따라서 아직 약품화(藥品化)되지도 않았다는 사실을 알았다.

여기서 코너는 '키모트립신의 보존제를 개발해야 한다'는 문제 정의(problem definition)를 할 수 있었고, 이후 제약회사 연구개발(R&D)팀과 협조하여 보존제를 개발하는 데 성공했다.

이 케이스가 던지는 메시지는 분명하다. 안과 의사들이 수술 과정에서 느끼는 필요와 아픔(스트레스)에 대한 코너의 감수성은 그가 병원 현장에 나가 의사들과 직접 접촉하고 대화하지 않았으면 불가능했을 것이라는 점이다.

물리학에는 장(場, field)이라는 개념이 있다. 예를 들면, 지구와 태양 사이에는 중력에너지의 장(gravitational field)이 존재한다. 이런 성격의 장 개념이 인간과 인간 사이에도 존재한다. 인간과 인간 사이에는 '인간적 매력'이라 불러야 할 장이 존재한다. 인간적 매력이 큰 사람, 작은 사람, 때로는 그것이 마이너스인 사람도 많다. 그러면 인간적 매력을 결정하는 주요 요소는 무엇일까? 가장 중요한 요소가 감수성, 즉 상대방의 마음속에 흐르는 필요 아픔 정서를 읽어내는 능력일 것이다.

Intro

감수성에 의해 상대방(고객)의 필요를 파악한 다음에는 그 필요를 충족시킬 수 있는 제품 혹은 서비스를 생각(상상)해내야 한다. 이번 장에서는 이 능력을 '상상력'이라고 정의한다. 상상력의 유형에는 예술작품을 창조하기 위해 필요한 '허구적 상상력', 삶의 실제 문제 해결에 필요한 '실용적 상상력', 그리고 경험을 초월하여 존재하는 진리 탐구에 필요한 '초월적 상상력' 등 다양하다. 이 세 유형 중 고객의 필요를 충족하기 위해서는 실용적 상상력이 특히 중요하다. 칸트는 인간의 정신적 능력 중에서 가장 중요한 것이 상상력이라고 말했다. 그러나 이렇게 중요한 상상력도 자기완성(self-completion) 능력은 없다. 인간이 상상해낸 것이 언제나 실현 가능하고 실제 환경에 부합된다는 보장이 없기 때문이다. 그래서 상상력은 그 실현 가능성을 검증받기 위한 '탐색시행'을 필요로 한다. 이런 이유로 상상력은 11장의 탐색시행으로 이어진다.

10장 생존부등식을 만족시키기 위한 수단매체2_상상력

2001년 6월 중순, CNN을 위시한 전 세계 뉴스 매체에 신기한 모양의 수박이 소개됐다. 일본 시코쿠(四國) 지방의 어느 농부가 육면체 모양의 수박을 재배해 시장에 내놓은 것이다. 당시 일본에서 시판되는 보통 수박의 가격은 미국 달러로 환산하여 20달러 정도였지만, 이 육면체 수박은 하나에 무려 82달러라는 비싼 가격에 나왔다.

이 수박을 개발 생산한 농부는 인터뷰에서 "보통 수박은 둥글기 때문에 쉽게 구르다가 잘 깨지고, 냉장고에 통째로 보관하려면 공간을 너무 많이 차지하는 문제가 있어서 육면체 수박을 생산했다"고 말했다. 둥그런 수박이 가진 문제점에 대한 감수성에서 육면

―― 2001년 일본에 등장한 육면체 수박

체 수박이 탄생한 것이다.

육면체 수박을 만들어낸, 상상력

사람들은 육면체 수박에 관한 한 최소 2가지 의문을 가지게 되었다. '어떻게 수박을 육면체로 키웠을까?', '82달러라는 비싼 가격의 수박을 사먹을 사람이 얼마나 있을까?' 하는 의문이었다. 첫 번째 의문은 간단히 풀렸다. 투명하고 두툼한 플라스틱 판재를 사다가 육면체 상자를 만들고, 한 면에 작은 구멍을 내서 수박이 어릴 때 그 구멍 속에 집어넣어 재배했다고 한다. 수박이 육각형 상자 속에서 자라나 육각형 형태가 완성되면 플라스틱 상자를 해체하고 수박을 꺼낸 것이다. 아주 멋진 '상상력(imagination)'의 발휘였다.

그런데 문제는 두 번째 의문인 생산 코스트에 있었다. 수박이 성장하면서 밀어내는 압력을 이길 수 있을 만큼 튼튼한 육면체 플라스틱 상자를 제작하는 코스트, 그리고 상자 속에 어린 수박을 조심스럽게 넣어 키우고 수박이 자라면 플라스틱 상자를 해체하는 작업 등 인건비가 많이 들었기 때문에 가격을 높게 받을 수밖에 없다는 점이다. 육면체 수박을 개발한 농부의 상상력은 훌륭하다. 문제는 이 수박이 8장에서 논의한 생존부등식을 만족시킬 수 있느냐에 있다.

신제품 개발의 프로세스

신제품을 개발하기 위한 프로세스는 스포츠의 릴레이 경주를 연상시킨다. 릴레이 경주에서는 제1주자가 자기 구간을 달린 뒤 제2주자에게 바통을 넘긴다. 그러면 제2주자도 자기 구간을 달린 뒤 제3주자에게 바통을 넘긴다. 생존부등식을 만족시키기 위한 제품 개발의 프로세스에서 제1주자는 앞의 9장에서 논의한 감수성이고, 제2주자는 이제부터 논의할 상상력이다. 릴레이는 여기서 끝나지 않고 다음 11장에서 논의할 탐색 시행 구간을 더 달려야 한다. 제1주자인 감수성이 소비자의 필요 아픔 정서를 인식하는 능력이라면, 제2주자인 상상력은 그것(소비자의 필요 아픔 정서 등 문제점)을 해결할 수 있는 제품과 그 생산 방법을 생각해내야 한다. 육면체 수박은 2001년 여름 세계 언론에 보고되었지만, 이후 시장에 다시 나타나지 않고 자취를 감췄다. 비싼 가격으로 인하여 생존부등식을 만족시키는 데 실패한 것이 분명하다.

감수성 다음 주자, 상상력

이런 릴레이 과정을 거쳐서 생존부등식 만족에 성공한 사례를 살펴보자. 앞의 9장에서 감수성을 설명하기 위해 도입한 켈로그 시리얼 케이스를 10장에서는 상상력 측면에서 분석해보자. 소화기가 약한 환자들로부터 '빵을 먹으면 속이 불편해진다'는 푸념을 들은 사람들의 반응은 크게 두 유형으로 나뉠 것이다. 감수성이 없는 사람들은 '소화기가 약한 환자들이 속이 불편한 것은 당연한 거 아니야?' 하면서 그냥 넘겨버릴 수도 있다. 그러나 켈로그처럼 감수성을 가진 사람은 환자들의 푸념에서 세종대왕이 글 모르는 백성의 아픔에 대해 가졌던 연민의 정을 느끼며, 그들의 아픔을 풀어주기 위한 대책을 생각할 것이다. '서양 사람들에게 빵은 주식인데, 빵을 먹지 못하는 환자들에게 빵 대신 어떤 제품(음식)을 만들어 제공할까', '그 제품은 어떻게 생산할까' 등의 고민이 그것이다.

릴레이의 바통은 이렇게 감수성에서 상상력으로 넘어가게 된다. '환자들의 속을 불편하게 만드는 것은 빵 속에 남아 있는 이스트 때문일지 몰라! 그렇다면 밀을 가지고 이스트를 넣지 않은 어떤 대용식을 만들어 보면 어떨까' 하고 켈로그는 상상했다. 그러면 인간에 의한 가치 창조의 릴레이 과정에서 필수불가결의 중요성을 가지는 상상력의 유형을 정리해보자.

상상력의 유형

예술작품은 작가의 상상력에서 탄생한다고 한다. 사실 베토벤의 음악, 칸딘스키의 미술 같은 예술작품들 모두 상상력의 산물이다. 그러나 생각해보면 예술작품뿐 아니라 기업이 감수성을 발휘하여 인식한 소비자의 필요 아픔 정서 등을 해결할 수 있는 제품 혹은 서비스를 창조하는 데도 상상력이 필요하다. 또한 자연과학이나 인문 사회과학 등 학문하는 사람들이 진리를 발견하는 과정에서도 상상력이 필요하다. 물론 진리 그 자체는 인간이 만든 제품이 아니다. 그러나 인간의 눈에 보이지 않는 진리를 발견하는 과정에는 상상력이 필요하다는 의미이다.

인간은 창조하고 발견하면서 살아가는 존재이고, 모든 창조와 발견에 상상력이 필요하기 때문에 철학자 칸트는 인간의 지적 능력 가운데 가장 중요한 것이 상상력이라고 말했다. 인간의 다양한 활동 영역에 따라 그에 필요한 상상력의 카테고리를 정리해보면 다음과 같다.

허구적 상상력

어린이들이 즐겨 읽는 동화 속에는 실제 현실과 거리가 먼 가공의 이야기가 많이 등장한다. 〈오즈의 마법사(The Wizard of Oz)〉라는 동화 속에서는 도로시라는 소녀가 회오리바람을 타고 하늘로 올라가 아름다운 꽃과 따뜻한 햇볕이 가득하고 온갖 이상한 마법사와 마녀들이 살고 있는 오즈의 나라에 도착한다. 그곳에서 도로시는 두뇌가 없어서 고민하는 허수아비, 심장이 없어 고민하는 양철 인간, 그리고 용기가 없어서 고민하는 사자를 만나 이들과 사이좋은 친구가 된다. 도로시는 자기 집으로 다시 돌아가는 방법을 묻기 위해, 이들 세 친구는 각각 자기가 가지지 못한 두뇌, 심장, 용기를 얻기 위해 이 나라에서 가장 큰 힘과 지혜를 가지고 있으며 에메랄드 궁전에 살고 있는 마법사 '오즈'를 찾아가 도움을 청하기로 한다. 이들이 노란 벽돌 길을 따라가 오즈를 만나서 뜻을 이루게 되는 과정을 그린 이 이야기는 모두가 비현실적인 가상 세계의 이야기이다. 그러나 1900년 당시 무명작가였던 바움(Frank Baum)이 저술한 〈오즈의 마법사〉는 세계 여러 나라 언어로 번역되어 베스트셀러가 되었다. 여기에 뉴욕 브로드웨이 극장가의 뮤지컬, 그리고 1939년 MGM 사에 의해 영화 등으로 번안되면서 전 세계 많은 사람의 사랑을 받는 작품이 되었다.

〈오즈의 마법사〉 외에도 세계적 베스트셀러가 된 동화들은 부지기수(不知其數)로 많고, 이들 이야기 속에는 으레 빗자루를 타고 하늘을 날아다니는 마녀도 나오고, 신데렐라에게 화려한 무도복을 입혀주는 요술 할머니도 나온다. 이처럼 실제 세계에는 존재하기 어려운 가상의 세계를 그려내고 창조하는 능력을 '허구적(fictitious) 상상력'이라고 부르자.

허구적 상상력은 어린이를 위한 동화뿐 아니라 일반적 예술작품의 창조에도 많이 사용된다. 박경리 대하소설 《토지》에는 수백 명의 인물이 등장한다. 그런데 그렇게 많은 인물 중 실제로 존재했던 인물은 하나도 없고 모두 작가의 상상력이 만들어낸 가공인물이라고 한다. 이런 허구적 존재를 창조하는 일은 예술작품의 세계에서나 가능하다. 진실의 발견을 생명으로 하는 실증적 학문의 영역에서는 허구적 상상력이 끼어들 여지가 없다.

실용적 상상력

상상력의 제2 유형은 인간이 풀어야 할 문제 해결에 필요한 실용적(pragmatic) 상상력이다. 중국 삼국시대 역사의 정사(正史)로 인정받는, 진수(陳壽)의 《삼국지 위서(三國志 魏書)》 중에 조조(曹操)의 아들 조충(曹沖)의 이야기가 나온다. 오(吳)나라 손권(孫權)이 조조에게 선물로 보낸 큰 코끼리를 보고, 조조의 참모들이 코끼리의 무게를 알고 싶어 했다. 무게를 알아보기 위한 방법을 놓고 한 참모가 큰 저울을 만들어야겠다고 말하자, 다른

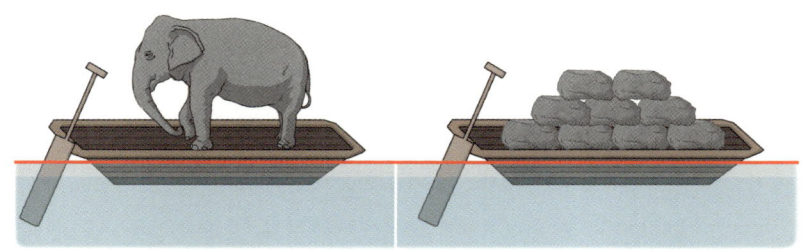

——— 돌을 이용해 코끼리의 무게를 재는 조충의 실용적 상상력

사람이 "그렇게나 큰 저울을 만든다 해도 누가 그 저울을 들어 올릴 수 있겠어?" 하며 반문했다. 또 다른 사람이 코끼리를 여러 토막으로 나누어 각 토막을 저울로 달아서 무게를 합산하는 방법을 제안하자, 그렇게 하면 코끼리가 죽어서 안 된다며 참모들이 반대를 했다. 그러던 중 조조 옆에 있던 다섯 살짜리 아들 조충이 "여러분 이렇게 하면 됩니다. 코끼리를 큰 배에 태워서 배가 물에 잠기는 자리에 표시를 해둡니다. 코끼리를 내리게 한 뒤 그 배에 돌을 실어 코끼리를 태웠을 때 물에 잠겼던 표시까지 배가 잠기게 합니다. 이 돌의 무게를 저울로 달아서 합산하면 코끼리 무게가 됩니다" 하고 말했다.

이것이 문제 풀이에 사용되는 실용적 상상력이다. 이렇게 훌륭한 상상력을 지닌 조충은 안타깝게도 열두 살 어린 나이에 세상을 떠났다. 그가 오래 살아서 조조의 뒤를 이어 훌륭한 정치를 펼쳤다던 중국 역사가 또 어떻게 달라졌을지 모를 일이다.

Case ▶ 정주영 회장의 실용적 상상력

한국이 낳은 위대한 기업가 정주영 회장도 실용적 상상력의 대가였다. 현대건설이 한국 서해안의 서산만 간척 사업을 하고 있을 때, 그가 발휘한 상상력이 보기 좋게 성공한 이야기를 들어보자. 당시 현대건설은 공사 영역을 A지구와 B지구로 나눠 진행하고 있었다. 두 지구 모두에서 가장 어려운 공사는 방조제(防潮堤, 바닷물이 들어오지 못하게 막는 제방) 공사의 마지막 마무리 단계였다.

현대건설의 방조제 공사는 방조제가 육지와 접하는 양쪽 끝에서부터 방조제를 쌓아오면서 중간쯤 서로 만나는 곳에서 마무리를 짓는 점축식(漸縮式) 공법을 택하고 있었다. B지구 방조제의 최종 마무리 공사에서는 4.5톤 무게의 구멍

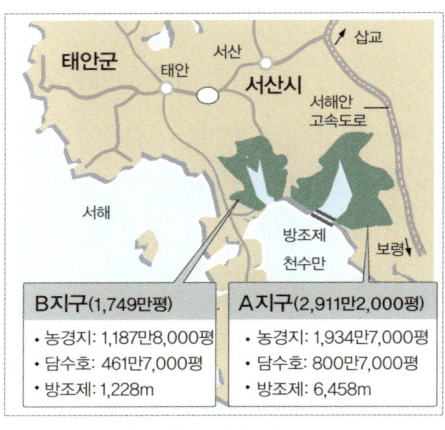
―― 현대건설의 서산만 간척 사업 구도

을 뚫어 철사로 두세 개씩 묶은 뒤 바지선으로 운반해 가서 떨어뜨렸다. 그러나 A지구 방조제의 길이는 총 6,400여 미터였는데, 양쪽에서 방조제를 쌓아오던 중 가운데 270미터를 남겨놓고 공사가 중단됐다. 조수간만의 차가 10미터에 이르는 서해안의 밀물이 들어오면서 270미터 구간을 지날 때 물살의 속도가 초속 8미터 정도가 되었기 때문에 승용차 크기의 거대한 바위 덩이를 던져 넣어도 급물살에 쓸려가버렸다. "철사로 돌망태를 엮어 30톤 트럭으로 계속 실어다 부어도 바로 유실되어버립니다"라고 말하는 현장 감독의 보고는 절망적이었다. 이 보고를 받고 고심하던 정주영 회장은 "고철로 팔기 위해서 사온 유조선 있지? 그걸 당장 서산 앞바다로 끌고 와" 하고 소리쳤다. 당시 현대는 해체해서 고철로 팔기 위해 30억 원을 주고 스웨덴에서 사온 폐유조선을 울산 앞바다에 묶어두고 있었다.

정 회장의 지시에 따라 332미터 길이의 폐유조선이 울산에서 서산으로 옮겨왔다. 서산만 방조제 공사 완료 D데이(D-day)는 1984년 2월 25일로 정해졌다. 정주영 회장의 아이디어로 새로운 공법을 시도한다는 소문이 나자, 각 언론사에서 나온 기자들이 현장 취재에 부산했다. 정주영 회장의 상상력을 실현시키기 위한 첫 과제는 멀리 바다 위에 있는 폐유조선을 끌고 와 방조제에 접안(接岸)시키는 일이었다. 물살이 너무 거세서 일이 쉽지 않아 시간만 끌게 되자, 정 회장은 작은 배를 타고 유조선으로 건너가 예인선을 직접 진두지휘했다. 이른 아침부터 시작된 필사적인 노력 끝에 저녁 7시가 다 되어 유조선을 접안시키는 데 겨우 성공했다.

그러나 배 양쪽 끝의 배와 제방 사이에 20미터 정도의 틈이 생겨 그 사이로 거친 급류가 빠르게 내해 쪽을 향해 흘러들어왔고, 그때까지 유조선 탱크에 물이 차 있지 않았기 때문에 유조선은 완전히 침하되지 못한 상태로 밀물에 밀려나기 시작했다. 정 회장은 다시 예인선을 불러 유조선의 위치를 바로잡은 뒤 탱크에 물을 채우라고 지시했다.

이런 시행착오를 거듭한 끝에 마침내 '정주영식 유조선에 의한 물막이 공법'이 성공을 거뒀다. 이 공사가 성공하면서 현대건설은 290억 원의 공사비를 절감할 수 있었다는 계산이 나왔다. 사상 초유의 이 공법은 미국의 《뉴스위크(Newsweek)》와 《타임(Time)》에 소개됐으며, 그 후 영국 런던 템스 강 상류의 방조제 공사를 맡은 철구조물 회사에서 이 공법에 대해 문의해오기도

서산만 방조제의 유조선 공법 현장

했다. '정주영 공법'이라고 이름 붙여진 이 유조선 공법이 전 세계에 물막이 공사의 신공법으로 기록된 것이다. 기업이 생존부등식을 만족시키는 과정에서 필요한 상상력은 이처럼 실용적인 상상력이 대부분이다.

초월적 상상력

그리스 시대의 과학자 아르키메데스(Archimedes)는 지렛대 원리를 발견한 뒤 "만약 나에게 충분히 긴 지렛대와 지렛목을 놓을 자리만 준다면, 나는 지구라도 움직일 수 있을 것이다"라고 말했다. 그러나 인간은 그렇게 긴 지렛대를 만들 수도 없고, 우주 공간에 지렛목을 놓을 수도 없다. 바꾸어 말하면, 아르키메데스의 지렛대 발언은 실현 불가능한 말이다. 그렇다고 아르키메데스가 헛소리를 한 것은 아니다. 지렛대의 원리상 그

의 말은 진실이기 때문이다. 분명한 진실을 상상력의 형식으로 표현한 것이다.

앞에서 논의한 허구적 상상력은 거짓의 세계에 속하지만(예, 빗자루를 타고 하늘을 날아다니는 마녀의 존재), 아르키메데스의 지렛대 상상력은 진실의 세계에 속한다. 이처럼 인간의 육감이나 경험을 초월하지만 진실의 세계에 속하는 상상력을 '초월적(transcendental) 상상력'이라고 정의하자. 인간이 육감이나 경험으로 알 수 있는 세계는 극히 제한되어 있다. 따라서 육감과 경험을 초월하여 존재하는 진리의 세계를 탐구하려면 초월적 상상력이 필요하다.

Case ▶ 무(無)에서 유(有)가 나오는 현상을 설명한 상상력

1890년대 중반에 과학자들은 우라늄이나 라듐 같은 원소의 원자핵에서 스스로 '무엇'이 방출되고 있다는 사실을 발견했다. 과학자들은 이렇게 방출되고 있는 무엇을 방사능이라고 불렀다. 방사능의 정체를 밝히기 위한 많은 연구 끝에 방사능의 일부는 2개의 양성자와 2개의 중성자로 구성된 '덩어리(헬륨 원자핵)'라는 사실을 알았고, 과학자들은 이를 '알파선(α)'이라 명했다. 또한 방사능의 일부가 전자로 구성되어 있다는 사실을 알게 되었으며, 과학자들은 이를 '베타선(β)'이라고 명명했다. 이외에도 방사능 속에는 알파선이나 베타선처럼 질량은 가지지 않지만 에너지를 가지는 제3의 존재가 있다는 사실을 알게 되었는데, 이를 '감마선(γ)'이라고 불렀다.

이렇게 방사능의 구성 요소들은 다 알려졌지만 과학자들에게는 고민이 생겼다. 방사능을 방출하는 원자핵 내부에는 양성자와 중성자는 있어도 전자가 존재하지 않는데, 어떻게 원자핵에서 전자가 나올 수 있느냐 하는 의문을 풀 수

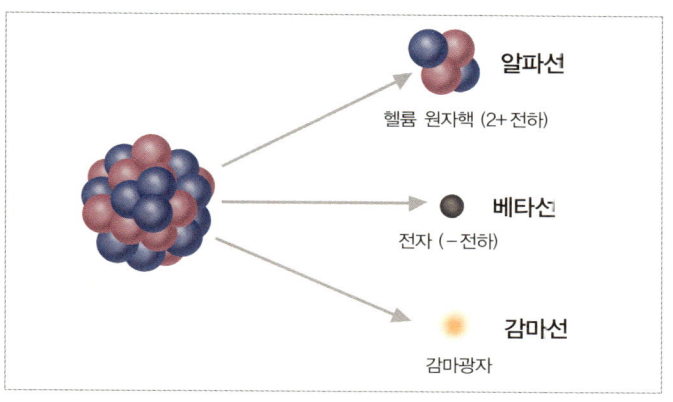

———— 방사능의 구성 요소

없었기 때문이다. 다시 말하면 무(無)에서 유(有)가 나오는 사실을 설명할 수가 없었다.

원자핵 속의 세계는 인간의 육감을 초월하는 영역이다. 그 속에서 일어나는 일을 구명(究明)할 수 있는 방법은 초월적 상상력의 발휘밖에 없을 것이다. 그러던 중 1931년에 파울리(W. Pauli)가 "원자핵 속의 중성자가 전자 하나를 방출하면서 자신은 양성자로 바뀌고[52], 그 전자가 베타선이 되어 핵 밖으로 방출될 것이다"라는 상상력을 내어놓았다. 이 상상력이 과연 진실과 부합될 것이냐 아니냐의 여부는 23년 뒤인 1954년에 이르러 진실로 밝혀졌다.

19세기 말 베타선이 발견된 뒤 1931년에 파울리의 상상력이 나왔고, 그 상상력이 진실임이 밝혀지기까지 장장 54년이 걸린 셈이다. 비록 시간은 오래 걸렸지만, 그래도 육감이 도달하지 못하는 미지의 세계 속 진리의 법칙을 발견할 수 있는 상상력을 가진 종이 지구 위에 살고 있다는 사실이 신기하다. 그러면 이렇게 신비로운 능력, 상상은 어떤 과정을 거쳐서 나타나는 현상인지 살펴보자.

---

[52] 중성자는 전기적으로 중성(neutrality)이므로 전자(minus charge) 하나를 방출하면 자신은 양성(positive charge)을 띠는 양성자가 될 수밖에 없다.

상상력은 외부 세계의 대상과 연관되어 있다

철학자 후설(Husserl, 1859~1938)은 인간의 의식 작용(예, 기억과 상상 등)은 외부 세계의 어떤 대상과 연관되어 있다고 주장한다. 이 주장을 이해하기 위해 예를 들어 설명해보면, 거울 속에 나타난 모든 상(image)은 거울 밖(거울 앞)의 외부 세계에 있는 어떤 대상과 연관되어 있다는 말이 된다. 그런데 인간의 의식 작용에 대해서도 이 말이 타당할까?

〈오즈의 마법사〉를 쓴 작가 바움의 회고록에는 후설의 주장에 상응하는 이야기가 나온다. 주인공 도로시가 회오리바람을 타고 오즈의 나라로 올라가는 상상은 실제로 캔자스(Kansas) 주에서 강력한 토네이도(tornado)가 불면서 집이 휩쓸려 올라가는 것을 보고 영감을 얻었다고 바움은 밝히고 있다. 회오리바람은 공기의 고속 원운동(circular motion)이며 원운동은 원심력을 만들어내므로, 공기를 원둘레 쪽으로 밀어내어 중심부에 진공을 만든다. 이 진공이 지상에 있는 건물이나 사람을 끌어올릴 수 있다. 회오리바람이 물 위를 지날 때는 물과 물고기를 끌고 하늘로 올라갔다가 바람의 힘이 약해지면 그것을 땅으로 떨어뜨린다. 농촌에서 여름날 농가 마당에 미꾸라지가 떨어지는 신기한 현상도 이 때문이다. 또한 오즈의 에메랄드 궁전은 작가가 여름휴가를 보낸 적이 있는 미시간 주의 어느 시골에서 본 '궁전 같은 건물'에서 영감을 얻었다고 한다.

〈오즈의 마법사〉에서 도로시가 타고 올라간 회오리바람(왼쪽)과 그가 찾아간 오즈의 에메랄드 궁전(오른쪽)

상상력, 어디에서 올까?
—경험과 데이터의 축적 및 정리

　현대건설의 정주영 회장이 서산만 방조제 공사 때 폐유조선을 활용하는 상상력을 발휘한 것도 당시 현대건설이 유조선을 만들고 그것을 보유하고 있었기 때문에 가능했을 것이다. 방조제 공사에서 마지막 남아 있는 구간이 270여 미터였고, 유조선의 길이가 332미터였다는 점은 신비롭다. "하늘은 스스로 돕는 자를 돕는다"는 속담이 나올 만도 하다.

　좀 더 차원 높은 초월적 상상력을 예로 들어보자. 물리학계에서 1890년대에 나온 의문, 즉 전자가 존재하지 않는 원자핵 속에서 어떻게 전자가 나오는가의 문제를 해결하기 위한 파울리의 상상력이 30년이라는 오랜 세월을 필요로 한 배경을 생각해보자.

　그 30년 동안 전자, 양성자, 중성자의 질량이 알려졌고, 이들 데이터가 파울리의 상상력을 자극할 수 있는 외부 세계의 대상 역할을 했을 것이다. 양성자의 질량 1.6726×10^{-27}kg, 중성자의 질량 1.6749×10^{-27}kg, 전자의 질량 0.0009×10^{-27}kg 등의 데이터로부터 중성자의 질량이 양성자의 질량보다 크다는 사실, 그리고 중성자가 양성자와 전자로 나뉘고도 남는 질량(M)은 아인슈타인이 발견한 공식($E=Mc^2$)에 다라 에너지로 변환될 수 있다는 사실 등이 파울리의 상상력으로 연결됐을 것이다.[53]

---

[53] 감마선의 에너지를 만들어내고도 아직 남아 있는 질량이 뒷날 '중성미자(neutrino)'의 발견으로 이어졌다.

결론을 정리해보자. 가치 창조에 이르는 상상력은 아무에게나 오는 것이 아니다. 확고한 목표의식을 가지고, 그 달성에 필요한 자료를 수집하고, 조사와 연구를 계속하는 사람에게 오는 것 같다.

상상력, 어디에서 올까?
—열정과 몰두

심리학자들의 연구에 따르면, 창조에 이르는 결정적인 상상력은 어떤 특정 순간에 나타난다. 이 순간에 관하여 《창조적 행동》의 저자인 심리학자 아서 케스틀러(Arthur Koestler)는 '이연연상(二連聯想, Bisociation)'이라는 개념을 제시했다. 그에 따르면, 창조자들은 해결하고 싶은 어떤 문제에 직면할 때 모든 열정과 정열을 쏟아 붓는다. 그러나 열정과 정열이 있다고 해서 문제가 풀리는 것은 아니다. 문제 해결이 여의치 않아 지적 좌절과 정서적 곤경에 빠지면 그들은 방황하고 고민한다. 그러다가 어느 순간, 그때까지는 서로 관계가 없었던 어떤 경험과 자신의 목표 의식이 돌연 관계를 맺게 된다. 이런 관계 형성을 케스틀러는 이연연상이라고 불렀다. 이연연상으로 인하여 그동안 모호했던 생각이 적절하고 우아한 개념의 형태로 창조자의 머릿속에 번쩍이게 된다고 한다. 예를 들어 설명해 보자.

아르키메데스는 시라쿠사의 왕 히어론 1세로부터 왕관이 순금으로 되어 있는지의 여부를 알아내라는 명령을 받고 그 문제를 풀기 위해 몰두하면서 고민에 빠져 있었다. 그러던 어느 날, 아르키메데스는 목욕탕에 들어가면서 욕조 안의 물이 (물속에 잠기는) 자기 몸의 부피만큼 흘러넘치는

―― 목욕탕에 흘러넘치는 물과 왕관의 순금 여부가 관계를 맺는 순간

것을 보고 자신도 모르게 "이거다(Eureka)" 하고 소리쳤다.

사람이 목욕탕 속에 들어가면 물에 잠기는 인체의 부피만큼 물이 넘쳐 흐르게 된다. 마찬가지로 금관을 물속에 넣으면 금관의 부피만큼 물이 흘러넘칠 것이고, 만약 금관이 순금으로 되어 있다면 금관과 무게가 같은 (순금으로 된) 금괴를 물속에 넣어도 같은 부피의 물이 흘러넘칠 것이다.

그런데 금관을 만든 사람이 속임수로 금에 다른 금속, 예컨대 구리를 섞어서 왕관을 만들었다고 가정해보자. 모든 금속은 서로 비중(比重)이 다르다. 금의 비중은 구리의 비중보다 3.1배 크다(무겁다). 그러므로 순금으로 된 왕관을 물속에 넣을 때 흘러넘치는 물의 부피와 무게는 같겠지만, 구리를 섞어서 만든 왕관을 물속에 넣었을 때 흘러넘치는 물

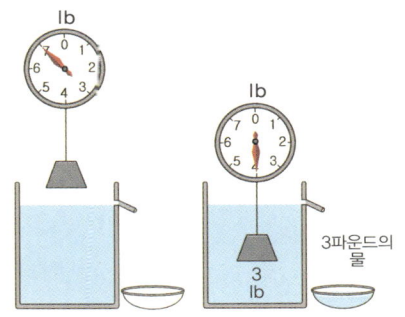

―― 7파운드 무게의 추를 물속에 넣어서 무게가 4파운드가 되면, 3파운드의 물이 흘러넘치고 추의 부피는 물의 부피와 같다.

의 부피는 다를 것이 분명하다. 유레카! 이 깨달음으로 아르키메데스는 히어론 1세 왕관의 순금 여부를 해결했고, 더 나아가 오늘날까지 전해지는 부력(浮力)의 원리를 발견한 것이다.

히어론 1세가 준 문제가 해결되기 전까지는 왕관의 순금 여부와 목욕탕 물 사이에는 아무런 관계가 없었다. 그러나 아르키메데스가 주어진 문제를 풀기 위해 열정적으로 몰입하며 고민하던 어느 순간, 문제의 해법과 목욕탕 물이 서로 만나 '이연연상'을 일으킨 것이다.

———— "노력하며 몰두하는 자는 구제받을 수 있다"고 말한 괴테

독어독문학과 학생 시절, 조서현은 괴테(Goethe)의 《파우스트(Faust)》를 공부하면서 의아(疑訝)하게 생각한 구절이 둘 있었다. "인간은 노력하는 한(限) 방황한다(Es irrt der Mensch, so lang er strebt)"는 것과, "계속 노력하면서 몰두하는 자는 구제받을 수 있다(Wer immer strebend sich bemüht, den können wir erlösen)"는 구절이 그것이다. 그 후 세월이 흘러 아서 케스틀러 교수의 이연연상 학설을 알게 되고, 그것을 아르키메데스의 부력 원리에 연계시키면서 조서현은 괴테의 말에 공감할 수 있었다.

한국의 어린이용 스낵(snack) 시장에서 40년 동안 베스트셀러 자리를 지키고 있는 제품 중 '새우깡'이 있다. 새우깡은 1971년 ㈜농심이 처음 개발했다. 한 제품이 이렇게 오랫동안 베스트셀러 자리를 유지할 수 있었던 데는 그만한 노력과 정성이 들어갔기 때문이다. ㈜농심은 신제품의 개발과 제조 과정에서는 물론 개발 후 상품명을 짓는 데도 심혈을 기울였다. 원료에 새우가 들어갔으므로 '새우'라는 단어 뒤에 한두 글자를 더 붙여 간결한 이름을 짓고 싶은데, 마땅한 것이 생각나지 않아 고민하고 있었다. 그러던 어느날, 신춘호 사장은 세 살짜리 어린아이가 아리랑 노래를 부르면서 놀다가 '랑'의 발음이 어려웠던지 "아리깡, 아리깡" 하는 소리를 들었다. 여기서 그는 '깡'이라는 음이 말을 배우기 시작하는 어린아이조차 쉽게 발음할 수 있고 맑은 음가(音價)를 가진다는 '이연연상'적 신호를 얻어냈다. 이렇게 열정과 몰입으로 탄생한 제품 새우깡의 성공은 이후 이 회사의 주력 제품인 라면의 품질 혁신에 트자하는 자금원(資金源) 역할을 톡톡히 하게 되었다.

상상력, 어디에서 올까?
－자유로운 조직 분위기

1992년 스페인의 바르셀로나(Barcelona) 올림픽도 상상력을 발휘하여 성공을 이끌어낸 경우라 할 수 있다. 올림픽 일정 중에서 가장 중요한 행사의 하나가 개회식이며, 개회식에서 가장 상징적인 행사는 성화(聖火) 점화이다. 이런 까닭에 각 나라의 올림픽 조직위원회는 좀 더 감동적이고 참신한 방법으로 성화를 점화시키고자 여러 가지 상상력을 발휘해냈다. 그간 많은 올림픽에서 성화대에 오르는 층계를 만들어 최종 주자가 성화를 들고 뛰어오르는 방법을 채택했다. 그러나 바르셀로나 올림픽 조직위원회는 이런 진부한 방식이 아닌 좀 더 참신한 방식을 찾기 위해 상상력을 발휘했고, 그 결과 나타난 것이 불화살에 의한 점화였다.

불화살 성화 점화는 연료(가스)가 분출되는 성화대 바로 위로 불화살을 쏘아 올려 성화를 점화시키는 방식이었다. 이 방식은 성공을 거두어 올

——— 1992년 바르셀로나 올림픽의 불화살 성화 점화(왼쪽)와 1988년 서울 올림픽 성화 점화(오른쪽)

림픽 경기장은 물론 전 세계에서 텔레비전을 통해 이 장면을 생생히 지켜본 관중들로부터 참신하고 스릴 있는 '신제품'이라는 찬사를 받았다.

여기서 우리 한국인이 생각해볼 점이 있다. 올림픽에서 활을 가장 잘 쏘는 나라가 어디인가? 우리 민족은 동명성왕(東明聖王) 이래 활 잘 쏘는 역사적 인물을 많이 배출했으며, 말초신경(末梢神經)의 안정성과 그로 인한 정밀 조립기술의 국제 경쟁력을 자부해왔다. 만약 불화살 점화를 1988년 서울 올림픽에서 했다면 우리나라가 양궁의 왕국임을 과시하는 한편, 우리가 생산한 정밀 조립제품의 품질을 선전하는 계기도 마련했을 것이다.

우리가 불화살 성화 점화를 서울 올림픽에서 채택하지 못한 이유는 간단하다. 우리가 그것을 상상해내지 못했기 때문이다. 그래서 우리는 3명의 최종 주자들이 운동장 옆에 세워놓은 성화대 위로 승강기를 타고 올라가 점화를 해야 했다. 불화살 점화는 승강기 점화보다 더 참신하고 스릴 있다는 소비자 가치를 창출할뿐더러, 코스트도 승강기 점화보다 더 저렴해서 생존부등식을 만족시키기에 충분했을 것이다. 그런데 왜 우리는 그것을 상상하지 못했을까?

상상력의 발휘는 자유로운 분위기와 토양, 그리고 실패할 수 있는 여유(freedom to fail)가 숨 쉬는 조직 분위기를 필요로 한다. 어떤 선입견에 구애받거나 속박이 지배하는 환경 속에서는 상상력이 자라기 어렵다. 서울 올림픽 이전까지 우리 민족은 과거 수백 년 동안 사대주의(事大主義)적 선입견과 주변 강대국의 지배, 그리고 해방 후 지속된 독재 혹은 군사문화(militant culture)적 정치 풍토 속에서 자유로운 상상력을 발휘하지 못했다. 그러나 우리나라도 이제 민주화와 자유화의 선진국이 되었으니 우리 고유의 상상력을 마음껏 발휘하여 창조의 경쟁력을 과시할 수 있게 되었다.

Intro

인간이 상상해낸 것이 언제나 실현 가능하고 실제 환경에 부합된다는 보장은 없다. 역사 속에는 상상력에만 의존하여 의사 결정을 내렸다가 큰 낭패를 본 경우가 부지기수다. 그래서 상상력의 현실 적합성과 그 실현 가능성을 검증하기 위한 노력으로서 '탐색시행(探索試行)'이 필요하다. 이번 장에서는 탐색시행의 방법론을 ① 무엇의 존재를 증명하기 위한 경우, ② 옳고 그름을 판별하기 위한 경우, ③ 비록 기술적으로는 실현 가능할지라도 경제적 타당성을 가지는지 여부를 판별하기 위한 경우 등 세 유형으로 분류하여 설명한다. 이어 12장에서는 감수성, 상상력, 탐색시행을 통해 얻어진 확신으로부터 삶의 정도(正道)를 정의한다.

11장 생존부등식을 만족시키기 위한 수단매체3_탐색시행

　1990년대 초 김영삼 대통령 시절, 청와대 오찬에는 칼국수가 자주 올랐다. 그런데 처음에는 이 칼국수를 젓가락이 아닌 숟가락으로 먹어야 했다. 우리나라에서 재배한 밀로 만든 칼국수는 찰기가 없어서 젓가락으로 집기가 어려웠기 때문이다. 그러던 어느 날, 칼국수 오찬에 초대받은 한 식품 전문가로부터 우리나라에서 재배한 밀가루에 콩가루를 조금 섞어 반죽을 하면 찰기가 좋아져 젓가락으로 먹을 수 있다는 조언을 얻었다. 김 대통령에 의해 이 조언은 곧 채택되었으나, 기대한 만큼 칼국수의 찰기가 향상되지는 않았다. 이에 실망한 청와대 주방팀은 예의 식품 전문가에게 문의한 결과, 볶은 콩가루가 아니라 날콩가루를 섞어야 한다는 추가 정보를 얻었다. 그 후 청와대 칼국수는 젓가락으로 먹을 수 있을 만큼 찰기가 좋아졌다.

　여기서 우리는 질문을 하나 던지게 된다. 한국 토종 밀가루에 날콩가루를 섞어 반죽하면 찰기가 좋아진다는 지식은 언제 누가 개발했을까?

한국 선대 어머니들의 실험정신

과거 가난했던 한국에서 칼국수는 서민용 음식이었다. 일반 서민들은 소작농으로 논에서 생산한 쌀을 지주들에게 바쳐야 했기 때문에, 자신들은 산비탈을 가꾸어 농사지은 밀이나 콩 같은 밭곡식으로 살아야 했다. 그리고 음식 만들기는 전통적으로 여자들 소관이었으니, 밀가루에 날콩가루를 섞으면 찰기가 좋아진다는 노하우(know-how)를 개발한 사람은 한국 선대(先代)의 어느 어머니였을 것이다.

그러나 한국 역사 속에 여성들의 업적은 기록으로 보존된 것이 거의 없다. 추측하건대 칼국수의 찰기가 없어서 맛도 그렇고 먹기도 불편하다는 사실을 감수성으로 인식한 어느 어머니가 있었을 것이고, 그는 칼국수의 찰기와 맛을 개선해보려고 고민했을 것이다. 이 고민이 밀가루에 다른 무엇을 섞으면 찰기가 높아질지 모른다는 상상력 발휘로 이어졌을 것이고, 결국 그는 밀가루에 여러 가지 다른 잡곡의 가루를 섞어보는 시도를 했을 것이다. 이런 시도를 '실험정신'이라고 부르자.

어느 실험에서 찹쌀가루를 섞어보았더니 찰기가 좋아졌다고 하자. 그러나 찹쌀 그 자체가 논에서 나오는 곡식이고 서민에게는 귀한 것이어서 오늘의 용어로 경제적 타당성(economic feasibility)이 없음을 깨달았을 것이다. 아무런 과학적 정보가 없는 상황에서 인내력을 가지고 이것저것 밭곡식을 가루로 만들어 섞어보다가 드디어 어느 날 날콩가루를 섞었더니 찰기와 맛이 모두 좋아진다는 사실을 발견했을 것이다. 그는 딸과 며느리에게 이 비법을 전수했을 것이고, 이것이 널리 전승되면서 우리나라의 식품 노하우로 정착되기에 이르렀을 것이다.

그런데 여기에 또 하나의 질문이 떠오른다. 왜 볶은 콩가루는 안 되고 날콩가루만 되느냐는 것이다. 필자는 질문을 해결하기 위해 대학 식품영양학과 교수를 찾았고, 날콩가루 속의 살아있는 효소(enzyme)가 밀가루 속의 효소와 결합하여 밀가루의 찰기를 높여주기 때문이라는 답을 얻었다.

여기에 또 하나의 질문이 있다. 수백 년 전에 우리나라 민간 노하우로 개발되어 널리 보급 실천되고 있는 실용적 지식을 왜 청와대 주방에서는 모르고 있었느냐는 것이다. 이에 대한 답으로는 청와대 주방팀이 (오늘날 경영학에서 말하고 있는) 지식경영(knowledge management)을 소홀히 했기 때문이라고 말해야 할 것 같다.

그러면 우리나라 선대 어머니들의 실험정신을 찬양하면서, 인간의 지식과 진리의 발견 그리고 인간 삶의 질 향상에 절대적 공헌을 하고 있는 실험(experiment)의 세계를 연구해보자.

상상력의 오류와 실험의 중요성

육면체 수박의 실패 경우처럼 인간이 상상력을 발휘하여 고객의 필요 아픔 정서를 해결하기 위한 제품을 만들어 제공했다고 해서 그것이 다 고객을 만족시킨다는 보장은 없다.

상상력은 불완전할 수 있고, 따라서 실제와 어긋나는 오류(誤謬, error)를 범할 수 있기 때문이다. 과거에 인간은 매일 아침 해가 동쪽에서 떠올라 서쪽으로 지는 것을 보면서 지구가 우주의 중심이라고 잘못된 상상을 했으며, 지구는 평편하므로 멀리까지 배를 타고 나가면 그곳에는 낭떠러지가 있어 떨어져 죽는다는 상상도 했다.

이런 상상력의 오류는 과학과 기술이 발달한 오늘날에도 계속되고 있다. 칸트는 《판단력 비판(Kritik der Urteilskraft)》을 통하여 인간의 판단력을 비판했다. 인간의 상상력도 이런 비판을 받아야 한다. 상상력의 오류가 천동설(天動說)이나 지구의 평면설(平面說)처럼 오류 그 자체에 그치면 다행이겠지만, 경우에 따라서는 인류에 치명적인 폐해를 주는 일도 많다. 역사적인 사례를 하나 살펴보자.

히포크라테스의 잘못된 상상력

현대 의학의 아버지라 불리는 히포크라테스(Hippocrates, ?B.C.460~?B.C.377)의 상상력에서 출발하여 1836년경까지 2천여 년 동안 의료계에서 활용된 치료법 중에 방혈(放血, blood depletion)요법이 있다. 이는 환자의 몸에 상처를 내서 병을 일으킨 나쁜 피를 흘리게 하여 병을 치료하는 방법이었다. 미국 초대 대통령 조지 워싱턴(George Washington)이 1799년 12월 인후염(咽喉炎)에 걸렸을 때, 당시 대통령 주치의는 워싱턴에게 이 방혈요법을 실시했다. 67세의 워싱턴 몸에서 무려 2.5리터의 피를 뽑아냈고, 결국 워싱턴은 이틀 만에 사망했다.

방혈요법 시술을 받은 환자가 많이 죽어가자 근거(evidence) 없는 치료법에 문제가 있다고 생각한 프랑스 의사 피에르 루이(Pierre Louis)는 1836년 방혈요법의 타당성(feasibility)

— 현대의학의 아버지로 칭송받는 히포크라테스

을 확인하기 위한 실험에 들어갔다. 폐렴 환자들을 두 그룹으로 나누어 다른 조건들은 모두 같게 하면서 한 그룹에는 방혈요법을 처방하고, 다른 그룹에는 처방하지 않는 실험을 한 것이다. 그 결과 방혈요법이 더 많은 환자를 죽음에 이르게 한다는 사실을 발견했다. 그는 이 결과를 1836년 프랑스 의학계에 발표했고, 이후 방혈요법은 의료계에서 퇴출되기에 이르렀다.

상상력이 아닌 근거에 의한 치료

방혈요법이 퇴치된 1836년 이후 근거에 의한 치료의 시대가 열렸다. 근거란 언제 어디서 누가 실시해도 같은 결과를 얻을 수 있는 실험을 통해 검증받은 타당성을 의미한다. 다음의 〈표1〉은 《브리티시 메디컬 저널(British Medical Journal, BMJ)》에서 인류의 건강 증진에 기여한 현대 의학의 성과를 인터넷 투표에 올려서 얻은 결과이다(2007년 1월 19일 자 BMJ에 발표). 《브리티시 메디컬 저널》은 구독자들의 의견을 물어서 1840년 이후 의학적 업적 100가지를 선정한 뒤, 전문가들에게 의뢰해 최종 후보 15개를 엄선하고 이들을 대상으로 네티즌의 투표를 실시했다. 그 결과 근거에 의한 치료가 8위로서 9위에 올라 있는 X선, CT, MRI 등 화상(畵像) 치료보다 높은 평가를 받고 있다.

인생, 기업, 정치 등 인문사회 영역에서도 상상력의 실패 경우는 부지기수로 많다. 그러나 상상력의 실패 확률이 이렇게 높다고 해서 상상력의 발휘를 포기할 수는 없다. 인류 문화의 발전, 인간 삶의 질 향상은 모두 상상력에서 출발하기 때문이다. 상상력이 가지고 있는 이 딜레마를

순위	의학적 기여 항목	득표율(%)
1	상수도/하수도 시설	15.8
2	항생제	14.5
3	마취	13.9
4	백신	11.8
5	DNA 구조	8.8
6	세균 이론	7.4
7	먹는 피임약	7.4
8	근거에 의한 치료	5.6
9	화상(X선/CT/MRI) 기술	4.2

표1 인류 건강에 기여한 의학적 항목의 기여도 순위

어떻게 해결해야 할까? 답은 간단하다. 실험을 통해서 검증받은 상상력만을 채택해야 한다. 여기에 실험의 중요성이 있다. 이렇게 실험이 중요한 만큼 그것을 제대로 이해하기 위해 실험의 유형을 분류하고, 각 유형별 내용을 알아보자.

실험의 유형

인간의 육체를 포함하여 자연 속의 삼라만상은 모두 92개의 원소로 구성되어 있다. 인간이 실험실에서 만든 인공 원소들을 포함하면 100여 가지가 되지만, 이들은 존재 수명이 짧다. 137억 년 전(오차 한계 2억 년) 우주가 시작되면서 제일 먼저 탄생한 원소는 수소(H)이다. 수소 원소의 중앙에는 양성자라는 입자 하나로 되어 있는 원자핵이 있으며, 이 핵 주위

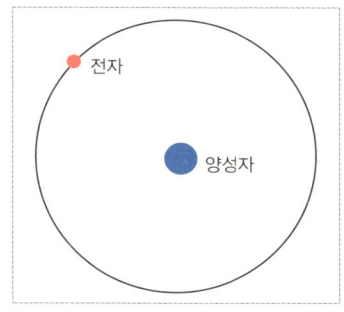

수소원자의 개념도 : 원자핵과 전자 사이는 공(空)이다. 이것은 마치 직경 3km의 둥근 그린 한 가운데 직경 3cm의 골프공이 있는 격이다.

를 전자 하나가 돌고 있다. 양성자의 크기는 직경 기준 10^{-13}센티미터이며, 그 외곽을 돌고 있는 전자의 궤도를 기준으로 원자의 크기는 10^{-8}센티미터, 즉 핵 크기의 10만 배 정도이다. 수소 원자핵을 직경 3센티미터 크기의 골프공에 비유한다면, 전자는 3센티미터의 10만 배에 해당하는 직경 3킬로미터의 원둘레에서 돌고 있다는 말이 된다. 직경 3킬로미터의 그린(green) 위에 직경 3센티미터의 골프공 하나, 이는 거의 빈 공간의 세계다. 이런 공허한 원자들로 구성되어 있는 삼라만상의 모든 물질은 어느 종교에서 말하는 공(空)의 세계인 셈이다.

외곽의 전자를 떼어내고 양성자들만을 한군데 모아놓으면 빈 공간이 제거된 고밀도의 질량이 된다. 질량은 중력을 가지고 옆에 존재하는 다른 물질을 끌어당긴다. 따라서 양성자들만 모여 있는 집단은 빛조차도 끌어들이기만 하고 반사

스위스와 프랑스 국경 지하에 만들어진 둘레 27km의 실험 설비

를 안 하기 때문에 인간의 눈에는 보이지도 않는 블랙홀(black hole)이 된다. 현재 '유럽 핵물리연구소(CERN, 불어로 Centre Européenne pour la Recherche Nucléaire, 영어로 European Organization for Nuclear Research)'에서는 작은 블랙홀을 만드는 실험이 진행되고 있다. 유럽 핵물리연구소(CERN)는 전 세계 80개국에서 과학자 9천 명(한국인 60명 포함)을 초빙, 제네바 지하 100미터 아래에 원둘레 27킬로미터의 도넛형 양성자 가속(加速) 장치를 14년에 걸쳐 만들었다. 이 속에서 양성자들을 서로 반대 방향에서 광속의 99.99퍼센트 수준까지 가속시켜 1초당 6억 번 정도 충돌시키는 실험을 할 예정이다. 이 실험에서 양성자들의 밀집(concentration)이 형성되기 때문에 블랙홀이 만들어질 수 있다.

존재를 증명하는 실험

유럽 핵물리연구소의 실험에서 나타나는 블랙홀의 존속 수명은 1,027분의 1초 정도이고, 이 블랙홀이 주위 물질을 끌어들이기 위해서는 109분의 1초가 필요하므로 안심해도 좋다는 것이 물리학자들의 주장이다. 109분의 1초에서 1,027분의 1초를 빼보면 대략 100분의 1초 시간 간격이 존재한다. 다시 말하면 이 실험에서 만들어진 블랙홀이 지구를 빨아 삼키기 100분의 1초 전에 블랙홀은 사라지기 때문에 안심해도 좋다는 말이다. 그러나 일부 물리학자들은 계속 위험성을 주장하며, 미국의 월터 와그

힉스 입자의 시현(示顯 the appearance)을 보여주는 시뮬레이션

너(Walter Wagner) 등 물리학 교사들은 실험을 중지시켜 달라는 소송을 제기해놓기도 했다.

여하튼 지구 전체의 운명이 100분의 1초라는 찰나(刹那)에 의해 갈리는 실험에서 인간은 무엇을 바라는가? 이 실험의 목적은 다양하지만, 그 중 가장 중요한 것은 힉스 입자(higgs boson)의 존재를 규명하는 데 있다. 힉스 입자는 이론적으로 그 존재가 예견되고 있지만, 실험적으로 아직 규명하지 못한 소립자이다. 이 입자의 존재가 규명되면 질량의 개념, 우주의 창조 과정 등에 관한 많은 지식이 확실해질 수 있다.

진실과 거짓을 판별하기 위한 실험

17세기까지도 대부분의 사람이 무거운 물체가 가벼운 물체보다 더 빨리 낙하한다고 상상했다. 이에 갈릴레오는 이 오류를 바로잡기 위해서 피사(Pisa)의 사탑에 올라가 무게가 서로 다른 물체들을 동시에 떨어뜨리는 실험을 해보라고 설파했다고 전한다.[54] 다음의 합성 사진에서 보이는 것처럼 만약 작은 구슬, 수박, 사과, 대포 탄환 등 무게가 서로 다른 물건들을 탑 위에서 동시에 떨어뜨리는 실험을 한다면, 모두 같은 속도로 떨어진다는 사실

── 물체들은 모두 같은 속도로 떨어진다(출처: Google).

---

[54] 그러나 갈릴레오가 이런 실험을 실제로 했다는 기록은 없다.

을 확인할 수 있다. 이처럼 실험은 인간이 진실을 밝힐 수 있는 가장 중요한 방법론이 되고 있다.

이 카테고리에 속하는 실험의 특징은 그 결과가 옳고(right) 그름(wrong)을 가리는 이분법적(binary) 판단을 가능하게 한다는 데 있다. 초중고 교과서에 나오는 대부분의 실험이 자연법칙의 진실을 배우기 위한 것이므로 여기에 속한다. 오늘날 우리가 당연한 것으로 여기고 있는 의료 기술의 하나인 수혈(輸血, blood transfusion)이 탄생한 과정을 살펴보자.

Case ▶ 수혈의 역사

인간이 출혈(出血)을 많이 하면 죽는다는 사실을 의사들은 오래전부터 경험으로 알았다. 그래서 1667년에 프랑스 루이(Louis) 14세의 주치의였던 장 드니(Jean Denis)는 출혈로 인하여 죽어가는 사람에게 양이나 소의 피를 수혈하는 시도를 했다. 당시의 의학 수준에서는 모든 피는 동물의 것이든 사람의 것이든 다 같으리라고 상상했던 것이다. 그래서 피의 공급원(供給源)으로 양이나 소가 선택되었다. 피는 심장에서 만들어지고 피에는 그 주인의 성격과 마음이 들어 있으며, 양이나 소는 동물 중에서 가장 선한 동물로 보였기 때문인 것 같다. 지금 생각해보면 참 '귀여운(?)' 상상력이다. 물론 양이나 소의 피를 수혈받은 사람들은 예외 없이 모두 죽었다. 그래서 수혈은 '하나님이 허락하지 않는가 보다' 하는 상상력이 그 후 150여 년간 지속되었다. 그러나 생명에 지장이 없는 부위(예, 팔다리)에 사고를 당하고도 단순히 출혈 때문에 죽는 사람에 대한 안타까움(감수성)에서 새로운 상상력이 태동하기 시작했다.

동물의 피와 인간의 피가 서로 다를지 모른다는 상상력에서 1818년에 인간의 피를 수혈해보려는 노력이 영국 런던의 가이스 병원(Guy's Hospital) 산부인과 의사 블룬델(James Blundel)에 의해 시도되었다. 그러나 결과는 혼란스러웠다.

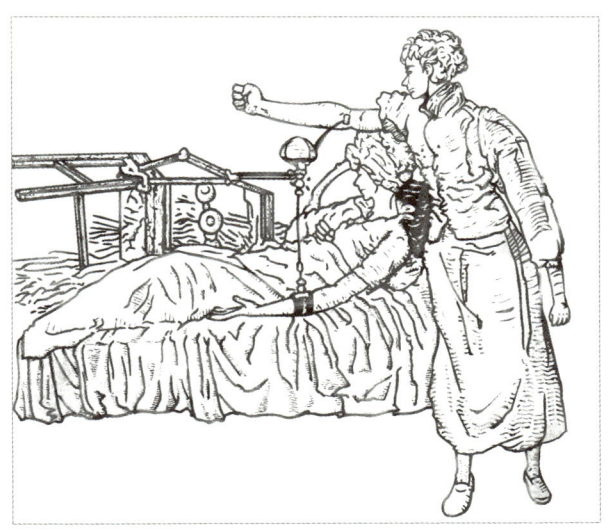
―――― 항응혈제(抗凝血劑) 개발 이전의 즉석 수혈 장면

환자가 어떤 경우에는 살아났고, 어떤 경우에는 죽었기 때문이다. 이렇게 되자 혈액에 대한 본격적인 연구가 시작되었고, 1900년에 이르러 칼 란드슈타이너(Karl Landsteiner)에 의해 인간의 혈액에는 몇 가지 유형이 있으며, 각 유형 사이에는 수혈이 가능한 조합(組合, combination)과 불가능한 조합이 있다는 사실이 발견되었다. 이후 수혈을 잘못해서 목숨을 잃는 일은 줄어들었지만, 혈액이 공기와 닿으면 응고하는 문제는 여전히 해결되지 않았기에 수혈은 환자 옆에서 즉석으로 이루어져야 했다.

1917년 제1차 세계대전에서 부상병이 대량으로 발생하자, 후방에서 미리 채혈한 피를 전선으로 수송하여 병원에 보관했다가 수혈해야 할 '필요'가 강력히 대두되었다. 이 필요를 해결하기 위하여 많은 상상력이 발휘되었고, 그에 따른 연구가 계속되면서 오늘의 항응혈제가 개발되기에 이르렀다. 항응혈제의 개발도 가능성 있는 후보(candidate) 물질들을 대상으로 '예스(yes)' 혹은 '노(no)'를 판별하는 실험을 통해 이뤄졌다.

오늘날 우리가 당연한 것으로 받아들이는 수혈이 양의 피를 인간에게 수혈해보는 첫 시도가 있었던 1667년부터 계산해도 340여 년에 걸친 노력의 산물이라는 점을 생각하면 감회가 커진다.

기술적 경제적 타당성을 높이기 위한 실험, 탐색시행

어떤 사물의 존재를 증명하거나 진위(眞僞)를 가리는 실험과는 성격과 목적이 다른 제3 유형의 실험이 존재할 수 있다. 기업이 창조하여 시장에 도입하려는 어떤 제품의 기술적(technical), 경제적(economic) 타당성을 높이기 위한 실험이 그것이다. 여기에는 소비자가 좋아하거나 싫어하는 심리적 요인에 의한 타당성도 포함된다. 이런 카테고리의 실험을 '탐색시행(探索試行, searching trials)'이라고 정의하자. 탐색시행의 궁극적 목표는 생존부등식을 만족시키는 데 있다. 아무리 훌륭한 상상력에 의한 제품이라 해도(예를 들어 인간에게 해로운 니코틴이 배출되지 않고 연기도 나지 않으며 화재의 염려도 없는 신기술의 담배가 나왔다고 해도) 그것을 소비자들이 외면하여 생존부등식이 만족되지 못하면 그 제품은 폐기될 수밖에 없다.

생존부등식을 만족시키기 위한 필요조건으로서 감수성을 제1주자, 상상력을 제2주자로 규정한 릴레이 경기 모델에 따르자면, 탐색시행은 상상력의 바통을 이어받아야 하는 제3주자에 해당한다. 앞의 9장과 10장에서 감수성과 상상력을 설명하기 위해 도입한 켈로그 시리얼 케이스를 여기서는 탐색시행 차원에서 분석해보자.

켈로그의 탐색시행

빵을 먹으면 속이 불편해지는 소화기 환자들의 푸념에 연민의 정을 감수한 켈로그는 환자들의 불편이 빵 속에 남아 있는 효모 때문일 것이라고 상상하고, 효모를 사용하지 않은 대용식을 만들기 위한 탐색시행에 들어갔다. 우선 밀을 삶아서 한국의 납작 보리쌀 개념처럼 얇게 눌러내어 환자들에게 제공해보았지만 결과는 실패였다. 맛도 없고 씹어 먹기 힘들다는 것이 실패의 원인이었다. 켈로그는 밀을 삶는 시간, 삶은 밀을 눌러내는 롤러(roller)의 압력, 속도 등 데이터를 바꿔보면서 실험을 계속했다. 그래도 결과는 실패의 연속이었다.

그러던 어느 날, 밀을 삶아놓고 아직 실험에 들어가지 않았는데 병원

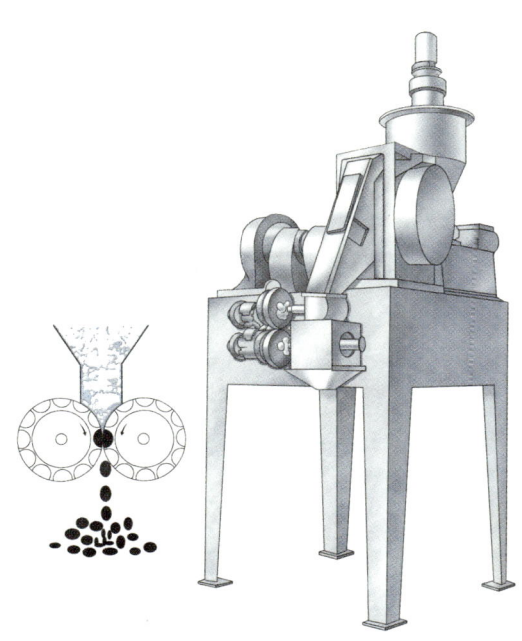

———— 켈로그는 밀을 롤러 사이에서 밀어내어 납작보리처럼 만들었다.

장 지시로 긴급히 시카고에 다녀올 일이 생겼다. 일을 마치고 사흘 만에 돌아와 보니 삶아놓고 간 밀은 그동안 뜸이 들고 퉁퉁 불어 있었다. 켈로그는 뜸이 든 밀을 버릴까 생각하다가 실험이나 한 번 더 해보고 버리자는 마음으로 롤러에 넣고 돌려보았다. 그랬더니 놀랍게도 지금까지와는 다른 결과, 즉 밀알들이 종이처럼 얇은 박편(薄片, flake)이 되어 나왔다.

이들 박편은 입에 넣으면 눈송이처럼 녹을 만큼 충분히 얇았고, 우유에 타서 환자들에게 급식해보니 대환영이었다. 시리얼 식품이 먹기 쉽고, 소화가 잘 되고, 밀의 껍질까지 먹을 수 있어서 장의 건강에 좋다는 점이 환자들이 환영하는 이유였다. 켈로그는 과거에 잘 안 되던 일이 성공으로 바뀐 원인을 생각해보았다. 과거에는 밀을 삶아서 바로 롤러에 넣고 돌렸기 때문에 밀의 중심부가 수분이 충분히 닿지 못해서 단단한 핵으로 남아있었다. 그러나 삶아놓은 밀을 사흘간 두자 수분이 밀의 중심부까지 균등하게 침투한 것이 성공의 원인 같았다. 켈로그는 옥수수, 보리 등으로도 시리얼을 개발했다. 환자들은 퇴원한 뒤에도 시리얼을 우편으로 주문하기에 이르렀고, 이 성공을 딛고 설립된 켈로그의 회사는 오늘날 세계 정상급 식품회사가 되었다.

일반적 실험과 탐색시행의 차이

켈로그의 시리얼 개발 케이스에서 본 것처럼 탐색시행은 인생과 기업의 세계에서 고객과 소비자를 만족시켜 생존부등식에 이르기 위한 노력의 한 과정이다. 이런 의미에서 탐색시행은 자연과학에서 진실과 거짓을 가르기 위한 일반 실험과 다르다. 자연과학적 실험의 결과는 진실 여부를 말해주는 데이터로 나타나지만, 탐색시행의 결과는 제품 혹은 서비스가 생존부등식을 만족시킬 수 있는 기술적 타당성과 경제적 타당성이 있는지를 말해주는 데이터로 나타난다. 탐색시행의 방법론은 통제변수(control variables)를 사용하여 목적함수를 평가하는 데 있다. 통제변수와 목적함수를 정립하고, 기술적 경제적 타당성에 도달하기 위하여 노력하는 과정을 살펴보자.

질소비료를 개발하기 위한 탐색시행

1900년대 초까지 인류는 유기질 퇴비(organic fertilizer, guano)나 칠레(Chile) 초석(saltpeter) 등 주로 자연에서 채취한 비료로 농작물을 생산해왔다. 칠레 초석이란 칠레의 아타카마(Atacama) 사막 지대에서 채굴되는 초산(硝酸) 나트륨($NaNO_3$)을 말하며, 물에 쉽게 녹아 질산이온을 만들기 때문에 질소비료 또는 화약(gun powder)의 원료로 많이 사용된다. 그러나 전 세계적인 인구 증가에 따라 농작물 수요가 급속히 늘면서 인류의 장래 식량 문제를 생각하는 지식인들은 자연에서 채취하는 비료에만 의존해서는 인류를 먹여 살릴 농산물을 충분히 생산해낼 수 없을 것이라고 문제를 제기하기 시작했다. 이 문제에 대한 해결책은 인공적 방법에 의한 합성비료(synthesized fertilizer), 특히 질소비료를 공장에서 대량으로 생산하는 기술 개발에 있다는 것이 그들의 상상력이었다. 질소비료의 원료가 되는 질소화합물은 전쟁용 폭약(TNT) 제조에도 사용될 수 있기 때문에 전 세계 선진국들은 질소비료를 대량생산할 수 있는 기술을 개발하기 위한 경쟁에 나섰다.

사실 공기 중의 약 78퍼센트가 질소로 되어 있지만, 이 질소 분자들은 자체 결합력이 너무 강해서 동식물이 흡수할 수 있는 형태로 떼어내기가 불가능에 가깝다. 따라서 질소를 어떤 질소 화합물(예, 암모니아) 형태로 만들어서 식물이 쉽게 흡수할 수 있도록 하기 위한 연구가 20세기 초부터 전 세계 과학계의 중요한 목적함수가 되었다.

공기 중의 질소를 인간이나 동식물이 이용할 수 있는 어떤 화합물로 만드는 방법을 '질소 고정법(nitrogen fixing)'이라고 부른다. '질소 고정'이라는 동일한 목적함수를 놓고 그 목적함수의 실현 방법이 다양하게 시도되었다. 일반적으로 어떤 원소(예, 질소)를 다른 원소(예, 산소)와 화학적으로 결합시키려면 높은 열을 가해줘야 한다. 높은 열을 만들어내기 위한 방법의 하나는 고압 전기의 양극과 음극 사이에 발생하는 아크(electric arc)를 사용하는 것이다.

이 방법은 전기에너지의 소모량이 너무 컸기 때문에 수력발전소에서 나오는 값싼 전기를 필요로 했다. 이 점에 착안한 미국 과학자들은 나이아가라 폭포(Niagara Falls)에 수력발전소를 건설하고, 그 전기에서 얻은 아크열을 이용하여 질소와 산소를 결합시켜서 질소산화물을 만들려고 했다(1902년 전후). 그러나 이 방법은 경제적 타당성이 문제가 되어 실패로 끝났다.

기술적 타당성과 경제적 타당성

1904년에 노르웨이의 버크랜드(K. Birkeland)와 에이데(S. Eyde)는 좀 더 개량된 아크 방법을 개발하여 질소와 산소를 결합하는 데 성공했다. 그리고 이 방법이 노르웨이와 유럽 일부에 도입되어 상업적 성공을 거두는 듯했다. 그러나 경제적 타당성이 충분하게 만족스럽지 못하자 곧 사라졌다. 또 다른 연구 팀(A. Frank & N. Caro)이 질소를 칼슘카바이드(CaC_2)와 결합시켜 칼슘시아나마이드(calcium cyanamide, $CaCN_2$)로 만든 뒤, 이를 가수분해(hydrolyze)하여 암모니아를 만드는 데 성공했다.

이 방법은 제1차 세계대전 중 화약을 만드는 데 활용되었으나, 뒤에 나오는 하버-보쉬(Haber and Bosch) 방법에 밀려 사라져갔다. 이처럼 식량 증산을 위한 질소비료 합성이라는 목적함수를 실현시킬 기술적 타당성에 성공한 방법은 많았지만, 결국 최후의 승자를 결정하는 것은 경제적 타당성이었다.

일시적인 이유(예, 전쟁용 특수)로 성공할 것처럼 보였던 방법도 더 좋은 경제성을 가진 방법이 등장하면 역사의 무대에서 사라져야 했다. 이제 20세기 초반에 나타나 오늘날까지 100여 년간 질소비료 합성법의 대종(大宗)을 이루고 있는 하버-보쉬 방법을 살펴보자.

통제변수와 촉매의 선택

독일의 화학자 하버(Fritz Haber)는 질소(N_2)와 결합시킬 원소를 산소가 아닌 수소(H_2)로 선택하고, 이 둘을 반응시켜서 암모니아(NH_3)를 합성할 목표를 세웠다.[55] 또한 질소와 수소를 반응시키기 위한 통제변수로는 온도와 압력을 생각했다. 화학반응을 촉진하기 위해 고온이 필요하다는 것은 당시 이미 알려져 있었지만, 하버는 압력까지 생각한 것이다. 그러나 당시 수백 기압의 높은 압력을 견뎌낼 수 있는 실험 설비가 없었으므로, 하버는 영국의 고압 설비 전문가 로시뇰(Robert Le Rossignol)에게 실험 장치 제조를 부탁했다.

하버는 화학반응을 촉진시킬 매개체로 촉매를 생각했다. 그는 처음 오스뮴(osmium)을 촉매로 선택하고, 로시뇰이 만든 고압 실험 장치를 사용하여 1909년 소량의 암모니아를 생산하는 데 성공했다. 당시 칼스루에

---

[55] 하버는 질소와 수소의 반응식($N_2 + 3H_2 \rightarrow 2NH_3$)을 특허 냈다.

(Karlsruhe) 대학 교수였던 하버는 자신의 특허와 실험 설비 등 일체를 칼스루에 대학과 산학협동 관계를 맺고 있던 BASF 회사에 매각했다.

BASF 사는 엔지니어 칼 보쉬(Carl Bosch)에게 하버가 실험실에서 성공한 암모니아 생산법을 공장용 대량생산 체제로 바꾸는 연구를 맡겼다. 보쉬는 우선 오스뮴 촉매가 고가의 희소성 금속이었기 때문에 실험 전문가 미타쉬(Alwin Mittasch)에게 경제적인 촉매를 찾아내도록 주문했다. 미타쉬는 약 2만 가지 촉매를 실험하여 가장 경제적인 것으로 자철광($Fe-Al_2O_3-K_2O$)을 발견하는 데 성공했다. 자철광을 촉매로 사용하여 BASF 회사는 약 500도의 고온과 200바(bar)[56] 정도의 고압에서 질소와 수소를 반응시켜 암모니아를 생산할 수 있었다.

그러나 BASF 회사 내에서 이 방법에 대한 반발이 일었으니, 그것은 당시로서는 상상하기 어려운 200바라는 고압 장치가 폭발할 경우 공장 전체가 날아갈 수도 있다는 우려 때문이었다. 이 반발을 무마하기 위해서는 공장 내의 모든 종업원들이 믿고 따르는 지도자가 필요했다. 다행히 당시 BASF 사에는 모든 종업원으로부터 존경을 받는 '엔지니어의 아버지' 브룽크(Heinrich von Brunck)가 있었다. 그는 면밀하게 고압 장치를 조사한 뒤 종업원들을 안심시키는 데 성공했다. BASF 사에서 암모니아가 대량생산되기 시작한 것은 1913년 오파우(Oppau) 공장에서였다. 하버 교수는 학문적 공로로 1918년 노벨 화학상을 수상했고, 보쉬는 대량생산 체제를 개발한 공로로 1931년 노벨 화학상을 수상했다. 그러나 이 두 사람 외에도 고압 설비 전문가, 경제적 촉매를 찾아낸 실험 전문가, 종업원

[56] 평상시 대기압의 크기는 1바(bar).

들의 신뢰를 기반으로 조직 분위기를 안정시킨 지도자, 그리고 칼스루에 대학과 BASF 회사 사이의 신뢰가 있었음을 기억해야 한다.

가장 자연적인 것이 가장 경제적이다

합성비료의 제조라는 목적함수는 쉽게 실현된 것이 아니다. 이것이 실현되기까지는 두 명의 노벨 화학상 수상자와 보쉬, 로시뇰, 미타쉬, 브룽크 등 전문가들의 헌신적 노력이 필요했다. 이렇게 많은 위인의 노력과 아이디어로 개발된 하버-보쉬 방식은 오늘날까지 100년 넘게 애용되고 있지만, 그 방법은 여전히 섭씨 수백 도의 고온과 수백 바의 고압을 사용하는 수준이다.

인간의 능력이 아직 이 수준밖에 안 되니 다른 방도가 없다. 그런데 생물학에서 밝혀진 바에 따르면, 콩과 식물(leguminous plants)의 뿌리에서 공생하는 뿌리혹박테리아(leguminous nodule bacteria)가 (인간처럼 섭씨 500도와 200바의 고온 고압을 사용하지 않고도) 평상 기온(섭씨 20도 전후), 평상 기압(1바)에서 질소를 고정하여

―― 콩과 식물의 뿌리혹 박테리아

비료를 만들고 있다. 경제적 타당성을 실현하는 점에서 인간보다 월등히 뛰어난 능력을 발휘하는 것이다. 여기서 다시 한 번 '가장 자연적인 것이 가장 경제적'이라는 진리를 실감한다.

타당성 제고를 위한 노력

1970년대 후반 한국은 세계에서 컬러텔레비전을 가장 많이 생산하여 해외로 수출하는 나라였다. 그러나 정작 국내에서는 컬러 방송을 하지 않았다. 이는 당시 박정희 대통령의 정치철학 때문인데, 고가의 컬러텔

레비전을 구입할 수 없는 저소득층이 소외감을 느낄 것이라는 판단에 따른 것이다. 이후 1979년 박 대통령이 서거하고 1980년 신 정부가 들어서면서 컬러텔레비전 시대가 열렸다.

아름다운 컬러텔레비전의 색채는 사회적으로 컬러 문화를 이끌었다. 이런 분위기 속에서 M타이어 사의 K씨는 '자동차의 색깔은 다양한데 왜 타이어는 검은색이어야만 하는가? 컬러 시대에 컬러 타이어를 만들면 히트 상품이 될 것이다' 하고 상상했다. M타이어 회사는 당시 제안(提案)왕으로 이름을 떨치던 K씨의 아이디어를 받아들여, 신제품 개발실에 컬러 타이어 개발 지시를 내렸다.

── 개발은 했으나 실용화되지 못한 컬러 타이어

1980년대 돈으로 약 18억 원의 개발비가 투입되어 빨강, 노랑, 파랑의 컬러 타이어가 생산되었다. 컬러를 내기 위해서 검은 타이어 생산에 사용하던 카본 블랙(carbon black) 대신에 이산화규소(SiO_2)와 이산화티타늄(TiO_2)을 배합해서 썼다. 그러나 이런 재료를 써서 개발된 타이어는 고무의 인장 강도가 약하기 때문에 쉽게 마모되었다. 이에 현대, 대우, 기아 등 당시의 자동차 회사들은 컬러 타이어의 채택을 거절했다. 그뿐 아니라 컬러 타이어는 전시실에서는 아름답게 보였으나 자동차에 부착하고 도로를 달리다 보면 흙과 먼지를 뒤집어쓰기 때문에 컬러의 효과도 별로 뛰어나지 않았다. 신문에 광고를 내보았으나 소비자들도 컬러 타이어를 찾지 않았고, 결국 M사는 개발비만 날린 채 컬러 타이어 생산을 중단하고 말았다. 이렇듯 기업에서 상상력으로 개발된 제품이 실패로 끝난 사례는 부지기수이다.

노력의 3요소

자유주의 경제 체제에서 추구해온 이익 최대화 목적함수는 사회적 폐해가 너무 크다는 것이 20세기의 경험이다. 그것을 대체할 수 있는 새로운 목적함수가 '생존부등식'이다. 생존부등식을 만족시키면 '너 살고 나 살기'식 주고받음의 삶이 가능하다.

초등학교 시절 우리는 색의 3요소를 배웠다. 빨강, 노랑, 파랑 3가지 색을 적절히 배합하면 모든 색을 다 만들어낼 수 있다는 말이다. 인간은 일을 해야 살 수 있고, 경영학은 일을 잘하기 위한 학문이다. 일을 잘하기 위해서 필요한 노력의 3요소는 무엇일까? 생존부등식을 만족시키기 위한 노력의 3요소는 감수성, 상상력, 탐색시행이라는 결론을 내릴 수 있다.

Intro

인간은 시간 속을 살아가는 존재로서, 어제 뿌린 씨앗의 수확으로 오늘을 살아야 하고, 내일의 결실을 위해 오늘 사과나무 한 그루를 심어야 한다. 그러면 미래를 위한 준비와 설계의 실천적 방법론은 무엇인가? 지금까지 이 책에서 정의한 어휘를 사용하면 그것은 내일을 위한 '목적함수'를 정립한 뒤, 이를 달성하기 위해 필요한 '수단매체'를 준비하고 축적하는 일(작업)일 것이다. 이것이 인간 삶의 숙명인 동시에 정도(正道)일 것이다. 이번 장에서는 목적함수를 정립한 후 수단매체를 축적하는 방법론을 '우회축적'이라는 이름으로 마무리한다.

12장

삶의 정도
(正道)

자연과학에서는 실험에 의해 무엇이 진리이고 무엇이 거짓인지 판별할 수 있으나, 인문사회 분야에서는 실험이 어렵다. 그러나 인문사회 분야에는 역사의 기록이 있고, 역사는 자연과학의 실험실 데이터 역할을 할 수 있다. 짧은 역사 속에는 우연도 있지만, 행운이나 악운은 오래 반복되는 것이 아니다. 장구한 시간의 흐름 위에 형성된 결과는 그것을 그렇게 만든 인과법칙이 있다고 보는 것이 역사학자들의 통설이다. 삶의 정도(正道)를 묻는 12장은 역사 속의 지혜 탐구로 시작한다.

관자의 지혜[57]

중국 춘추전국 시대인 기원전 781년, 황하 유역의 강국 제(齊)나라가

소국인 노(魯)나라와의 전쟁에서 이겨 노나라의 영토 수(遂)를 할양받기 위한 강화 의식이 거행되고 있었다. 제나라의 왕이 앉을 단상이 만들어지고, 그 위에 환공(桓公)이 올라가 앉았다. 패전국 노나라의 왕이 단 아래에서 엎드려 항복의 예를 올리려는 찰나에 노의 장수 조말(曹沫)이 단상으로 뛰어올라갔다. 조말은 환공의 목에 비수를 들이대며 "제나라 군사 하나라도 올라오면 이 비수를 환공의 목에 꽂겠으니 아무도 움직이지 못하게 하라" 하고 외쳤다. 위기를 의식한 환공은 "아무도 움직이지 말고 기다려라"라고 명령한 뒤 조말에게 "이게 무슨 짓이냐?" 하고 꾸짖었다. 이에 조말은 "제나라는 강대국이니 수를 뺏지 않고도 살아갈 수 있지만, 약소국인 노나라는 기름진 땅 수를 빼앗기면 국민이 굶는다. 수를 뺏지 않겠다고 약속하라. 그러지 않으면 여기서 '너 죽고 나 죽자'" 하면서 위협했다.

오늘날 유행하는 자살 테러가 이미 그때도 있었던 것이다. 환공은 위기를 면하기 위해 조말의 요구에 일단 동의할 수밖에 없었고, 동의를 받아낸 조말은 비수를 단상에 던지고 내려왔다. 위기의 순간이 지나자 환공의 측근들이 단상 위로 뛰어올라가 환공을 위로하면서, 조말을 잡아 처형하고 협박에 의한 약속은 무효임을 선언하여 환공의 명예를 회복해드리겠다고 다짐했다. 그런데 이때 재상 관중(管仲)이 앞으로 나서며, "비록 협박에 의한 약속이라도 그것을 지키면 환공은 제후들의 신뢰를 얻게 되고, 신뢰를 얻으면 천하를 얻게 됩니다" 하고 진언했다. 관중의 조언에 일리가 있다고 생각한 환공은 조말과의 억울한 약속을 그대로 지키기로 했다. 손바닥 뒤집듯 쉽게 폐기할 수도 있었던 약속을 깨끗이 지킨 것이다.

57 중국 역사서 사마천의 《사기》 중 〈자객열전편(刺客列傳篇)〉.

그 후 2년의 세월이 흐르는 동안 남쪽 양자강 유역에 있던 초(楚)나라가 강성해지면서 북진해 올라오기 시작했다. 북방의 제후들은 1대 1로 초와 싸우는 것은 승산이 없다고 판단하고, 군사 동맹을 맺어 공동으로 대처하기 위해 견(甄)에서 회동했다.[58] 여기서 제후들은 동맹군의 총사령관을 뽑아야 했고, 2년 전에 억울하게 당한 약속을 깨끗이 지켜준 환공을 신뢰하여 그를 추대했다. 이로써 환공은 춘추시대 5대 실력자로 불리는 춘추오패(春秋五覇)의 제1인자가 되었다.

관자의 목적함수와 수단매체 – 이진법적 세계관

제 환공을 패자(victor)로 만든 인물 관중의 이름은 관이오(管夷吾)이다. 그의 자(字)가 중(仲)이기에 흔히 관중(管仲)으로, 또는 관자(管子)라고 불린다. 그는 제갈량과 더불어 중국 역사 속의 2대 명재상으로 평가받을 만큼 현인으로 추앙받으며, 《관자(管子)》라는 책의 주인공이 되었다. 앞의 이야기에서 관자의 세계관은 목적함수와 수단매체라는 이진법적 두 개념으로 단순화되어 있었다. 관자는 제자백가(諸子百家)와 군웅(群雄)이 할거하던 중국의 춘추전국 시대에 자기의 주군인 환공을 천하의 패자로 만들려는 목적함수를 가지고 있었다. 그리고 이 목적함수를 실현하기 위한 수단매체는 경쟁자(군주)들의 신뢰를 얻는 일이라고 생각했다. 보통 사람들에게는 이 세상이 복잡해 보인다. 그러나 관자와 같은 현인은 전국 시대 같은

---

[58] 이 회동이 기원전 679년에 있었던 '견(甄)의 맹회(盟會)'이다.

복잡한 세상을 목적함수와 수단매체로 단순하게 파악하는 능력을 가졌다.

　복잡한 것은 자기 스스로의 복잡함에 얽매어 힘이 없다. 그래서 복잡한 것은 단순화 쪽으로 진화해야 살아남는다는 것이 역사의 대세 같다. 인간이 사용하는 문자(letters)와 숫자(numbers)도 처음에는 복잡했으나 단순화하면서 문명의 발전이 가속화되었다. 인류 문명의 발상지에서 처음 나타난 쐐기문자와 상형문자 등은 글자 수가 수천 개에 달하여 왕실에서 일하는 전문가들의 전유물이었다. 그러던 것이 20~30개 수준으로 간결화되면서 문맹이 퇴치되었고 현대문명이 개화했다. 숫자도 마찬가지의 길을 걸었다. 동양에서는 사람의 생년월일을 갑자(甲子), 을축(乙丑) 등 60진법으로 표시했었다. 그러다가 십진법 숫자가 나왔고, 가장 간단한 (0과 1만 사용하는) 이진법이 개발되면서 디지털 컴퓨터 문명이 탄생할 수 있었다. 이진법이 없었으면 오늘의 디지털 문명은 나올 수 없었을 것이다. 숫자 체계 단순화의 위력인 것이다.

　복잡한 것은 약하고(weak) 단순한 것이 강하다면(strong), 이 세상을 살아가기 위한 단순화된 방법론은 무엇일까? 가장 단순화된 수의 체계가 이진법이라면, 삶의 이진법은 무엇일까? 우리는 흔히 야생(野生)의 생명력은 강하다는 말을 한다. 사실 인간이 심은 잔디보다 야생의 잡초가 더 생명력이 강하다는 것은 의심할 여지가 없다. 이런 의미에서 야생의 생명체들이 자신의 생존 가능성을 높이기 위해서 어떤 노력을 하는지 살펴보자.

파울 하이제의 '매의 이론'

예로부터 매는 사냥을 잘하는 동물로 알려져 있다. 사냥을 잘하는 매의 지혜는 무엇일까? 1910년도 노벨 문학상을 수상한 독일의 작가 파울 하이제(Paul Heyse, 1830~1914)가 만들어낸 문학의 한 형식으로 '매(독일어로 Falke)의 이론(독일어로 Falkentheorie)'이라 불리는 것이 있다.[59] 문학 이론 속에 매가 등장하게 된 연유는 다음과 같다.[60]

14세기 이태리의 문호 보카치오(Geovanui Boccacio, 1313~1375)의 《데카메론(Il Decamerone)》에서 주인공 피델리오(Fidelio Alberti)라는 청년은 모나(Mona Geovana)라는 이름의 귀족 부인을 사모하고 있었다. 피델리오는 모나 부인을 만나기 위해 동네 귀족들을 모두 초청하는 파퀴를 자주 열었다. 이런 파티를 열어야만 그녀를 가까이서 만날 수 있었기 때문이다. 호화 파티를 열다가 청년은 가산을 탕진했고, 마지막으로 사냥에 쓰는 매 한 마리만 남게 되었다. 그는 이제 매를 데리고 사냥을 하며 살아갔는데, 그 귀족 부인의 어린 아들이 이 청년을 따라다니며 같이 사냥을 즐겼다. 그러던 중 어린아이가 중병으로 앓아누워 귀족 부인의 속을 태웠다. 어머니가 아들에게 "네 소원이 무엇이냐?" 하고 묻자, 아이는 청년의 매를 가지고 싶다고 답했다. 어머니는 아픈 아들의 소원을 들어주고 싶어 청년 집을 방문했다.

사모하던 부인의 방문을 받은 청년은 황홀하여 어찌할 바를 몰랐다. 점심시간이 되어 부인에게 무엇인가 귀한 것을 대접하고 싶은데 가산을 탕진한 터라 대접할 만한 것이 없었다. 그래서 집 안에 있는 것을 다 찾아 점심을 준비했다. 점심을 맛있게 먹은 부인은 앓는 아들 얘기를 꺼내

---

[59] 독일어로 매(鷹)를 의미하는 'Falke'와 이론을 뜻하는 'theorie'의 합성어인 'Falkentheorie'는 '매의 이론'이라고 번역할 수 있다.

[60] http://preview.britannica.co.kr/spotlights/nobel/

며, 아들이 청년의 매를 가지고 싶어 한다고 털어놓았다. 그러자 청년은 부엌에 나가 매의 발톱과 깃털을 가지고 들어와서는 "대접할 것이 없어서 생각다 못해 매를 잡았습니다"라고 말하며 울먹였다.

잔잔히 흐르던 물이 어느 지점에 와서 폭포수처럼 급강하 하듯이, 잔잔하던 이야기의 흐름이 어느 시점에 와서 급전직하(急轉直下)하듯이 돌변하는 구성법을 파울 하이제는 '매의 이론'이라고 불렀다. 이 이론은 매가 먹이를 사냥할 때 소요되는 '시간의 최소화' 전략에서 유래한다고 한다. 사냥에 소요되는 시간의 최소화는 사냥의 성공과 실패를 결정하는 가장 중요한 요소일 것이다. 동물학계의 연구에 따르면, 동물의 왕격인 사자의 먹이 사냥 성공률도 20퍼센트 정도밖에 안 된다고 한다. 그러면 매의 사냥 지혜는 무엇일까?

생존을 위한 매의 노력

매는 수킬로미터 상공 위를 날면서 지상의 사냥감을 찾을 수 있는 좋은 눈을 가지고 있다. 그런데 매는 높은 하늘을 맴돌다가 지상에 있는 사냥감을 발견하면 그를 향해 직진하지 않고 먼저 수직에 가까운 (급전직하) 방향으로 낙하한다. 이렇게 수직낙하를 하는 동안 지구의 중력가속도를 가장 효율적으로 받아 속도를 높인 뒤 먹이를 향해 수평 방향으로 날아가면서 낚아채는 전략이 매의 사냥 지혜라고 한다.

여기서 매의 목적함수는 최단시간에 먹이를 잡아채는 것이고, 그렇게 하기 위한 수단매체는 증강된 속도이다. 조류학자들의 연구 결과에 따르면, 매가 직진할 경우의 최대 속도는 시속 168킬로미터 정도밖에 안 되

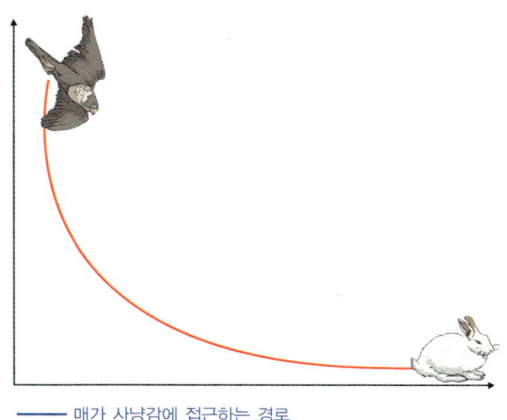
——— 매가 사냥감에 접근하는 경로

지만, 중력가속도로 증강된 후의 속도는 시속 320킬로미터 정도이다. 결과적으로 매는 이렇게 증강된 속도의 제곱에 비례하는 운동에너지(수단매체)를 사용하여 최단시간에 먹이를 낚아챈다(목적함수 달성). 즉 매는 목적함수와 수단매체를 결합하는 지혜를 개발한 것이다.

매가 개발한 이 지혜는 물리학적 진리에 합치된다. 지구의 중력은 수직 방향이므로 매가 수직 방향으로 낙하하면서 중력가속도를 가장 효율적으로 받아서 속도를 최대화할 수 있고, 이렇게 최대화된 속도로 운동에너지를 최대화하여 가장 빠른 속도로 사냥감을 낚아채는 것이다. 매는 생존을 위해 최소 시간에 먹이를 잡는다는 목적함수를 정립했고, 이를 위해 필요한 수단매체를 개발한 것이다.

공중전에서 적기를 요격하는 방법

이러한 매의 지혜는 오늘날 공군 전투기 사이의 공중전에서 활용되고 있다. A국 전투기가 B국 전투기를 뒤에서 요격하려 할 때, 서로 속도가 비슷하여 요격이 어려우면 A국 전투기가 수직 방향으로 활강하면서 중력가속도를 활용하여 속도를 높인 뒤 그 속도(운동에너지)의 힘으로 다시 치솟아 오르면서 B국 전투기를 요격할 수 있다고 한다.[61]

옆의 그림 왼쪽에는 3차원 좌표계가 설정되어 있고, 여기서 두 전투기의 고도는 같은 Y좌표 위에 있음을 알 수 있다. 오른쪽 그림에서는 뒤따르던 A국 전투기가 '1로 표시된 위치'에서 수직 방향으로 '2로 표시된 위치'까지 급강하하면서 중력가속도를 얻어 속도를 증강시킨 뒤, 그 속도의 힘(즉 운동에너지의 힘)으로 '3의 위치'로 치솟아 올라 B국 전투기를 추격하는 방식이다. 한 번의 시도로 부족하면 같은 방식을 몇 번 되풀이하면서 앞서가는 B국 전투기를 추격할 수 있다고 한다.[62] 이 전법은 매가 사냥감을 낚아채는 방식과 본질적으로 같다.

---

[61] CombatAircraft.com

[62] CombatAircraft.com, "This is based on the age-old concept of trading height for speed. If a pursuer finds that he is unable to close to within shooting range in straight flight, he can gain extra speed in a shallow dive. This will allow him to close the horizontal distance and takes him into his opponent's blind spot at six o'clock low. When a suitable position and overtaking speed have been attained, the pursuer can pull up and attack".

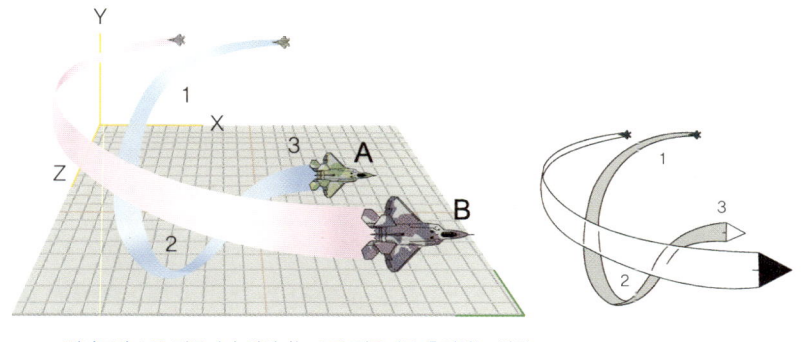

———— 뒤따르던 A국 전투기가 앞서가는 B국 전투기를 추격하는 방법

브라키스토크로운 문제

시간 최소화 목적함수와 그것을 달성하기 위해 필요한 수단매체의 중요성은 이미 그리스 시대 현인들이 인식했다. 그러나 수학의 미발달로 풀지 못한 채 천여 년이 흐르다가, 17세기에 인류는 그 문제를 다음과 같이 해결했다.

아래 그림과 같은 미끄럼틀 위를 어떤 물체가 미끄러져 내려온다고 하

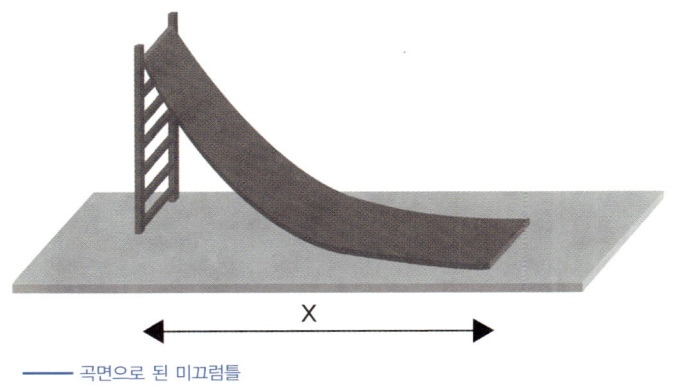

———— 곡면으로 된 미끄럼틀

자. 이때 내려오기 위해 소요되는 시간을 최소화하고 싶다면, 미끄럼틀의 미끄럼 면이 어떤 형태를 가져야 할지 생각해보자.

얼핏 생각하면 미끄럼틀의 면이 직평면(straight plane)일 때 최단거리가 되므로 최단시간에 내려올 것 같기도 하다. 그러나 실제 실험을 해보면 그렇지 않기 때문에 문제가 된다. 그리스 시대의 현인들은 직선이 아닌 곡선을 타고 내려올 때 시간이 더 최소화된다는 사실을 실험으로 발견했다고 한다. 그러나 수학적 지식(수단매체)의 부족으로 그 곡선이 어떤 곡선이냐를 밝히는 수준까지는 이르지 못했다. 이는 '브라키스토 크로운(희랍어 : brachistochrone, 영어 : shortest time)의 문제'라는 이름으로 약 1,500년간 미해결 상태로 남아오다가 17세기에 뉴턴, 라이프니츠(G. Leibniz), 베르누이(J. Bernoulli) 같은 천재 수학자들이 미적분학을 개발하여 해결되기에 이르렀다.

브라키스토 크로운 문제는 5장에서 살펴본 빛의 굴절이나 비누 막의 면적 최소화처럼 자연 속에 스스로 존재하는 현상이 아니다. 인간이 어떤 목표를 최소의 시간에 달성하기 위한 연구의 결과물이다. 오늘날 수학과 물리학 지식을 동원하여 이 문제를 푸는 방법은 완전히 개발되어 있다. 여기서 결론만 설명하자면, 브라키스토 크로운 문제의 최소 시간 경로는 수학적으로 사이클로이드(cycloid)라는 이름을 가진 곡선이다. 사이클로이드 곡선이란 다음 그림 윗부분에 표시한 것처럼 동그란 굴렁쇠 상의 한 점(P)에 표지(標識)를 만들어놓고 굴렁쇠를 직선 위에서 굴릴 때 이 표지가 움직이면서 그려내는 곡선을 말한다. 그림에서 빨간색으로 그려놓은 선이 사이클로이드 곡선이다. 빨간색 곡선의 꼭대기 점 R의 왼쪽만 떼어내어 뒤집어놓으면, 그림 아랫부분에 빨간색으로 표시된 하강 곡선이 만들어져 미끄럼틀을 최소 시간에 내려올 수 있는 면이 된다.

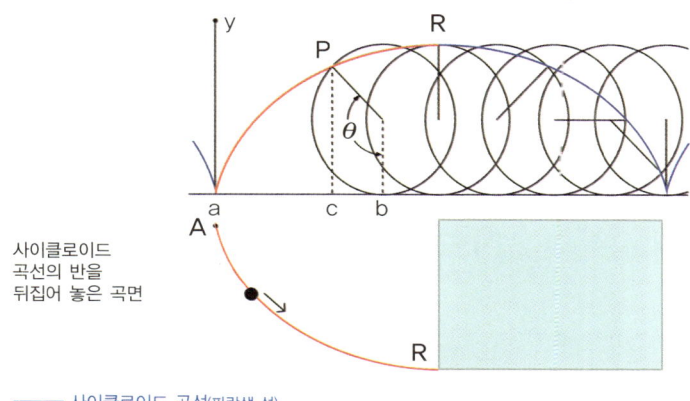

사이클로이드
곡선의 반을
뒤집어 놓은 곡면

──── 사이클로이드 곡선(파란색 선)

수학적 해를 검증하기 위한 실험

물리학자들은 수학적 (이론적) 해의 진실성 여부를 검증하기 위해 다음과 같은 실험을 해보았다. 높이 30.48미터(100feet), 수평 거리 30.48미터 되는 (마찰이 거의 없도록 매끄럽게 만든) 미끄럼틀 면의 형태를 ① 평면(직선), ② 원의 호(弧, circular arc), ③ 사이클로이드 곡선의 형태로 바꿔가면서 물체가 미끄러져 내려오는 데 걸린 시간을 측정해보았다.

① 평면일 때 3.54초
② 원호일 때 3.27초
③ 사이클로이드 곡선일 때 3.23초

즉 사이클로이드 곡선일 때 최단시간이 걸린다는 결과가 확인되었다.

이제 다음 과제는 자연 속에 숨겨져 있는 이 진실을 인간의 상식 수준의 언어로 해석하는 일이다.

왜 사이클로이드 곡선일 때 최단시간이 걸릴까?

다음의 그림에서는 직평면(straight plane)과 사이클로이드 곡면(curved plane)이 동시에 그려져 있다. 출발점 A에서 도착점 B에 이르는 가장 가까운 코스는 직평면이다. 이 직평면 위에서는 어느 점에서나 기울기가 같다. 따라서 처음 정지 상태에 있던 물체가 중력에 의해 가속되면서 속도가 커지기 때문에 B점에 도달할 때 최대 속도가 된다. 최대 속도가 된 후 운동은 종료되므로 축적된 운동에너지는 활용되지 못하고 무용지물이 된다.

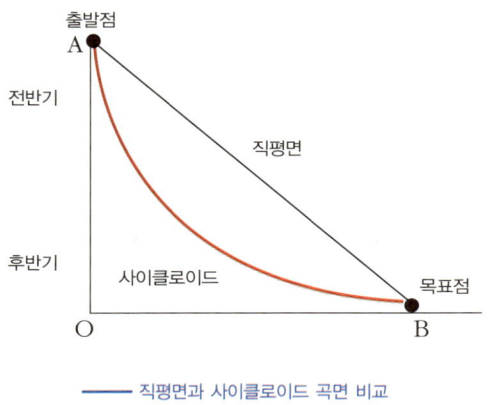

―― 직평면과 사이클로이드 곡면 비교

그러나 사이클로이드 곡면 위에서는 그 위치에 따라 곡면의 기울기가 다르다. 앞의 그림 같이 A점을 출발하여 기울기가 급한 앞부분을 '전반기(earlier period)'라고 부르고, 기울기가 완만해지는 뒷부분을 '후반기(later period)'라고 부르자. 물리학적으로 보면 전반기는 중력가속도를 효율적으로 많이 받아 속도를 증가시키면서 그것을 운동에너지로 축적하는 기간이다.[63] 이에 반해 후반기는 (직평면 위에서보다 기울기가 불리해지만) 전반기 동안 축적한 운동에너지를 발산(Release)하여 좀 더 빠른 속도로 목표점에 도달할 수 있는 기간이다.

앞의 그림을 보면, 직선 위에서는 운동에너지의 '축적 후 발산'이 없다. 그러나 사이클로이드 곡선 위에서는 전반기에 운동에너지를 축적하여 후반기에 발산한다는 지혜가 있다. 전반기에 수단매체(운동에너지)를 형성하고 축적하여 후반기에 그것을 발산하는 전략 속에 사이클로이드 곡선의 지혜가 있는 것이다.

우회축적 전략

사이클로이드 곡선은 눈에 보이는 직선 코스보다 목적함수를 더 빨리 달성할 수 있는 길이다. 목적함수를 최대한 빨리 달성하기 위해서는 눈에 보이는 최단 경로를 버리고 더 효율적인 길을 가야 한다. 이런 길을 우리는 우회로(迂廻路, roundabout path)라고 부르자. 그런데 이런 우회로에서 목적함수를 최단시간에 달성하기 위해서는 그에 적합한 수단매체를

---

[63] 운동에너지는 속도의 제곱으로 증가한다 ($E = \frac{1}{2}mv^2$).

축적하는 전략이 필요하다. 이런 전략을 '우회축적(迂廻蓄積, roundabout accumulation)'이라고 정의하자. 인간의 실제 세계에서 우회축적의 사례를 찾아보자.

Case ▶ 소니 창업자의 우회축적 경영

― 첫 트랜지스터라디오 Tr-55

오늘날의 소니(SONY)는 1945년 제2차 세계대전이 끝난 뒤 폐허 속에서 진공관 라디오, 전기밥통 같은 전기용품을 수리하는 작은 회사로 출발했다. 이 회사의 창업자 중 한 사람인 모리타(盛田昭夫, Morita Akio, 1921~1999)는 1950년대 초 미국에 기술 쇼핑(technology shopping)이라는 목적으로 여행을 갔다가 진공관 기능을 할 수 있는 작은 부품, 트랜지스터(transistor) 이야기를 들었다. 이후 모리타는 진공관 없이 트랜지스터를 사용하는 라디오를 일본 최초로 만들어 상용화에 성공했고, 1955년에는 해외 수출을 위해 뉴욕을 방문했다.

당시 미국에서 유력한 판매망을 가지고 있던 리전시(Regency) 회사는 소니의 트랜지스터라디오를 보고 호감을 표하며 자기 회사의 브랜드로 납품해 달라고 제의했다. 여기서 모리타의 고민이 시작됐다. 당시 이름 없는 소니 회사의 제품이 세계적으로 유명한 브랜드명을 달고 시판된다면 매출 성장이 빨라질 것은 확실했다. 그러나 세계 최초로 개발한 제품을 타 회사의 브랜드로 판다면 그 회사의 브랜드만 키울 뿐, 아직 소비자가 모르고 있는 소니의 브랜드를 구축할 기회는 잃고 마는 것이었다.

고민 끝에 모리타는 리전시 회사의 제의를 거절하기로 결심했다. 그리고 비록 작은 물량일지라도 소니 브랜드를 달 수 있는 주문만 받았다.

이 선택은 매출 성장 면에서는 가까운 길을 버리고 멀리 돌아가는 우회 경로가 된다. 그러나 우회하는 동안 소니의 브랜드는 알려지기 시작했고, 결국 세계적 브랜드로 성장해갔다. 30여 년의 세월이 흐르면서 소니는 세계 정상에 올랐고, 모리타는 영광스러운 찬사와 함께 소니를 은퇴하였다. 이때 언론과의 인터뷰에서 "당신이 그동안 소니를 위해서 내린 의사 결정 중 가장 잘했다고 생각하는 것이 무엇인가?" 하고 묻는 질문에 모리타는 초창기에 있었던 이 브랜드 관련 의사 결정을 들었다.

Case ▶ 스포츠 세계의 우회축적

'축적 후 발산'의 과정을 통하여 경쟁력을 키울 수 있다는 진리는 스포츠 세계에서도 예외일 리 없다. 2002년 한일 월드컵을 앞두고 히딩크 감독이 한국 축구팀을 훈련시켜온 과정이 바로 그렇기 때문이다. 히딩크는 한국 팀이 세계 정상 팀과 싸우려면 기초체력부터 세계 정상급이 되지 않으면 안 된다고 생각했다. 개인기, 팀워크, 작전 등이 아무리 훌륭해도 그것을 뒷받침할 수 있는 체력이 안 되면 팀은 무너지고 만다고 믿었기 때문이다. 그래서 기초체력 전문가 레이몬드(Raymond)를 유럽에서 초빙하여 처음 1년 동안 집중적으로 기초체력 훈련을 쌓았다. 기초체력을 구축하는 우회축

―――― 우회축적 훈련으로 한국 팀을 월드컵 4강 주역으로 만든 히딩크 감독

적 기간 동안 다른 훈련은 그만큼 못했을 것이고, 따라서 컨퍼더레이션스 컵스(Confederations Cups) 등 국제 경기에서 한국 팀은 번번히 '5대 0' 등 큰 점수 차로 패했다. 이에 히딩크는 '오대영(성은 오요, 이름은 대영) 감독'이라는 비난 섞인 별명도 들었다. 성적 부진에 대하여 스포츠 기자들이 질문을 하면 히딩크는

"훈련은 프로그램대로 착실히 진행되고 있다"며 흔들림이 없었다. 우회축적에 신념을 가지고 있었기 때문에 이런 자신 있는 답변이 가능했을 것이다. 1년여에 걸친 기초 훈련은 엄했고, 설정된 체력의 기준치에 도달하지 못하는 선수는 유명세에 관계없이 모두 도태시켰다. 선수단의 기초체력이 목표치에 도달하자 한국 팀은 기술과 전술 훈련에 매진했고, 드디어 우회축적된 능력을 발산하면서 월드컵 세계 4강에 올랐다.

우회축적의 절차와 필요조건

우회축적을 하려면 먼저 목적함수의 달성에 필요한 기간을 전기와 후기로 구분해야 한다. 그리하여 전기에는 목적함수 달성에 필요한 수단매체를 형성 및 축적하고, 후기에는 전기에서 축적한 수단매체의 힘을 발산시키면서 목적함수를 최소의 시간에 달성하도록 한다.

따라서 우회축적이 성공하려면 다음 3가지 필요조건이 충족되어야 한다. 첫째, 목적함수가 분명히 정립되어 있어야 한다. 제나라 환공의 사례에서 관중의 목적함수는 최소의 코스트로 환공이 전국 시대의 패자가 되도록 하는 것이었다. 우회축적을 위한 두 번째 필요조건은 정립된 목적함수 달성에 필요한 수단매체가 무엇인지를 정의하는 것이다. 제 환공의 경우 그것은 제후들로부터 얻은 '신뢰', 즉 사회적 수단매체였다. 우회축적을 위한 제3의 필요조건은 수단매체의 형성 및 축적을 위해 필요한 단기적 희생을 감내하는 것이다. 제 환공의 경우 그것은 비옥한 수의 땅을 포기하는 것이었다. 수의 땅을 잃은 대신 사회적 신뢰를 축적한 환공은

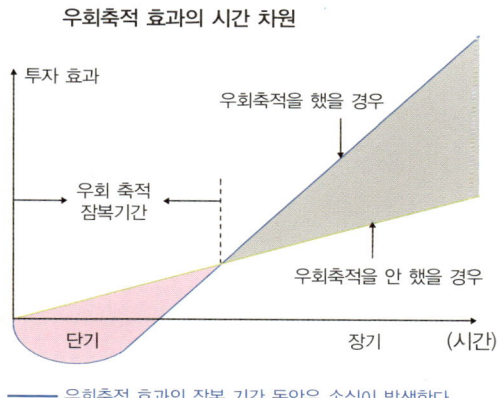

― 우회축적 효과의 잠복 기간 동안은 손실이 발생한다.

자신의 정치적 목표를 아주 수월하게 달성한 것이다.

　우회축적을 위해 필요한 희생과 우회축적 후의 혜택을 그래프로 그려 보면 다음과 같다. 그림에 나타나 있듯이 우회축적의 전반기(잠복 기간) 동안에는 우회축적을 안 하는 경우보다 더 많은 고생(손실)을 감수하게 된다. 먼 후일의 원대한 목표를 위해 오늘의 무엇을 희생하는 전략은 조직 구성원들의 반발을 살 수도 있다. 따라서 우회축적은 그에 대한 확고한 신념과 의지를 가진 리더십을 필요로 한다. 자연도 인간도 모두 시간의 흐름 속에 있고, 시간의 흐름 속에는 앞(오늘)과 뒤(미래)가 있다. 미래를 위해서 오늘 무엇을 희생하지 않는 삶에는 미래의 발전이란 있을 수 없다.

우회축적은 '축적 후 발산'의 지혜

　축적 후 발산의 지혜는 인간 삶의 도처에서 찾아볼 수 있다. 다음 그림에서와 같이 힘이 약한 트럭이 험악한 고개를 오르려 하는 경우를 생각

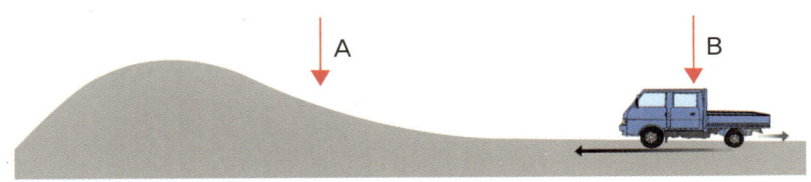
───── 가파른 고개를 오르는 트럭 운전사의 지혜

해보자. A 위치에 있던 트럭이 그 자리에서 출발하여 고개를 오르기는 어렵다. 이 문제를 해결하기 위해 현명한 운전자라면 뒤로 얼마 후진하여 B쯤 되는 거리에서 가속을 시작하여 운동에너지를 증가시켜 축적한 뒤, 그것을 발산시키면서 고개를 넘을 것이다.

나그네가 길을 가다가 폭 2미터 정도의 개울을 만났다고 하자. 그 자리에서 개울을 뛰어넘으려다가는 물에 빠지기 쉽다. 그러나 뒤로 10여 미터 후진하여 거기서부터 힘껏 달려와 (빨라진 속도로 인하여 축적된) 운동에너지를 발산하면서 개울을 뛰어넘으면 성공할 수 있다. 운동에너지라는 이름의 수단매체를 개입시켜 불가능한 일을 가능하게 만든 것이다.

실제로 올림픽의 멀리뛰기(long jump) 경기에서 우승자는 단거리 달리기 선수인 경우가 많다. 예컨대 칼 루이스(Carl Lewis)는 1980년대부터 1990년대에 걸쳐서 100미터, 200미터, 멀리뛰기 등 올림픽 단거리 종목을 모두 휩쓸었다. 속도가 크면 속도의 제곱에 비례하는 운동에너지를 수단매체로 만들 수 있고, 그것으로 멀리뛰기 거리를 최대화하려는 목적함수를 달성할 수 있기 때문이다.

Case ▶ 왜 파산한 회사에 거대 공사를 맡겼을까?

2001년 5월, 한국의 동아건설이 리비아(Libya)에서 시공 중이던 대수로(水路) 공사 제2단계를 95퍼센트 진척시키던 중 동아건설 본사가 파산하는 일이 있었다. 대수로 공사는 리비아의 주 수입원인 석유의 고갈에 대비하여 리비아의 지도자 카다피가 사하라 사막 500미터 지하에서

한국 동아건설이 리비아에 건설하고 있는 거대 수로

35조톤(나일 강 흐름의 200년 유량)에 해당하는 지하수를 발견한 후, 이를 개발하기 위한 공사로 시작되었다. 사막을 옥토로 바꾼다는 야심찬 계획을 가지고 1970년대 초부터 시작한 녹색 혁명의 일환으로 추진된 이 공사의 공식 명칭은 'GREAT MAN-MADE RIVER(위대한 인공 강)'이다.

동아건설이 제1단계 공사를 성공적으로 마치고 제2단계 공사의 완성을 5퍼센트 남겨놓았을 때, 즉 2001년 5월에 한국의 동아건설 본사가 파산한 것이다. 이렇게 되자 리비아 정부는 나머지 공사의 차질을 염려하여 한국 정부를 상대로 13억 달러에 달하는 손해배상을 청구해놓았다. 그런데 이런 상황 속에서 같은 해 7월, 동아건설의 리비아 본부로 신규 공사를 의뢰하는 서류가 도착했다. 리비아 북서부 타루나(Tarhuna) 지역에 관정(管井)을 굴착하여 24킬로미터 떨어진 제프라(Jefra) 지역으로 하루 119만 톤의 물을 공급해 달라는 요청이었다.

리비아 정부는 왜 이미 파산한 동아건설에 이렇게 큰 규모의 신규 프로젝트를 의뢰했을까? 여기에는 분명한 이유가 있었다. 동아건설은 1980년대 중반부터 시작한 제1단계 수로 공사를 성공적으로 완수하여 1991년(3월29일) 500만 인파의 축제(카다피 혁명 기념일) 속에 준공식을 가졌고, 여기서 카다피 대통령은 이 공사를 세계 8대 불가사의 중 하나라고 격찬했다. 제1단계 수로 공사 이래 동아건설이 축적한 18년간의 경험과 기술 및 노하우, 또한 본사 파산 이후 5개월

12장 삶의 정도(正道)

의 책임에도 불구하고 제2단계 공사를 끝까지 마무리하는 현지 직원들의 성실성이 리비아 정부로 하여금 동아건설에 신규 공사를 맡기게 한 것이다.

그렇다면 동아건설은 본사가 파산한 상태에서 이 공사를 수행할 능력이 있었을까? 리비아 현장에는 12년여의 리비아 현장 근무 경력을 가지고 있는 정장덕(56) 본부장을 위시하여 12년 경력의 나대찬(51) 소장, 그리고 7~8년 이상 경력의 엔지니어와 경영자 500여 명이 "우리를 살릴 수 있는 사람은 우리뿐이다"라고 외치며 21개국에서 모인 5천여 명의 외국계 근로자들을 일치단결시키고 있었다.

과거 18년 동안 연산(連算) 354만에 달하는 인력과 5만 5천여 대의 장비를 조직 관리하는 노하우, 현장에서 개발하고 연마한 기술력, 그리고 경험 및 학습 곡선(learning curve) 효과로 인한 원가 절감 능력 등이 리비아에서 수로 공사에 관한 한 어느 누구의 추종도 불허하는 비교우위(comparative advantage)의 축적이었다. 그 축적의 힘이 발산되면서 그들은 지하 500미터 깊이의 우물 240개를 5개월 만에 굴착했고, 사리르 지역의 공장에서 75톤의 대형 송수관 3,200개를 제조하여 1천 킬로미터 거리를 수송, 타루나 산악 지대 24킬로미터의 땅에 매설했다. 이런 어려운 공사를 10개월이라는 짧은 기간에 완료하여 2002년 9월 1일 또다시 리비아 국민의 환호 속에서 화려한 준공식을 가졌다.

결론을 정리해보자. 동아건설 본사가 파산한 상태에서도 리비아 정부가 1,800억 원의 선급금까지 주면서 대형 공사를 의뢰한 이유, 이 어려운 공사를 본사의 지원이 끊어진 상태에서도 10개월이라는 짧은 기간 내에 현지 팀이 완성할 수 있었던 이유를 모두 18년 동안 형성된 '우회축적'에 있었던 것이다.

지금까지 12개의 장에 걸쳐 논의한 이론을 정리해보자. 인간의 능력이 무한하다는 말은 인간을 격려하기 위한 구호에 불과하다. 인간의 능력은 엄연히 한계를 가지고 있다. 그래서 인간은 자기 능력의 한계를 확

장할 수 있는 도구가 필요하며, 이런 도구를 '수단매체'라고 정의했다.

수단매체 중에는 눈에 보이고 손으로 만져지는 물적인 것만 있는 것이 아니다. 지식이나 지혜 같은 지적 수단매체, 그리고 주변 사회로부터 신뢰와 존경을 받는 일 같은 사회적 수단매체가 더 중요할 수도 있다. 그런데 아무리 수단매체가 훌륭해도 그것을 활용하여 어떤 가치를 창조할 수 있는 목적함수가 없다면 수단매체는 무용지물이 되고 만다.

목적함수는 외부로부터 쉽게 주어지는 것이 아니고, 자기가 스스로 정립해야 한다. 의미 있는 목적함수는 부단한 자기수양과 미래 성찰을 통해 축적된 교양과 가치관의 결정이다. 목적함수가 정립되었다면 이를 달성하기 위해 필요한 수단매체는 우회축적의 방법으로 형성 및 축적해야 한다. 이것이 삶의 정도이다. 그동안 읽어주신 인내력에 감사드린다.

| 글을 마치며 |

약속은 인간을 구속하지만, 약속을 할 수 없을 때 삶은 슬퍼진다

자기 마음속에 존경할 수 있는 대상을 가진 사람은 행복하다. 부부간에도 서로가 서로를 존경하는 가정은 더 이상 바랄 게 없을 것이다. 존경의 대상은 자기가 믿는 종교 속의 성인이 될 수도 있고, 인간 사회의 평범한 위인이 될 수도 있다.

필자의 경우는 공교롭게도 어린 시절부터 독일이라는 국가를 존경하게 되었다. 독일은 훌륭한 철학자, 과학자, 문호들과 베토벤 같은 음악가를 배출했으며 한국이 가난에 허덕일 때 라인 강의 기적으로 한국인의 선망과 존경의 대상이 되었다. 또한 독일은 과거의 나치스 정권이 저지른 과오를 철저히 회개하기 위해 브란트 수상이 폴란드까지 가서 희생자들의 기념비 앞에서 무릎을 꿇으면서 용서를 빌었고, 그 배상을 위해 모든 성의를 다하는 모범을 보였다.

어린 시절 필자의 독일에 대한 선망은 독일로 유학을 가기 위해 열심히 공부하는 습관을 만들어주었다. 그 습관이 필자의 오늘을 만들어 주었다. 그러나 인간에겐 운명이라는 게 있는 것 같다. 1950년대 한국전쟁

이후 미국은 한국의 제1 우방이 되었고, 필자는 미국의 대학(U. Penn.)이 제공하는 장학금으로 독일이 아닌 미국으로 유학을 가게 되었다. 그 덕분에 대학 교수가 된 필자는 미국을 제2의 조국으로 받들고 있지만, 미국은 그 영토와 인구의 크기 및 부존자원 등 여러 면에서 한국과 차원이 다르기 때문에 한국의 발전을 위한 모델이 되기 어렵다. 독일은 1990년 분단된 국가를 통일시키면서 또다시 한국인의 부러움을 샀다. 그래서 필자는 계속 독일을 모델로 하여 한국의 발전을 위한 방법론을 연구하고 있다.

독일적 생각에서는 '간접적'을 의미하는 단어 '미텔바(mittelbar)'가 먼저이고, 직접적인 것은 뒷전이다. 'mittelbar'의 어간 'Mittel'은 실현 가능성과 생산성을 높여주는 수단매체를 뜻한다. 그런데 아무리 수단매체가 훌륭해도 목적함수가 모호하다면 수단매체는 무용지물이 되고 만다. 목적함수는 부단한 자기 수양과 미래 성찰을 통해서 축적된 교양과 가치관의 결정이다.

목적함수가 정립되었다면 이를 달성하기 위해 필요한 수단매체는 우회축적의 방법으로 형성 및 축적해야 한다. 수단매체는 축적의 산물이기 때문이다. 물적, 지적, 사회적 수단매체 모두 제1세대의 자기희생을 거쳐서 다음 세대를 위해 축적된다. 한국의 선대 부모들은 소를 팔고 밭을 팔아 자식을 교육시켰다. 1960년대에는 서독으로 돈벌이 간 광부와 간호사들이 자신은 허릿띠를 동여매면서도 한국에 있는 자녀 혹은 형제들의 교육을 위해 급료를 송금했다. 이런 과정을 거쳐서 축적된 교육과 지식이 수단매체가 되면서 한국의 경제 발전이 이룩된 것이다. 자기희생적 과정을 거쳐서 수단매체가 축적되는 과정을 필자는 '우회축적'이라는 이론으로 전개했다.

필자는 인간의 삶에서 가장 아픈 부분을 생존경쟁으로 본다. 생존경쟁 속에서 인간은 아름다움을 잃을 수 있다. 밀림 혹은 바다 속 생태계는 본질적으로 약육강식이 판치는 생존경쟁의 장이다. 인간 사회에서 약육강식은 선이 아니다. 그래서 필자는 '너 살고 나 살기' 생존 모형을 실천에 옮기기 위한 방법론을 탐구해왔다. 그 결과 탄생한 것이 '생존부등식'이다. 필자는 1991년 《프린시피아 메네지멘타》, 2001년 《경영학의 진리체계》 등에서 생존부등식 이론의 완성도를 높여왔다. 생존부등식은 이제 한국 기업계에서 뿌리를 얻은 것 같다. 필자에게 걸려오는 전화와 이메일로 미루어 그렇게 느낀다.

한국 정부와 기업인들, 그리고 근로자들의 노력으로 한국의 경제 발전이 세계를 놀라게 하는 동안 필자가 학계(學界)에서 한 일은 강의를 하고 논문과 책을 낸 것이 고작이었으니 부끄럽기 그지없다. 그러나 이제 필자의 나이가 70을 넘기면서 주기적으로 10년마다 출간하던 '10년 작(作)'의 약속마저 할 수 없게 되었다. 약속은 인간을 구속하지만, 약속을 할 수 없을 때 삶은 슬퍼진다. 작자 미상의 한국 시조 한 편이 필자의 심정을 말해주는 것 같다. 필자가 초중고 학생일 때는 붓글씨가 정규 교과과정에 들어 있었다. 그 시절에 익힌 붓글씨로 시조를 써서 유종(有終)에 대신한다. 졸저를 읽어주신 고마움에 대신하고 싶어서이다.

2010년 12월

윤석철

떡오동싱은뜻은봉황
을보렸더니내심은탓
이련가기다려도아니
오오즉싱한일편병월
반빈가지에걸렸어라
　관악산에서 윤석철

| 부록 |

부록 1. 토끼가 거북이를 따라잡는 지점은?

거북이의 출발점은 토끼보다 100미터 전방이므로 토끼가 거북이의 출발점에 왔을 때는 거북이는 $100+100r$ 되는 지점에 와 있다(여기서 $r=\frac{1}{5}$).

이런 과정이 반복되면서,

$$S = 100 + 100r + 100r^2 + 100r^3 \cdots + 100r^n \cdots \quad (1)$$

을 토끼가 거북이를 앞서는 지점이라고 놓고 S의 값을 구하면 된다.

(1)식의 양변에 r을 곱하면

$$Sr = 100r + 100r^2 + 100r^3 \cdots + \cdots + 100r^n + 100r^{n+1} \cdots \quad (2)$$

이 되고, (1)식에서 (2)식을 빼면,

$$S - Sr = 100 - 100r^{n+1}$$

$$S(1-r) = 100(1 - r^{n+1})$$

$$S = \frac{100(1-r^{n+1})}{(1-r)} \quad (3)$$

이 되어 토끼가 거북이의 자리까지 따라오는 반복 회수 n이 무한히 커지면 r^{n+1}은 0에 수렴한다.

(3)식에 $r(\frac{1}{5})$을 대입하면 $S = \frac{100}{(1-\frac{1}{5})} = 125$미터가 되어 토끼가 거북이를 앞서는 지점이 설명된다.

부록 **2** 지구가 궤도를 벗어나지 않고 태양 주변을 돌 수 있는 이유?

　우리 지구가 속해 있는 '우리 은하계(Milky Way)' 속에는 약 1,000억 개의 별이 있고, 우주 속에는 '우리 은하계' 같은 은하계들이 약 1,000억 개 더 있다고 한다. 그러니 우주 속에는 10의 22승(1,000×1,000억) 개의 별이 있다는 말이 된다. 하지만 이 드넓은 우주에 (지금까지 밝혀진 바에 의하면) 인간이 존재하는 것은 지구밖에 없다. 이것은 10의 22승(10^{22}) 분의 1, 즉 영(zero)에 가까운 확률이 실현된 결과다. 여기까지의 이야기를 정리해보자. 인간을 창조하기 위해 자연은 중력을 창조했고, 그 중력의 힘으로 초신성에서 인체 구성에 필요한 물질(원소)들을 만들었으며, 초신성의 폭발을 통해 그 물질들을 지구로 옮겨와서 지구에서 인간을 탄생시켰다. 결국 인간은 초신성에서 온 셈이다. 자연은 다시 중력과 원심력을 일치시키기 위한 '면적속도 일정의 법칙'을 만들어서 지구의 궤도 이탈을 막아줌으로써 지구상 인간의 존속을 보호하고 있다. 이것은 (허구가 아닌) 과학적 진실이다.

　원심력은 (태양과 지구 사이의) 거리(r)에 반비례하고, 중력은 거리의 제곱(r^2)에 반비례 하는데, 지구의 공전궤도는 엄밀하게 말하면 정확한 원이 아니고 타원이기 때문이다.[1] 타원궤도 위에서 거리가 변하면서 중력과

---

[1] 타원 위에서 거리가 변하면서 중력과 원심력의 크기가 제각기 변하기 때문이다.

원심력의 균형이 깨지면 지구는 태양의 불바다 속으로 끌려들어가거나, 영하 270도의 우주 속 미아가 될 수 있다. 그러나 자연은 지구의 공전속도를 조절함으로써 이 문제를 해결했다. 태양과 지구 사이의 거리가 멀어지면(그래서 중력이 작아지면) 지구의 공전속도를 줄여서 원심력도 작아지게 만들고, 태양과 지구 사이의 거리가 가까워지면(즉, 중력이 커지면) 지구의 속도를 높여서 원심력도 커지게 한다. 그래서 결과적으로 태양과 지구 사이를 잇는 (가상적) 직선이 쓸고 지나가는 면적의 속도를 일정하게 유지시키는 현상, 즉 면적속도(area velocity) 일정의 법칙이 존재한다. 이 사실은 발견자의 이름을 따서 '케플러(J. Kepler, 1571~1630)의 법칙'이라고도 부른다.

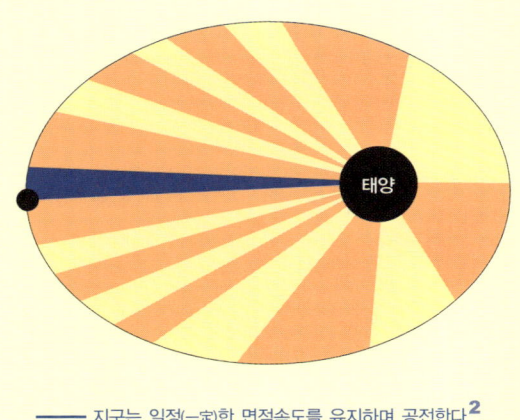

———— 지구는 일정(一定)한 면적속도를 유지하며 공전한다[2].

[2] 출처: fraction.khu.ac.kr

부록 3 스넬의 법칙

$$t = \frac{\sqrt{a^2 + x^2}}{V} + \frac{\sqrt{a^2 + x^2}}{V}$$

$$\frac{dt}{dx} = \frac{x}{v\sqrt{a^2 + x^2}} - \frac{(d-x)}{v\sqrt{b^2 + (d-x)^2}}$$

$$0 = \frac{\sin\theta_1}{v} - \frac{\sin\theta_2}{v}$$

Snell's Law	$\dfrac{n_1}{n_2} = \dfrac{\sin\theta_2}{\sin\theta_1}$

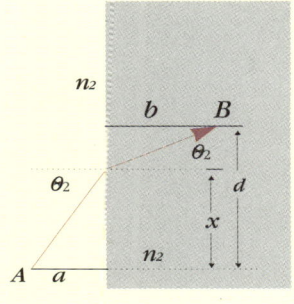

$$n = \frac{c}{v}$$

부록 4 최소 코스트의 최대 활용

아사달 기업의 운송 코스트 〈표〉는 아래와 같다.

	소비지 W	소비지 X	소비지 Y	소비지 Z	재고량
창고 A	19만 원	30만 원	50만 원	10만 원	7트럭
창고 B	70만 원	30만 원	40만 원	60만 원	9트럭
창고 C	40만 원	8만 원	70만 원	20만 원	18트럭
수요량	5트럭	8트럭	7트럭	14트럭	34트럭

제6장 본문의 표 1

가장 코스트가 싼 '창고C → 소비지X' 칸에 수요량 8트럭을 (창고C로부터) 채우고 나면 소비지 X는 수요량을 모두 받았으므로 더 이상 문제로 남아있을 필요가 없다. 따라서 소비지X 열(column)을 지우고, 창고C의 재고량(18-8=10)을 업데이트하면 〈표 4-1〉이 된다.

	소비지 W	소비지 Y	소비지 Z	재고량
창고 A	19만 원	50만 원	10만 원	7트럭
창고 B	70만 원	40만 원	60만 원	9트럭
창고 C	40만 원	70만 원	20만 원	10트럭
수요량	5트럭	7트럭	14트럭	26트럭

표 4-1

〈표 4-1〉에서 최소 코스트를 가진 칸은 10만 원인 '창고A → 소비지 Z' 칸이다. 여기에 7트럭을 보내면 창고A는 더 이상 재고가 없으므로 역시 문제에 남아있을 필요가 없다. 따라서 창고A행을 지우고 소비지 Z의 수요량을 업데이트하면 아래 〈표 4-2〉가 된다.

	소비지 W	소비지 Y	소비지 Z	재고량
창고 B	70만 원	40만 원	60만 원	9트럭
창고 C	40만 원	70만 원	20만 원	10트럭
수요량	5트럭	7트럭	7트럭	19트럭

표 4-2

〈표 4-2〉에서 최소 코스트 칸은 20만 원인 '창고C → 소비지Z' 칸이다. 여기에 7트럭을 보내면 소비지Z는 더 이상 수요가 없으므로 역시 문제에 남아있을 필요가 없다. 따라서 소비지Z 열을 지우고 창고C의 수요량(10-7=3)을 업데이트하면 아래 〈표 4-3〉이 된다.

	소비지 W	소비지 Y	재고량
창고 B	70만 원	40만 원	9트럭
창고 C	40만 원	70만 원	3트럭
수요량	5트럭	7트럭	12트럭

표 4-3

〈표 4-3〉에서 최소 코스트 칸은 40만 원이고 두 칸이 경합을 벌인다.

그러나 수요와 공급의 총량이 같으므로 어느 칸을 먼저 채워도 결과는 같아진다. '창고B → 소비지Y' 칸에 7트럭을 보내면 소비지Y에는 수요가 완전 충족되었으므로 더 이상 문제에 남아있을 필요가 없다. 따라서 소비지Y 열을 지우고 창고B의 수요량(9-7=2)을 업데이트하면 아래 〈표 4-4〉가 된다.

	소비지 W	재고량
창고 B	70만 원	2트럭
창고 C	40만 원	3트럭
수요량	5트럭	5트럭

표 4-4

〈표 4-4〉에서는 선택의 여지가 없으므로 '창고B → 소비지W' 칸에 2트럭, '창고C → 소비지W' 칸에 3트럭을 보내야 한다. 이와 같은 방법으로 얻은 해가 제6장 본문(125쪽)의 〈표2〉이다.

부록 5 기회 코스트 패러다임

	소비지 W	소비지 X	소비지 Y	소비지 Z	차이	재고량
창고 A	19만 원	30만 원	50만 원	10만 원	19-10=9	7트럭
창고 B	70만 원	30만 원	40만 원	60만 원	40-30=10	9트럭
창고 C	40만 원	8만 원	70만 원	20만 원	20-8=12	18트럭
차이	40-19=21	30-8=22	50-40=10	20-10=10		
수요량	5트럭	8트럭	7트럭	14트럭		34트럭

제6장 본문의 표 3

    소비지X 열의 (최선 코스트와 차선 코스트 사이의) 차이가 '22'로서 가장 크므로 소비지X 열 중에서 가장 싼 코스트인 8만 원 칸(창고 C → 소비지X)에 8트럭을 보낸다. 그러면 소비지X의 수요는 충족되었으므로 열 전체를 지워버리고 창고C의 재고량을 18-8=10으로, 각 열과 행별로 가장 싼 코스트와 그 다음으로 싼 코스트 사이의 거리를 업데이트하면 〈표 5-1〉이 얻어진다.

	소비지 W	소비지 Y	소비지 Z	차이	재고량
창고 A	19만 원	50만 원	10만 원	19-10=9	7트럭
창고 B	70만 원	40만 원	60만 원	60-40=20	9트럭
창고 C	40만 원	70만 원	20만 원	40-20=20	10트럭
차이	40-12=21	50-40=10	20-10=10		
수요량	5트럭	7트럭	14트럭		26트럭

표 5-1

〈표 5-1〉을 보면 소비지W 열의 가장 싼 코스트(19만 원)와 다음으로 싼 코스트(40만 원) 사이의 차이가 21로서 가장 크므로, 소비지W 열 중에서 가장 싼 코스트인 19만 원 칸(창고A → 소비지W)에 소비지W의 수요량 5트럭을 보낸다. 그러면 소비지W의 수요는 충족되었으므로 열 전체를 지워버리고 창고A의 재고량을 7-5=2로 고치고, 각 열과 행별로 가장 싼 코스트와 다음으로 싼 코스트 사이의 차이를 다시 계산하면, 다음 〈표 5-2〉가 얻어진다.

	소비지 Y	소비지 Z	차이	재고량
창고 A	50만 원	10만 원	50-10=40	2트럭
창고 B	40만 원	60만 원	60-40=20	9트럭
창고 C	70만 원	20만 원	70-20=50	10트럭
차이	50-40=10	20-10=10		
수요량	7트럭	14트럭		21트럭

표 5-2

〈표 5-2〉를 보면 창고C 행의 (가장 싼 코스트와 다음으로 싼 코스트 사이의) 차이가 '50'으로 가장 크므로, 창고C 행 중에서 가장 싼 코스트인 20만 원 칸(창고C → 소비지Z)에 재고량 10트럭을 보낸다. 그러면 창고C의 재고는 동이 났으므로 행 전체를 지워버리고, 소비지Z의 수요량을 14-10= 4로, 각 열과 행별로 가장 싼 코스트와 두 번재로 싼 코스트 사이의 거리를 다시 계산하면 다음 〈표 5-3〉이 얻어진다.

	소비지 Y	소비지 Z	차이	재고량
창고 A	50만 원	10만 원	50−10=40	2트럭
창고 B	40만 원	60만 원	60−40=20	9트럭
차이	50−40=10	60−10=50		
수요량	7트럭	4트럭		11트럭

표 5-3

〈표 5-3〉을 보면 소비지Z 열의 (가장 싼 코스트와 두 번째로 싼 코스트 사이의) 차이가 '50'으로 가장 크다. 따라서 소비지Z 열 중에서 가장 싼 코스트인 10만 원 칸(창고A → 소비지Z)에 창고A의 재고량 2트럭을 모두 보낸다. 그러면 창고A의 재고는 동이 났으므로 행 전체를 지워버리고, 소비지Z의 수요량을 바꾸면(4−2=2) 〈표 5-4〉가 얻어진다.

	소비지 Y	소비지 Z	재고량
창고 B	40만 원	60만 원	9트럭
수요량	7트럭	2트럭	9트럭

표 5-4

〈표 5-4〉에서는 더 이상 선택의 여지가 없으므로 최선 코스트와 차선 코스트 사이의 차이를 계산할 필요가 없다. 창고B에서 소비지Y로 7트럭, 소비지Z로 2트럭을 보내야 한다. 이렇게 얻은 해가 제6장 본문(136쪽)의 〈표4〉이다.

부록 6 선형 계획법(이익 최대화)

목적함수 : $X_0 = 5X_1 + 4X_2 + 2X_3$ (1)

이 도달할 수 있는 최대값을

감자 $4X_1 + 2X_2 + 1X_3 \leq 520$ (2)
교통비 $2X_1 + 11X_2 + 2X_3 \leq 440$ (3)

의 제약조건하에서 찾고자 한다.

(2)와 (3)식을 등식으로 만들기 위한 여유변수 S_1, S_2를 도입하면 이 문제는,

최대화 목적함수: $X_0 = 5X_1 + 4X_2 + 2X_3$ (4)
감자의 제약조건: $4X_1 + 2X_2 + 1X_3 + S_1 = 520$ (5)
교통비 제약조건: $2X_1 + 11X_2 + 2X_3 + S_2 = 440$ (6)

이 된다.

목적함수 (4)식을 가장 빨리 최대화할 수 있는 변수는 X_1이고, (5)와 (6)식으로부터 X_1의 증가는

(5)식(감자)에 의해 $520 \div 4 = 130$,

(6)식(교통비)에 의해 440÷2=220

이므로 감자에 의해 먼저 제약 당한다는 사실을 알 수 있다.

따라서 (5)식을 X_1에 관해서 정리하면,

$$X_1 = 130 - (\tfrac{1}{2})X_2 - (\tfrac{1}{4})X_3 - (\tfrac{1}{4})S_1 \qquad (7)$$

이 되고, (7)식이 성립할 때 목적함수의 값을 알기 위해 (7)식을 (4)식에 대입하면,

$$X_0 = 650 + (\tfrac{3}{2})X_2 + (\tfrac{3}{4})X_3 - (\tfrac{5}{4})S_1 \qquad (8)$$

이 되고, (7)식을 (6)식에 대입하면,

$$10X_2 + (\tfrac{3}{2})X_3 - (\tfrac{1}{2})S_1 + S_2 = 180 \qquad (9)$$

이 된다.

이 단계에서 목적함수 (8)식을 보면 목적함수 X_0의 값을 가장 빨리 증가시킬 수 있는 변수는 X_2이다. 그리고 X_2의 증가는

(7)식에 의해　　　$130 ÷ (\tfrac{1}{2}) = 260$,

(9)식에 의해　　　$180 ÷ 10 = 18$

로 제약당하게 되므로 결국 (9)식에 의해 제약된다는 결론이 나온다.

따라서 (9)식으로부터

$$X_2 = 18 - (\tfrac{3}{20})X_3 + (\tfrac{1}{20})S_1 + (\tfrac{1}{10})S_2 \qquad (10)$$

을 목적함수 (8)식에 대입하면

$$X_0 = 677 + (\tfrac{21}{40})X_3 - (\tfrac{47}{40})S_1 - (\tfrac{3}{20})S_2 \qquad (8)$$

이 된다. 이와 같은 절차를 한번 더 계속하면 결국 목적함수의 최대값은

$$X_0 = 740 - (\tfrac{7}{2})X_2 - 1S_1 - (\tfrac{1}{2})S_2 \qquad (11)$$

$$X_1 = 100 + (\tfrac{7}{6})X_2 - (\tfrac{1}{3})S_1 + (\tfrac{1}{6})S_2 \qquad (12)$$

$$X_3 = 120 - (\tfrac{20}{3})X_2 + (\tfrac{1}{3})S_1 - (\tfrac{2}{3})S_2 \qquad (13)$$

여기서 여유변수 S_1, S_2는 자원을 총 가동시키면 모두 0의 값을 가져야 한다.

따라서 제7장에서와 같은

$$X_0 = 740 - (\tfrac{7}{2})X_2$$

$$X_1 = 100 + (\tfrac{7}{6})X_2$$

$$X_3 = 120 - (\tfrac{20}{3})X_2$$

이 얻어진다.